イギリス現代政治史［第2版］

梅川正美・阪野智一・力久昌幸 編著

ミネルヴァ書房

第2版はしがき

本書の初版を出版してから五年が経った。キャメロン政権以降の展開を第一〇章として新たに加筆し、第2版として改訂するのは、時間の経過とともに新しい事象が付け加わったという理由からだけではない。それは、イギリスの戦後政治史において注目すべき大きな変化が見られるからにほかならない。

まず挙げられるべきは、二大政党制の本格的な揺らぎであろう。一九五〇年代には九〇％以上を占めていた保守・労働両党の合計得票率は、七〇年代から次第に低下し始め、二〇一〇年総選挙では六五・一％までに落ち込んだ。二大政党に代わって台頭してきたのが、自由民主党、そしてスコットランド国民党（SNP）に代表される地域政党である。得票率という政党の規模を考慮に入れた有効政党数は、二〇一〇年には三・七となった。得票率で見る限り、イギリスの政党システムはもはや二大政党制とは言えない。

こうした二大政党制の揺らぎを端的に示しているのが、一九七四年二月総選挙に次いで二回目となる二〇一〇年総選挙における、過半数議席を獲得する政党がない「宙づり議会」の出現、そして戦後初めての経験となる保守・自由民主連立政権の誕生である。

キャメロン連立政権下では、政権入りを果たした自由民主党の要望により、選好順位指定投票制（Alternative Vote）導入の是非をめぐる国民投票が実施され、小選挙区制という下院の選挙制度自体が政治争点となった。また、保守・自民両党の連立合意により、固定任期議会法が成立。これまで首相は自党に有利な時期を選んで、自由に下院を解散し選挙日を設定することができた。しかし、今後首相は議会解散権を失い、議会による内閣不信任決議の場合を除き、五年ごとの定期で総選挙が行われることになった。そのことは、野党や自党の造反議員に対して、首相が議会解散をちらつかせることによって法案可決を迫るという議会運営ができなくなったことをも意味する。

さらに注目されるのが、中央政府以外の動きであろう。二〇一四年九月には、スコットランド分離独立の是非を問う住民投票が実施された。反対多数により独立は否決されることになったが、住民投票は結果的にSNPの急速な拡大をもたらし、SNPは二〇一五年総選挙においてスコットランド議席の九割以上を占めるまでになった。地方議会選挙や欧州議会選挙におけるイギリス独立党の台頭を受けて、キャメロン首相は二〇一七年末までにEU加盟継続の是非を問う国民投票の実施を公約した。二〇一五年総選挙での保守党単独政権の発足により、その実施が現実のものとなりつつある。EU国民投票の結果如何によって、EU残留を望むスコットランドの分離独立問題が再燃する可能性は否定できない。

イギリスでは従来、立法機関としての上院が司法権を有し、上院上訴委員会（Appellate Committee of the House of Lords）が最終審としての機能を果たしてきた。二〇〇九年一〇月、イギリス憲政史上、初めて最高裁判所が設置され、議会からの司法権独立が実現されることになった。イギリスの政治システムは、これまで「ウェストミンスター・モデル」の典型例として位置づけられてきた。しかし、先にも述べたように、執政府―政党次元と中央―地方関係次元という二つの軸において、イギリスの「国の形」自体が見直され、大きく変化しつつある。イギリス現代政治の今日的展開を追い続けることは、執筆者一同がキーコンセプトする「イギリス政治の脱神話化」にとって不可欠な作業であるだけでなく、代議制民主主義体制の制度改革と再編の比較研究という点からも格好の素材を提供することになろう。

二〇一六年一月二〇日

編者一同

初版はしがき

アメリカにおけるイギリス政治研究の第一人者であるサミュエル・H・ビアーは、一九八二年の自著『自らに抗うイギリス』（*Britain Against Itself*）の「はしがき」の冒頭を次のようなエピソードから始めている。

「最近学生に何故私の授業をとったのか尋ねてみたところ、その女子学生は次のように答えたのであった。〝それは父の助言です。父はこう言いました。イギリスを勉強しなさい。ガタがきている国だ。そのうちアメリカもああなってしまう〟と」。

たしかに、一九六〇年代の半ばから「イギリス病」という言葉とともに、イギリス政治経済の行き詰まりが指摘されるようになった。その後、サッチャー政権の登場に伴う八〇年代以降の新自由主義的改革、さらに九〇年代後半からのブレア政権による「第三の道」路線等、様々な改革が矢継ぎ早に展開された。先進諸国の戦後政治経済体制の揺らぎと再編の比較研究にとって、イギリスはまさに格好の研究対象と言えよう。

加えて、小選挙区制を中心とした選挙制度改革から、エージェンシー化、マニフェストの導入、さらに政官関係の見直しと、九〇年代以降のわが国における一連の政治行政改革の動きとも関わって、ややもすればイギリス政治については、改革モデルとして理想化された形で紹介されることが少なくない。「イギリス政治研究会」のメンバーに共通する問題関心は、イギリス政治の実状を切り取り、改革の唱道者に往々にして見られる「一目惚れ」に近いイギリス像の修正を迫ることにある。まさに「イギリス政治の脱神話化」が、研究全体を貫くキーコンセプトであると言ってよい。

本書は、「イギリス政治研究会」を基礎とした三冊目の研究成果である。同研究会は一九九九年に結成され、年二回のペースで研究会合を行っている。一九四五年から現在に至るまで、イギリスの戦後政治史全体を通して論じた概説書が、意外にも見あたらない、というのが本書の出版を企画した大きな理由である。執筆に際しては以下の編集方針を立てた。第一に、イギリスの戦後政治史をほぼ政権ごとに論じる。第二に、各政権が直面した国内外の課題を明らかにし、それに対して首相がどのような対応をとったのか、政治的リーダーシップのあり方に焦点を当てる。第三に、各政権の主要政策の概要を示し、そうした政策の展開や政権に対する社会や国民の反応を明らかにする。さらに、読者の関心を引くように、戦後イギリス政治史の裏話といった形で、各章ごとに二～三個のコラムを置くことにした。一連のコラムに目を通されるだけでも、ちょっとしたイギリス政治通になれるのではないだろうか。

本書は、最新の研究に基づく高い学術水準を基礎としながら、一般読者にとって読みやすい通史として第二次大戦後のイギリス現代政治史を論ずることを目指した。各章の執筆者は、学術的な議論を踏まえつつ、独自の論点から各政権を考察している。いずれの章も従来の理解に一石を投じ、新しい解釈を提示している独創的な作品である。本書の考察を通じて、戦後イギリスの歴代政権が直面した課題とそれに対する、時には矛盾に満ちた模索と再編の過程について、少しでも多くの読者に知っていただき、理解を深めていただければ、望外の喜びである。

巻末の年表については、「イギリス政治研究会」のメンバーであり、ブレア政権下の教育政策を研究対象としている大村和正氏に作成を引き受けてもらった。また、ミネルヴァ書房編集部の田引勝二氏には、本書の企画から出版に至るまで、お世話になり続けた。記して感謝の意を表したい。

二〇一〇年一月五日

編者一同

イギリス現代政治史［第2版］　目次

第10章　「ブレアの後継者」から「サッチャーの息子」へ——キャメロン政権　二〇一〇年～——

序章　イギリス政治の安定と変化

力久昌幸

戦後イギリス政治の見方

いかなる国でも現代政治に対する過去の歴史の影響は強く見られる。それが特にあてはまるように思われるのがイギリスである。世界に先駆けて産業革命を経験したイギリスでは、議会、政党、内閣、官僚制など主要政治制度の基本的形態が一九世紀中に確立し、その後、大きな変化もなく現在に至っているかのように見える。

他の先進諸国の政治と比較した場合のイギリス政治の大きな特徴は、その安定性と継続性であるということができるかもしれない。たとえば、フランス、ドイツ、日本など多くの国々では、二〇世紀中に敗戦や革命などにより大きな政治的変動が見られたが、イギリスではそのような大変動は見られなかったのである。

イギリス政治の安定を象徴する好例が、主要政党の歴史の長さである。保守党および自由民主党（かつての自由党）は、その起源を一七世紀にまで遡ることが可能であり、一九世紀後半には近代政党組織を確立させていた。また、主要政党の中で最も新しい労働党でさえ、その実質的な発足は一九〇〇年であり、既に一〇〇年以上の歴史を有しているのである。

イギリス政治の安定性と継続性が特に際立っていたのが、第二次世界大戦直後の時期であった。戦後の混乱と東西冷戦が深刻化する状況の中で、ヨーロッパ大陸諸国が国内外においてソ連共産主義陣営の脅威にさらされていたのに対して、イギリスは国内において外交政策をめぐる根本的な対立が存在せず、西側陣営においてアメリカの主要同盟国としての地位を確保していた。また、保守党と労働党によるいわゆる二大政党制は、第二次大戦が終結した一九四五年総選挙において確立し、戦後イギリス政治の主要な構成要素となったのである。

戦後イギリス政治の特徴である安定性と継続性は、民主主義に基づく健全な政治システムのあらわれであると評価できるかもしれないが、その反面、国内外の変化によりもたらされた様々な政治的経済的危機への対処を困難にしたといえるかもしれない。

戦後のイギリスは、インドをはじめとする主要な植民地が独立を果たす中、かつて大英帝国が占めていた国際政治経済の頂点という地位を喪失し、アメリカのジュニア・パートナー役を果たすヨーロッパの中規模国家に落ち着くこととなった。しかし、こうした国際的地位の変化に対して、イギリスの政治外交が適応するのはかなり困難であった。たとえば、戦後の混乱から立ち直ったヨーロッパ大陸諸国は、やがて政治的安定と経済的発展を両立させ、現在のEUへ至る欧州統合の道を歩むことになるが、大英帝国の遺産である世界的影響力の維持に拘泥するイギリスは、当初欧州統合の歩みとは一線を画すことになったのである。

戦後のイギリスが直面した困難は、右記のような対外問題に限らず、国内問題についても相当なものがあった。経済面では、慢性的経済停滞に起因する相対的経済衰退の問題が、経済政策をめぐる対立を先鋭化させ、戦後確立したケインズ主義的福祉国家が危機に陥る中、新自由主義（Neo-Liberalism）に基づくドラスティックな改革が試みられることになる。また政治面でも、北アイルランド問題やスコットランド、ウェールズ独立問題が浮上するなど、連合王国としてのイギリスのあり方をめぐって、きわめて難しい判断が迫られるようになった。そして、イギリス政治の安定と継続の基礎と見られた二大政党制に基づく議会制民主主義についても、長期政権の常態化、「大統領型」首相の登場、EU加盟によりもたらされる様々な制約などにより、以前とは大きく変わったものになりつつある。さらには、戦後特に顕著になった旧植民地からの移民の流入や階級構造の変化などにより引き起こされた社会的問題をめぐって、戦後のイギリスは頭を悩ませることになるのである。

本書では、一見すると安定と継続の典型的なケースのように見える戦後のイギリス政治について、歴代政権が国内外で直面した危機に対処するためにどのようなリーダーシップを発揮したのか、そして、安定性と継続性という外見の下でイギリス政治の実態にどのような変化が生じたのかという点に注目して検討が行われる。

二〇世紀初頭のイギリス

さて、本書で取り上げるのは主として一九四五年以降のイギリス政治であるが、その時期を理解する前提として、保守党と自由党による二大政党制から保守党と労働党による二大政党制への移行が見られた二〇世紀前半のイギリス政治について、簡潔に踏まえておくことにする。既に下り坂に入っていたとはいえ、大英帝国絶頂期と呼ぶことのできる二〇世紀初頭のイギリスが、それから半世紀ほどを経過する中で、どのような政治的経済的危機を迎え、それらの危機に歴代政権がどのような対処を見せたのか概観することは、一九四五年以降のイギリス政治を理解する上で、決して無駄な作業ではないと思われるからである。

在位六〇年以上にわたるヴィクトリア女王の時代が終わりを告げ、新たな世紀の幕が開いた時点で政権にあったのはソールズベリー卿を首相に奉じる保守党であった。アイルランド自治問題をめぐる深刻な党内対立に悩まされた自由党に代わって一八九五年に政権を握った保守党は、一九世紀末から二〇世紀初頭にかけて一〇年間もの長期政権を担うことになった。その間、オランダ系移民のボーア人に対して予想外の苦戦となったボーア戦争での勝利を通じてアフリカにおける勢力圏拡大を実現するなど、保守党政権の下でイギリスの帝国主義的拡大はさらなる進展を見せた。

保守党政権の下でイギリスの外交政策に関する大きな転換がなされた。いわゆる「光栄ある孤立」、すなわち特定国との同盟関係を排除して外交上のフリーハンドを確保する立場が改められ、一九〇二年の日英同盟、一九〇四年の英仏協商に示されたような列強との同盟関係を積極的に追求する外交路線がとられたのである。この背景には、経済面、軍事面でのドイツの追い上げに加えて、アジアでの権益をめぐるロシアとの帝国主義的利害対立があった。

新しい自由主義

一九〇二年にソールズベリー卿に代わってアーサー・バルフォアが首相に就任するが、有権者の支持は長期政権となった保守党から次第に離れていくことになった。一九〇六年の総選挙では自由党が大勝し、一〇年ぶりの政権交代が実現した。なお、総選挙での保守党の敗因としては、長期政権に対する有権者の飽きに加えて、関税改革をめぐる党内対立、すなわち保護貿易派と自由貿易派の対立が選挙に悪影響を与えたことが挙げられる。この後、保守党が単独政権の地位を回復するのは、第一次世界大戦を経た一九二二年のことであった。

一方、一〇年ぶりに政権を手にした自由党は、一九世紀末に政権を担当した頃とは大きな変貌を遂げていた。貴族や地主が強力な影響力を握っていたかつてのホイッグ党（自由党の前身）の面影はなくなり、首相のヘンリー・キャンベル゠バナマンを中心として、ハーバート・ヘンリー・アスキス蔵相やデイヴィド・ロイド゠ジョージ商務相など、実業界や法曹界の人材が実権を握るようになっていた。

自由党は政策面でも前世紀から大きく変化していた。小さな国家を理想とする自由放任の自由主義ではなく、貧困などの社会問題を解決するために国家が積極的な役割を果たすべきという「新しい自由主義」（New Liberalism）が主流となっていたのである。新しい自由主義の影響の下、自由党政権は公的年金、失業保険など社会福祉制度の導入を促進する一方、その財源確保の手段として、地主のような富裕層への課税強化を行うなど進歩的な社会改革を追求することになった。

新しい自由主義に基づく社会改革の象徴となったのが、ロイド゠ジョージ蔵相が作成した一九〇九年度予算であった。キャンベル゠バナマン首相の病死に伴い後任首相に就任したアスキスの下で蔵相を務めたロイド゠ジョージは、年金、医療、失業保険などの充実に加えて、ドイツの追い上げに直面していた海軍力を強化するため、地主を中心とする富裕層の課税負担を高める所得税増税および土地税導入を主な内容とする予算を議会に提出した。「人民予算」（People's Budget）と呼ばれた一九〇九年度予算は、二〇世紀初頭のイギリス議会に深刻な危機をもたらした。

当時のイギリス議会では、選挙の洗礼を受けることのない貴族によって構成される上院と選挙で選ばれる下院との間で立法に関する権限に大きな違いはなく、法案は両院の承認を得ることにより初めて成立することになっていた。ただ、一九世紀を通じて一定の慣行が定着し、上院は下院が可決した予算などの金銭法案について反対せず、その成立を容認することとなっていた。なお、貴族によって構成される上院では、保守党が圧倒的多数を確保していたため、自由党は常に上院対策に苦慮しなければならず、上院の反対により重要法案の成立を断念せざるをえない場合も少なくなかった。

ロイド＝ジョージの人民予算は、下院において圧倒的多数で可決されたが、保守党の反対により上院において否決の憂き目にあった。上院は予算成立を妨害しないという慣行にもかかわらず保守党が予算に反対したのは、土地税など富裕層への課税強化を掲げる予算について、既存体制を変革する革命にも匹敵すると見なしたからであった。

人民予算をめぐる上下両院の対立は、イギリスに憲法上の危機をもたらした。アスキス首相は下院を解散し、「貴族対人民」という争点を掲げて一九一〇年一月に総選挙を実施した。結果は自由党が大きく議席を減らすことになったが、アイルランド・ナショナリズムの政党であるアイルランド議会党と労働党の支持を受けてアスキス政権の再選が確定した。なお、一九〇〇年に労働代表委員会という名称で発足した労働党は、自由党との選挙協力を通じて次第に勢力を拡大させていた。

総選挙の結果を受けて、上院も人民予算の成立を容認したが、今度は度重なる上院の反対を乗り越えるために提出された上院の権限を削減する議会改革法案（議会法）が、両院対立の新たな火種となった。一九一〇年一二月に再度総選挙が行われることになったが、選挙結果は前回とほとんど変わることなく、自由党政権が三選を果たし、翌一九一一年に議会法が成立した。この一九一一年議会法により、上院は金銭法案に反対・修正できないこと、そして、その他の法案についてその成立を実質的に二年間しか引き延ばすことができないことが定められ、上院に対する下院の優越が明確にされた。

第一次世界大戦　保守党政権の下で開始された「光栄ある孤立」からの転換は、自由党政権によってさらに進められ、イギリスはフランスやロシアとの関係を深める一方、ドイツとの対立の道をたどることになった。結果として、イギリスは一九一四年八月に勃発した第一次世界大戦において、フランス、ロシアの側に立って参戦することになる。

第一次大戦は政権構成に大きな変化をもたらした。開戦当初は自由党政権が継続したが、戦況が膠着状態に陥る中で政府批判が高まることになった。そこで、アスキス首相は一九一五年五月に保守党と労働党を加えた戦時連立政権を構成し、難局の乗り切りを図った。しかし、その後もアスキスの戦争指導に対する批判は止まず、一九一六年一二月にアスキスは首相を辞任し、後任首相として同じ自由党からロイド＝ジョージが就任することになった。

総力戦となった第一次大戦を戦い抜くために、ロイド＝ジョージ首相は数々の改革を実施した。まず、アスキス政権期の非効率な決定作成手続きを改め、重要な決定を下すために少人数の主要閣僚によって構成される戦時内閣が作られた。また、実業界やマスメディアの人材が積極的に政府のメンバーに登用された。さらに、製造業から農業に至るまで、様々な産業に対する政府の統制が拡大された。

カリスマ的なリーダーシップを発揮するロイド＝ジョージ首相の下、イギリスは事前の予想をはるかに超える長期戦となった第一次大戦に勝利を収めた。ただ、彼のリーダーシップ・スタイルは一部の人々から反発を呼ぶものでもあった。特に、戦時中に首相の座から引きずり下ろされたアスキスは、首相退陣を図る計画にロイド＝ジョージが深く関与していたと考えていたので、自由党内ではアスキス派とロイド＝ジョージ派の対立が深刻化することになった。

クーポン選挙

第一次大戦休戦直後の一九一八年一二月に実施された総選挙は、女性選挙権（三〇歳以上、男性選挙権は二一歳以上）が導入されて初めての選挙となったが、戦前の政党対立を反映するものではなかった。首相の地位に留まることを欲するロイド＝ジョージは、戦時連立政権の継続を狙い、保守党との選挙協力に踏み込んだのである。一方、アスキス派は連立を支持するロイド＝ジョージ派とは別個に選挙を戦ったので、自由党は事実上の分裂状況に陥ることになった。ロイド＝ジョージと保守党党首ボナー・ローは連立を支持する候補者に共同推薦状を与えたが、その推薦状は一般にクーポンと呼ばれた。クーポン選挙として知られる一九一八年選挙は、連立支持派が下院議席の八割近くを占める結果となったが、そのうち多数を占めたのは保守党であった。なお、この選挙でアスキス派は惨敗したが、労働党は獲得議席を着実に増大させていた。

戦争遂行および講和交渉に関して卓越したリーダーシップを発揮したロイド＝ジョージであったが、戦後のイギリスが国内外で直面した問題について効果的な対処をすることはできなかった。

経済面については、戦時中の統制経済から通常経済への転換は容易なものではなく、イギリス経済は戦後しばらくの間、景気低迷と動員解除に伴う大量失業に悩まされることになった。また、前世紀から自由党政権を悩ませてきたアイルランド問題が、この時期に深刻な危機を迎えることになった。独立派による一九一六年のいわゆる「イースター蜂起」は鎮圧されたが、その後アイルランドではイギリスからの独立を求める声が高まることになった。大戦後に激化した独立派によるイギリス軍への攻撃、そして、イギリスとの和平協定をめぐる独立派内部での内戦を経た後、アイルランドはプロテスタントが多数を占める北部とカトリックが多数を占める南部に分断され、前者がイギリスに残留するのに対し、後者が自治領の地位を獲得することにより、一九二二年末に一定の解決が見られた。

労働党政権の誕生

次期総選挙が近づいてきた一九二二年一〇月、保守党は連立政権からの離脱を決定した。下院での多数を失ったロイド＝ジョージは退陣し、代わりに首相に就任した保守党のボナー・ローの下で、一九二二年一一月に総選挙が実施された。この選挙では、保守党が下院の安定多数議席を確保する一方、労働党が保守党に次ぐ第二党の地位を手に入れた。なお、自由党については、ロイド＝ジョージ派とアスキス派の対立による分断選挙の結果、両派の獲得議席を合計しても労働党には及ばなかった。

病気のためボナー・ローは首相就任から半年ほどで退陣し、後任首相にスタンリー・ボールドウィンが就任した。ボールドウィン新首相は、低迷していた経済立て直し策として保護貿易の導入を提唱し、その是非について国民に問うために、任期満了までまだ四年ほど残っていたにもかかわらず、一九二三年一二月に保護貿易対自由貿易という争点で総選挙を実施した。結果は、ボールドウィンの期待に反して、保守党が下院の過半数議席を失う一方、自由貿易の維持を訴えた労働党と自由党が議席を増やすことになった。この結果を受けて、議席数では保守党に次ぐ第二党であった労働党のラムジー・マクドナルドが、自由党の閣外支持を受け、結党して初めての政権を担当することとなった。

自由党の閣外支持に依存する労働党少数政権は、当初からその存続が危ぶまれるほど不安定であったが、それでも、内政面で公営住宅、年金、失業保険の拡充を実現する一方、外交面で独仏和解に貢献し、ソ連との外交正常化を果たすなど一定の実績を収めることにより、国民に対して労働党の政権担当能力を印象づける努力を見せた。なお、ソ連との関係改善を図る労働党政権に対して懸念を深めた自由党が支持を撤回したため、第一次労働党政権は一年間に満たない短命政権となった。

ゼネラル・ストライキ

労働党政権の崩壊に伴い実施された一九二四年一〇月の総選挙で、保守党は下院の過半数議席を取り戻し、ボールドウィンを首班とする単独政権を形成した。政権を失った労働党は議席を若干減らしたが、より厳しい選挙結果となったのは自由党であった。自由党はこの選挙で議席数を前回の三分の一未満に激減させたのである。一九二四年選挙を契機として、保守党に対抗して政権を狙うことができる政党としての地位は、自由党から労働党に移ったことが明確になった。

ボールドウィン保守党政権は、下院の三分の二の議席を有する安定した基盤を有し、ほぼ五年間にわたる統治を行うことになった。その間、第一次大戦の勃発によって離脱を余儀なくされた金本位制への復帰を、ウィンストン・チャーチル蔵相の下で一九二五年に果たした。金本位制への復帰は戦前の平価によってなされたが、戦後のイギリス経済の実勢からいえば、その数値は高すぎるものであった。その結果、輸出が困難になったイギリス経済は低迷を続けることになり、失業率も高止まりすることになった。

安定が際立っていたボールドウィン政権において、劇的な政治的出来事となったのが、一九二六年五月のゼネラル・ストライキである。合理化に反発する炭鉱組合のストライキに端を発し、他の主要産業の労働組合も加わったゼネラル・ストライキは、一〇日間にわたってイギリス経済を麻痺させた。しかし、結局のところゼネラル・ストライキは目的を果たすことなく収束し、強硬姿勢を貫いた政府と経営者側の勝利に終わった。

男女平等選挙権（二一歳以上）が確立して初めての総選挙である一九二九年五月の選挙では、労働党がついに第一党の地位を獲得した。経済低迷を解決できない保守党政権に不満を強めた有権者は、マクドナルドの労働党に期待をかけたのである。ただ、労働党は下院の過半数議席を獲得したわけではなく、第二党の保守党との議席差もさほど大きなものではなかった。

挙国一致政権

前回同様、下院の過半数議席を持たない少数政権として発足した第二次マクドナルド政権は、一九二九年一〇月のニューヨーク株式市場での株価大暴落をきっかけとする世界恐慌に翻弄されることになった。第一次大戦後低迷を続けていたイギリス経済は、世界恐慌のあおりを受けて急速な落ち込みを見せ、失業者が急増する一方、深刻な金融危機に直面することになる。経済危機乗り切りに苦慮したマクドナルド首相は、財政立て直し策の一つとして失業手当切り下げを提案するが、この問題をめぐる党内の反発に業を煮やして一九三一年八月に総辞職する決断を下した。

内閣が総辞職した後、通常であれば野党第一党である保守党が政権を担当するはずであった。しかし、労働党議員や党員にとって、予想もしなかった事態が発生した。マクドナルドが引き続き首相の地位に留まる一方、新たな内閣の構成については、保守党、自由党、労働党のメンバーが加わる挙国一致政権が設立されたのである。労働党の多くの人々は、挙国一致政権の形成をマクドナルドによる党への裏切りであると見なした。その結果、マクドナルドと彼に付き従って政権に参加した労働党議員に対して除名処分が下された。

マクドナルド挙国一致政権は、経済危機を乗り切るために財政立て直しや金本位制からの離脱などを実施し、その上で一九三一年一〇月に総選挙を行った。選挙結果は挙国一致政権支持派が下院議席の九割を獲得する圧勝となったが、その大多数は保守党議員で占められていた。一方、マクドナルドを追放した労働党は、議席を前回の五分の一まで減らす歴史的大敗を喫した。

金本位制からの離脱と並んで、挙国一致政権が行った重要な経済政策転換が、一九三二年の輸入関税法導入による自由貿易から保護貿易への転換である。植民地などイギリス帝国内貿易を除く、外国からの輸入品について一〇

%の輸入関税をかけることにより、国内産業を保護することがこの法律の狙いであった。一九三〇年代中頃になって、ようやくイギリス経済にも回復傾向が見られ、豊かな消費生活を享受する人々も出てきたが、石炭業や鉄鋼業など衰退産業を抱える地域では大量失業の問題が根強く残ることになった。

宥和政策と第二次世界大戦

マクドナルド首相は一九三五年六月に退陣し、後任首相に就任した保守党のボールドウィンの下で、同年一一月に総選挙が実施された。この選挙では、保守党を中心とする挙国一致政権支持派の圧勝が繰り返された。前回惨敗を喫した労働党は、議席を三倍増するなど一定の勢力回復を見せたが、一九二九年選挙での獲得議席には遠く及ばなかった。なお、ボールドウィンは一九三七年七月まで首相を務め、その後任には同じ保守党のネヴィル・チェンバレンが就任することになる。

一九三〇年代に政権を担当したマクドナルド、ボールドウィン、チェンバレンは、世界恐慌の打撃を受けた経済の立て直しに尽力する一方、対外政策に関しては、この時期に対外侵略傾向を強めた日本、イタリア、ドイツに対する、いわゆる「宥和政策」を追求することになった。

宥和政策とは、武力衝突の回避を最優先し、交渉と妥協を通じて対立国の不平不満をある程度満たすことにより国際的な対立を緩和する外交政策を指す。一九二九年の世界恐慌により、主要国の経済は継続的不況と大量失業に悩まされたが、日本、イタリア、ドイツでは、経済危機をきっかけとして対外侵略を通じた勢力圏拡大を目指す動きが顕著になった。第一次大戦後に国際平和のために設立された国際連盟は、これらの国々による対外侵略を抑止する上でほとんど無力であった。そのため、挙国一致政権としては、侵略国との武力衝突を回避するため、一定の勢力圏拡大を容認する一方、第一次大戦の講和条約であるヴェルサイユ条約違反（ドイツの軍備拡大など）についても黙認することとなった。

宥和政策の典型として見られるのが、チェンバレン首相による対ナチス・ドイツ政策である。ドイツにおいてナチス党のアドルフ・ヒトラーが一九三三年に権力を掌握して以来、イギリスは、ドイツの軍備拡大や非武装地帯であったラインラントへの進駐、隣国オーストリアの併合などを黙認してきた。一九三八年に入って、ヒトラーはドイツ系住民が相当数居住していたチェコスロバキアのズデーテン地方の割譲を要求し、要求が入れられない場合には軍事行動も辞さない姿勢を見せた。戦争の危険が迫る中で、チェンバレンはヒトラーと直接交渉し、最終的には一九三八年九月にドイツのミュンヘンで開かれた英仏独伊四カ国首脳会談において、ズデーテン地方の割譲が合意された。なお、このミュンヘン会談には当事国であるチェコスロバキア首脳は参加を許されなかったが、割譲を容認せずドイツとの戦争になった場合には、英仏は支援しないという脅しにより合意を受け入れざるをえない状況に追い込まれた。

ミュンヘン会談において、チェンバレンはヒトラーとの間で英独間の平和協定について合意し、その内容を「我らの時代の平和」と自画自賛した。しかし、その平和は長続きしなかった。一九三九年三月にドイツは残りのチェコスロバキアを併合し、今度はポーランドに対して領土割譲を要求したのである。ミュンヘンでの合意を踏みにじるヒトラーの行動に、チェンバレンも宥和政策の機能不全を認識し、フランスとともにポーランドの領土保全を保障することにより、ドイツの勢力拡大を阻止する姿勢を見せた。これに対してヒトラーは、一九三九年八月にソ連との間で不可侵協定を結ぶことにより東方での懸念を解消した上で、翌九月にポーランド侵略を開始した。その結果、ポーランドの安全を保障していたイギリスとフランスはドイツに宣戦布告し、第二次世界大戦の幕が切って落とされることになる。

なお、第二次大戦中の一九四〇年五月に、戦争指導の不手際を批判されたチェンバレンは退陣に追い込まれ、後任首相として、宥和政策を一貫して批判し、ナチス・ドイツとの対決に備える軍備拡張を訴えてきたチャーチルが就任した。また、チャーチル首相の下、第一次大戦時と同様に戦時連立政権および戦時内閣が形成され、イギリスは六年余に及ぶ長期戦を戦い抜くための体制を構築することになる。

第Ⅰ部　新しい国づくり

冷戦時代に世界有数の情報・諜報収集力を誇ったイギリス情報局秘密情報部（通称，MI6）の本部（小堀眞裕撮影）

第Ⅰ部は一九四五年から一九六四年までを扱う。最初の首相は労働党のアトリーであり、次に保守党のチャーチル、イーデン、マクミラン、ダグラス゠ヒュームと続く。諸政権は、第二次世界大戦後の新しい国づくりを課題とする。新しい国の形の青写真はすでに戦中から議論されていた。それをふまえてアトリーが政府の方針を作り、後の政権もその方針を基本的には受け入れる。

《首相のリーダーシップ》この時期の首相は大臣や国民の合意を尊重する傾向がある。アトリーは、主要な閣僚の自主性を生かしながら統治する。チャーチルも、最終的には自分の考えを曲げて国民の期待する方向を選ぶ。結果的に両政党の政治には共通点が多くなり、これが新しい国の形になる。

《国内政治》戦後国家の諸支柱には混合経済と福祉国家も含まれる。混合経済は自由市場と国有企業および政府による経済介入などによって成り立つ。国有企業はアトリー内閣で整備されるが、イングランド銀行や石炭・鉄道なども国有化され、次の保守党内閣も基幹産業の国有化を基本的に維持する。福祉国家の枠組みを作るのもアトリー政権である。医療制度としての国民保健サービス制度や、働き手が死亡したり失業したときの保険制度などが整備される。チャーチルからダグラス゠ヒュームまでの保守党政権もこれらの制度を維持する。その他の社会保障も整備され戦後福祉国家が確立する。

《国際政治》イギリスは、この時期に、従来の大英帝国を終わらせる方向を選択する。戦後は植民地に独立の気運が高まり、首相たちはこれを理解して新たなコモンウェルス形成に努力する。戦後はアメリカと強い友好関係を持つ国として出発するが、当時は東西冷戦の開始期であり、イギリスは冷戦においてはアメリカ側の重要メンバーとして活動する。ヨーロッパとの関係では、ナチスに対する戦勝国として誇りある地位を維持したいと思って独自の道を模索するが、他方でEEC加盟の交渉も開始する。

第1章　戦後政治の開幕
――アトリー政権　一九四五～五一年――

梅津　實

クレム・アトリー（共同通信社提供）

第二次世界大戦が終わってすぐ、イギリスで政権を担当したのは労働党であった。当時は戦争直後ということで、社会も経済もきわめて厳しい状態にあった。しかしこの政権は六年あまりの間に、社会の平穏を取り戻し、いわゆる福祉国家を立ち上げ、それらを後世に遺すという大きな成果を上げた。また、新しい国際秩序の形成に関しても重要な役割を演じた。それ以来、イギリスの歴代の政府や国民は、みなこの労働党政権が架設したレールの上を走ることになる。本章では、それがどのようにして実現されたのか、その苦闘の跡をたどることにする。

1　新しい出発

労働党政権の出現

一九四五年五月七日、六年近くも続いたドイツとの戦争が終わった。アジアではまだ日本軍が戦っている。しかしイギリス国民は、少なくともこれで暗い長いトンネルから抜けることができたと思った。この日、人々はみな街頭に飛び出し、勝利の喜びを分かちあった。

戦争の遂行は、戦時中に連合政府をつくっていた、保守党と労働党の首脳たちの指導のもとに行われた。そのトップの首相は保守党のウィンストン・チャーチル。それゆえ「戦争を勝利に導いた」チャーチルの人気は圧倒的で、終戦時には彼に八三％もの高支持率が与えられた（ギャラップ世論調査四五年五月）。

チャーチルはその余勢を駆ってか、戦争で一〇年間も中断されたのを常態にもどすという理由で、ただちに総選挙を行おうとした。しかし総選挙を行うということは、昨日まで苦楽をともにしてきた保守党と労働党を、敵味方に引き裂くことになる。それに日本軍との戦争も終わったわけではない。だがチャーチルは決断して、自分を支える副首相で労働党の党首クレム・アトリーに連合政府の解消を通告し、総選挙に踏み切ったのである。投票日は二カ月後の七月五日に決まった。

ところが選挙の結果、保守党は大敗してしまう。保守党は前回の当選者数のほぼ半数を失い二一三議席にとどまる。逆に労働党は前回の倍以上の三九三議席を獲得し、チャーチルらを圧倒したのである。これはいったいどうしたことなのか。

考えられるのは、この選挙でチャーチルが労働党にイデオロギー攻勢をしかけたのが裏目に出た、ということだろう。チャーチルは選挙戦のさなかのラジオで、社会主義者の政府は「ゲシュタポ（ヒトラーの秘密国家警察）のようなものに頼らざるをえなくなる」と決めつけた。しかし国民からすれば、いままで協力しあっていた労働党を、まるで掌を返すようにゲシュタポ呼ばわりする姿は、実に見苦しい。また信頼のおける態度でもない。

コラム1-1　ベヴァリッジ報告

戦時中，イギリスの連合政府は，戦争が終わったあとの社会再建のため，どのような社会保障システムを持てばよいか，その青写真を作成しようとした。そこでこの仕事を依頼されたウィリアム・ベヴァリッジが委員会を設置し，いわゆるベヴァリッジ・プランをまとめ，それを1942年に公表したのである。

その内容は，国民一人ひとりの拠出金と国庫からの支出分による，新しい社会保険制度をつくり，それで年金，失業，疾病，出産などすべての分野をカバーする。それにより国民に均一の給付を与え，安心して生活を送れるようにする，というものであった。

戦時下で厳しい生活に耐えている国民にとって，このプランは大歓迎であった。しかし，チャーチルなど連合政府内の保守党指導者たちは，報告書の「原則」には賛成しながら，その具体化については拒んだ。1945年の総選挙で，労働党が公約として国民に約束したのは，このベヴァリッジ・プランの実現であった。

他方、労働党のほうは、戦時中評判となった「ベヴァリッジ報告」を下敷きに、企業の国有化や社会保障や健康問題への対応などを諄々と説いてまわることに徹した。むろん保守党も、雇用の安定や住宅の再建などを公約として掲げた。しかしテーブルを叩き、胸をそらし、社会主義の脅威について熱弁をふるう時代がかった保守党の老齢の議員たちより、地道に社会改革を訴える労働党活動家の話のほうが、はるかに説得的であった。しかもチャーチルが戦争指導のため世界を飛びまわっている間、労働党の幹部たちは、連合政府の中にあって十分に実務経験を積んでいる。だから国民としては、労働党に政権を託すことになんらの不安も感じなかったのである。

こうして政権は思いもかけず労働党に転がりこんだ。そこでアトリーは自分が最も信頼するアーネスト・ベヴィンを外相に据え、そのほか蔵相にヒュー・ドールトン、枢密院議長（院内総務を兼任）にハーバート・スタンリー・モリソン、商務相にサー・スタッフォード・クリップス、保健相にアナイリン・ベヴァンらを配して内閣を形成したのである（大臣の数は、はじめは閣外相をふくめ二〇名程度。のちに数名増やす）。イギリスはこのアトリー労働党政権のもとで、新しい戦後の政治をスタートさせた。

アトリーとは誰か

ところで、新首相アトリーとはどのような人物なのか。

アトリーは一八八三年、ロンドンの富裕な弁護士の息子として生まれた。子供の頃は病気がちで、身長も低く、非常な恥ずかしがり屋であった。やがてパブリック・スクールからオックスフォード大へ進学、そこを卒業して弁護士となる。しかし弁護士稼業には身が入らない。むしろロンドンの労働者街ステップニーの施設（母校のパブリック・スクールの卒業生がつくった社会奉仕クラブ）で、青少年育成のための仕事をすることを好んだ。ここで彼は貧困の実態に直面し、社会主義にめざめて独立労働党へ入党するのである。

第一次大戦では、ガルポリ半島撤退作戦に参加、しかしその後中東の戦線で負傷するなど、厳しい戦場を生き抜いた。

大戦が終わると、推されてステップニーのメイヤーとなる。さらに一九二二年には下院議員選挙に打って出て当選し、一九二四年の労働党政権で初めて政府のポストを与えられた。一九三〇年代に入ると、労働党は世界恐慌をバックに形成される挙国一致内閣への対応をめぐり分裂し、一九三一年の総選挙では惨敗を喫す。その直後、アトリーは幹部たちがみな落選して小政党に転落した党の副党首となり、組織建て直しに努め、一九三五年に党首に選ばれるのである。

第二次大戦が始まると、労働党は連合政府に加わる。アトリーはチャーチルのもとで戦時内閣（通常の内閣とは別に、戦争指導のため少人数のグループで構成される）のメンバーとなり、一九四二年には副首相となって、戦争遂行体制の構築や議会対策などに努力をかたむけた。労働組合の大ボスであるベヴィンと友情をはぐくみ、固い絆で結ばれるのは、ともに戦時内閣に参画したこの時であった。

ただ、こうした政治家としての軌跡のなかで、アトリーは何か自分で積極的な政策を掲げ政治の流れに一石を投じる、などということはしなかった。同志を糾合して政局を動かすこともない。党や政府の重要ポストのお鉢がまわってきたのも、前任者が急に辞任したとか、ライバルの飲酒癖が知れわたっていたとか、相手が何かの都合で立候補をためらった、などという偶然が作用したからなのである。

とはいっても、アトリーはこの間、十分に経験を積んでいた。戦時中、チャーチルにかわり主宰する閣議で、テキパキと案件を処理したように、行政指導能力にも不安はない。恥ずかしがり屋の性格は依然として変わらない。他の政治家のように周囲に愛嬌など振りまかないし、新聞記者にもそっけない。しかし、その内面は自信に満ちており、少々のことでは動じなくなっていたのである。

山積する難問——厳しい財政

しかし、アトリー政権の前には、すぐにでも取り組まなければならない課題が山積していた。第二次大戦のような全面戦争（トータル・ウォー）では、敗戦国は当然のことだが、戦勝国も深刻な影響を受ける。この時のイギリスは、労働力の不足や資材の払底により、生産の再開がおぼつかず、多くの人々が生活苦にあえいでいた。

労働力については、約九〇〇万人がまだ軍務か軍需産業関係の仕事に就いており、これが痛手となっていた。しかし、かりに彼らが復員し生産がフル稼動したとしても、肝心の船舶が戦争で損害を受けているので、輸出も簡単ではない。

市民の日常生活では、食料、衣類、燃料、住宅、その他こまごました品目のすべてが不足していた。とりわけ、小麦、肉、卵、バター、マーガリンなど輸入に依存するものが足りない。だからまたしても、配給切符を握りしめ、戦時中と同じように食料店の前に長い行列をつくらざるをえなかったのである。

住宅は、ドイツ軍の爆撃により、約五〇万戸の家屋が焼失または破壊され、約二五万戸が甚大な被害を受けていた。家を失った人の中には、使用されなくなった兵舎などを不法占拠して、そこで生活するものも出てきた。

問題は経済を再建するにも、人々の生活への手当てをするにも、政府に資金がないということだろう。国の負債は戦前の約七倍にも達していた。それに武器貸与法でイギリスを援助していたアメリカが、日本軍の降伏の後、同法を停止したのでたちまち財政的に苦境に陥った。経済学者のジョン・メイナード・ケインズは、こうした状況を戦時中ドイツ軍に追い詰められたダンケルク戦になぞらえ、「財政上のダンケルク」と呼んだ。

ともかく、なにか手を打たなければならない。そこでアトリーら政府首脳は、大蔵省の諮問会議のメンバーでもあるケインズをアメリカに派遣し、アメリカ駐在大使とともに、再度の資金援助を交渉させた。ケインズへの指示は、アメリカから六〇億ドルの財政援助を得ることであった。ケインズはこれをわりと甘く考えて、返済義務のない贈与としてか、悪くても無利子で借りることができると踏んだ。しかし、アメリカ側はイギリスの申し出をぴしゃりと拒否、一九五一年から向こう五〇年間二％の利子で、三七億五〇〇〇万ドルなら貸与するという態度に出たのである。しかも、これにはポンドの自由交換という大きな条件がついていた。イギリスはこれまで、スターリング・ポンド地域（自治領・植民地各国）では、対外的にドルで自由に売り買いできないよう、自分が管理役を務めガードを固めてきた。しかし、ここでアメリカの条件を呑めば、たちまちアメリカ商品の洪水に見舞われ、ドルの流出により大打撃を受ける。

したがって、この時与野党の議員の間には悲鳴にも似た声が上がり、アメリカへの不満が吹き出た。だが背に腹は代えられない。条件に応じる以外に選択肢はない。アトリーは悔しい思いを潜め、しかし周囲をなだめて借款に応じ、四五年一二月英米金融協定に調印したのである。これでなんとか当面の危機は回避できた。

2　福祉国家の建設

国有化に着手

辛うじて財政危機をかわした労働党政権は、次いでこの政党が長い間方針として掲げ（党規約第四条）、一九四五年の総選挙でもマニフェストで公約した基幹産業の国有化にのりだした。国有化こそは産業に計画性をもたらし、生産能率を高め、雇用を確保し、富の再分配を約束する、彼らはそう考えたのである。

国有化の基本的なデザインは、経験のあるモリソンにまかせられた。しかし具体的な実施はそれぞれの所管大臣が責任を持った。アトリーは状況によっては、自ら乗りだして指揮をとる。しかし普段は、政策方針についての大筋を示すほか、大臣たちの仕事に直接介入してトップダウン的にことを運ぶことはしない。

国有化の一番手はイングランド銀行、そして民間航空、電信、石炭（一九四六年）であった。これはさらに鉄道、運河、長距離運送、電気（一九四七年）、ガス（一九四八年）にひろがり、最後は鉄鋼（一九四九年）にまでおよんだ（以上は国有化法が制定された年）。

その間さしたる反対にも遭わず、ことは平穏に進められた。ただ鉄鋼に関しては揉めた。というのは、鉄鋼業界は収益を上げており、なにもわざわざ国に買い取ってもらう必要などなかったからである。したがって業界も保守党もこれに抵抗したし、政府内の大臣たちも、また労働党議員たちも、賛否両論で大荒れに荒れた。アトリー自身は、鉄鋼まで国有化する必要はないのではないかと思っていた。しかし、左派の主張も無視できない。だから苦心して内部の対立のバランスをとり、最後には上院の権限を制限する法律をつくり、上院に蟠踞《ばんきょ》する保守党を抑えて国営化に漕ぎつけたのである。

しかし国有化には、逆にこんなもので本当に社会主義と言えるのかという疑問が、党内の左派グループからぶつけられた。モリソン・モデルによるそれは、政府が資本や資金を出しトップの人事も決めるが、しかし労働者の経営参加や、価格政策や、消費者との関係などには干渉しない。このいわゆる公社方式は、既に戦前ＢＢＣやＢＯＡＣ（イギリス海外航空公社）で経験済みである。そんな程度でよいのか、と批判されたのである。

しかし、アトリーは耳を貸さない。アトリー、そしてモリソン、クリップスらにすれば、批判者の言うようなラジカルな国有化など、この局面では考えられない。なぜなら、たとえば労働者が経営参加し巨大企業を切り盛りすることなど、できるはずがないからである。現実の労働者は、そんなレベルにはない。

だいたい、アトリーは抽象的な高い目標を掲げて、現実を無理やりそれにあわせようとするのを好まない。かれの手法は、様々な要素を勘案して柔軟に対応し、最善のものより次善のものを確実に入手することにある。この場面では、たとえ全面的でなくとも国有化によって計画的な経済運営をすること、「混合経済」と「福祉国家」の姿を直接国民に見てもらうこと、この方がはるかに大切なのである。

社会保障制度の確立

国有化は、炭鉱労働者などからは歓迎された。しかし国民すべてから好意的に受けとめられたわけではない。だが、国民保険や国民保健サービス（ＮＨＳ）はちがう。これは大いに喜ばれた。国民保険は国民保険相のジェイムズ・グリフィスが、NHSについては保健相のベヴァンが担当して取り組んだ。

グリフィスは、チャーチルの暫定政権時代（連合政権解消後、まだ前戦で戦っている兵士の投票用紙を回収し、総選挙の最終的な結果を出すまでの暫定的政権）に可決されていた家族手当法（一九四五年）を発効させること、つまり実際にお金を支払うことから始めた。次いで労働災害法（一九四六年）を成立させた。これで勤務中の事故の際の補償の支払いがスムーズになり、補償費も増えることになった。

しかし、より重要なのは国民保険法（一九四六年）の制定であった。グリフィスは、ベヴァリッジ報告書に基づき、この法律により疾病、失業、退職、寡婦、孤児、妊婦、死亡などのすべてをカバーし、給付金を与えようとしたのである。給付額については、ベヴァリッジが構想したものよりは、やや高めに設定した。本当は物価にスライドさせて支給したほうがよい。しかし基金（国民と企業、国家の三者の拠出でまかなう）の余裕も考慮して、五年に一度見直すことで納得してもらった。

以上の制度からはみ出る人のために、国民扶助法（一九四八年）もつくった。これはたとえば火災・水害の罹災や、ホームレスなどで苦しみ、労働災害や国民保険制度への拠出金を支払えなくなった人々を救済するものであった。

国民保健サービス（NHS）の制定

しかし、この政権の最大の功績は、ここで国民保健サービス制度（NHS）を確立したことだろう。これを手がけたベヴァンは、党内では最左派に属し、いつもアトリーに反抗して手こずらせている。その彼は、いったいどんな制度をつくろうとしたのか。

ベヴァンは、遅れた医療制度を根底から変えようとした。この国には戦前から健康保険制度があった。だがそれは扶養家族や自営業者を含まない。だからもし一家の主婦や子供が病気にかかれば、それだけでもうお手上げである。そのうえ医療水準も病院の配置も運営もバラバラで、地方自治体の管轄のもとで放置されるにまかされていた。

それゆえ、次のような改革案を打ち出した。病院を国営にする。全国の病院を適正に配置し、医療水準の平均化をはかる。医師のすくない地域には医師をまわす。患者の診療・治療を完全な無料とする。自由診療（患者は自費で治療代を払う）はやめてもらう。その代わりに、医師（保険医）にはサラリーを与える。ただし専門医による自由診療も可能にする。以上の財源は、すべて税金でまかなう。

最初、この案はメディアに好評で、すんなり受け入れられるかに見えた。しかし医師会（ＢＭＡ）が断固これに立ちはだかった。とりわけ、医師をサラリーマンのようにするなど、とんでもないと激怒したのである。ＮＨＳは一九四六年一一月には法律となり、四八年七月に実施の手筈になる。しかしそれでも医師会側は頑なであった。四八年二月に医師会会員の投票を行い、その結果政府案に賛成のものは四万五五四九名の医師のうちわずか四七三五名しかいない、などと気勢を上げたのである。これでは医師たちのボイコットに阻まれ、ＮＨＳは実施できないかもしれない。そうなれば政府は袋小路に入り、身動きできなくなる。

そこでベヴァンは妥協案を出した。医師のサラリーマン化は一挙には行わない。今後三年のあいだ医師には年間三〇〇ポンドの固定給を約束する。三年後に保険医かそれとも自由診療医かを選んでもらう。これで医師会の抵抗もしぼみ、ようやく事態は沈静化に向かったのである。

一九四八年七月には労働災害法、国民保険法、国民扶助法とともに、国民健康サービス法も実施された。ＮＨＳの開始時には医師（ＧＰ）の九〇％が保険医となっており、二カ月後には国民の九三％がＮＨＳの登録を済ませていた。これでイギリスに初めて〝揺り籠から墓場〟までを保障する、包括的な福祉国家が確立されたのであった。

住宅の再建

なお、保健相ベヴァンの所管には、住宅問題も含まれていた。かれは懸案の住宅の再建にも取り組んだ。しかし政権発足後一年半ほどは、住宅はなかなか着工されなかった。資材も建設工も不足していた上に、住宅問題を地方自治省にではなく保健省に担当させたことや、その仕事の範囲や他省との権限関係が曖昧だったことなどで、やや行政上の停滞をきたしたのである。したがって、これはむしろ任命者のアトリーに責任があったと言うべきかもしれない。

それはともかく、住宅不足については、とりあえずプレハブで応急の手当てをするが、しかしそれよりは賃貸の公営住宅（恒久住宅）をつくり、その運営を地方自治体にまかせる形で対処した。賃貸住宅の建設優先のためには、許認可権をつかって民間の住宅建設を抑制した。この結果、アトリー政権時代を通じて、建設戸数は総数一〇一万六三四九九戸にのぼった（北アイルランドを除く）。これにはプレハブや、爆撃による破損を修繕して住めるようなった住宅数は含まれない。したがって、次の保守党政権の建設大臣ハロルド・マクミランの達成する数には及ばないとしても、これは必ずしも悪い数字ではなかった。

3　一九四七年の危機

大寒波の前後

しかし、あらためて強調するまでもないが、以上のような労働党政権の数々の施策は、すべて薄氷を踏むような危うさの下に進められたのである。当時の経済的・社会的条件はそれほど悪かった。そして、これらの政策が破綻する恐れは一九四七年に急激に膨らんだ。

危機のシグナルは、一年前の一九四六年春に点滅していた。食糧難が深刻な様子を見せていたのである。アトリーは、危機に対応できない食糧相を更迭し、アメリカ、カナダからの穀物の緊急輸入で急場をしのいだ。しかも、彼は大臣たちの反対を押し切り、あえてパンの配給制に踏み切った（四六年七月より四八年七月まで）。野党の保守党などは、これこそ社会主義政権の失敗の証拠だと騒ぎたてるし、メディアもまた政府を激しく責めたてた。

翌年一九四七年一月になると、イギリスに大寒波が押し寄せる。そのため燃料危機が起こり、事態はさらに深刻化した。寒波は一月中頃大雪とともにやって来た。雪は三月中旬まで、各地で断続的に降り続け、イングランド北部などでは、積雪が一二フィートに達したところも出た。ロンドンではウェストミンスター議会のビックベンが凍結し、動かなくなってしまう。道路や鉄道が寸断され、ドーバー海峡のフェリーも欠航となった。

そのうち石炭の備蓄が底をつく。しかし道路の凍結で、掘り出した石炭を発電所へ運搬することができない。おかげで停電や送電カットとなり、操業中止に追い込まれる工場が続出したのである。これによる失業者数は、二月の中頃に約二二五万まで膨れあがった。

事態が悪化した原因の一つには、石炭の供給に楽観的な見通しを持っていた燃料相の判断ミスがあった。アトリー自身ははやくからこの問題の深刻さに気づき、さかんに注意を促していた。しかし、具体的な対応は担当大臣にまかせていた。それが裏目に出たのである。

アトリーはこれ以外の問題でも苦境に陥る。この時徴兵制法案（国民兵役法）を議会に提出し、労働党の議員たちの猛批判を浴びるからである。しかし、なぜこんな時に徴兵制の導入だったのか。

それはおそらくこうであった。急を要するのは、なによりも国内の生産力増強である。そのためには労働力となる兵士の除隊（撤兵）を早めなければならない。だがそうするとドイツ、中東、インドなどにおける秩序維持に穴があき、一挙に国際的な力のバランスが崩れる。それは志願兵などではカバーできない。だから徴兵制を導入せざるをえないのだ、と。ともかく法案は四月一日に保守党が賛成票を投じてくれたので、なんとか議会を通った（徴兵期間は最初案では一八カ月だったが、しかしすぐに一二カ月に短縮された）。

四七年には、これらに加えさらにもう一つ大きな危機がやってきた。それは七月一五日にポンドの自由交換が開始され、ドルが急激に流出し始めたということであった。二日後、アトリーは緊急に閣議をひらき対応策を協議した。しかしなにもうまい手が思いつかない。やむをえずアメリカに必死に懇願して、約一カ月後の八月二〇日に、ポンドの自由交換を中止させてもらったのである。

「アトリー降ろし」の陰謀

この間、アトリーの人気は必ずしも急落したというわけではない。一九四七年五月の時点で、国民の首相への満足度はまだ五一％（不満足三六％）を保っていたからである。

しかし、こう社会不安が続くと政府への不満は高まる。三月の世論調査によれば、政府に満足だと答えたもの三九％に対して、不満足が五四％、七月には満足が三八％、不満足が五二％となっていたのである（ただし五月は満足四二％対不満足四八％。ギャラップ調査）。そうなると、労働党議員たちのアトリーを見る目も厳しくなる。ことに、心の内で首相などより自分のほうが絶対に有能だと思っている大臣たちは、ひそかにアトリー降ろしを画策し始めた。

アトリー失脚をもくろむ動きは、実はこの時が初めてではない。一九四五年の政権発足時に既に見られたし、それ以降も時に応じて頭をもたげた。そして、そうした動きが起こる時には、決まって左派のリーダー、政治学者のハロルド・ラスキ教授（労働党の幹部でもあった）の姿が、背後に見え隠れした。

四七年の場合は、七月の終わり頃に、ドールトンがベヴィンを首相に担ぎ出そうとしたことで始まる。軍備費の削減を認められない蔵相ドールトンは、悔し紛れに陰でアトリーを「能無しのチビ首相め」などと罵っていたのである。しかし、首相を引きずり降ろそうにも、代わりになるべきベヴィンが動かない。

九月に入ると、今度は陰謀の主犯格であるクリップスが、アトリー打倒に乗り出し、これもベヴィン擁立を打ち出した。しかし成功させるには、モリソンを自陣に引き込む必要がある。だがモリソンは、自分こそが、他の誰よりも首相に相応しいと思っている。やむなくクリップスは、アトリーとの直談判におよび辞任を迫った。

アトリーはこれに平然たる態度で応じた。クリップスが駆け込んできた時、その場ですぐに電話でベヴィンを呼びだし、彼の意志を確かめて、クリップスに「ベヴィンは首相などとんでもないといっているのだが」といって、軽くあしらう。そのうえで、クリップスにさりげなく経済問題担当相のポスト（新設）を提供し、その野心を抑え込んでしまったのである。

その後、アトリーは内閣を改造する。蔵相ドールトンは、一一月の予算案公表に先立ち、内容をメディアに漏洩した事件でクビにした。後任にはクリップスを横すべりさせ、こうして四七年のリーダーシップ危機に終止符を打ったのである。

アトリーは、この時自分に仕掛けられた事柄については沈黙するばかりで、後世になにも言い残さない。しかし四七年の政府内部の暗闘は、彼の政治家としてのしたたかさを際立たせた。かつて、チャーチルはアトリーを評して、あの男は「ヒツジの皮をかぶった（本物の）羊」なのだ、といったらしい。しかし当然のことながら、いまや彼はそんな柔な人間ではまったくなくなっていたのである。

4　国際社会への対応

ベヴィン外交の軸足

ところで労働党政府は、転換する国際社会に対して、どのような関わり方をしたのか。アトリーは外交については、のちに触れるインド独立問題を別として、その一切を外相ベヴィンにまかせていた。ベヴィンが外交交渉で国内を留守にしている間、党内や議会の討論でベヴィンへの非難を撥ねつけ、ベヴィンの立場に立って弁明に努めるのはいつもアトリーであった。

この時のベヴィンは、党内からいわゆる〝社会主義的外交〟を推進せよとせまられていた。当時はそう主張する人が数多くおり、政府首脳はいつも彼らの声高な要求に悩まされていたのである。ベヴィン自身は、一応は左派の言い分にも耳を傾け、対ソ関係にしてもいくつかの可能性を残しておこうとした。といっても、アトリーもそうだが、ベヴィンはもともと共産主義が大嫌い。いずれ外交の舵を右に切り、現実路線に立つのは十分に予測できた。

ロンドン・ブリッジ駅近郊にあるベヴィンの胸像（力久昌幸撮影）

ベヴィンがソ連の態度を見て、これとの激しいやりとりに転じるのは、ポツダム会談以降の様々な会議や交渉の場を通じてであった。ソ連は隣接する東欧諸国に対しては、なにがなんでも自国の影響力を確保しようとする。またバルカンや、地中海沿岸や、中東、北東アフリカなどへの進出の意図も隠さない。むろん、だからといってそれで直ちにソ連と手切れとなるわけではない。しかし少なくとも、ソ連が一筋縄ではいかない手強い相手であることは、ベヴィンにも痛感された。

コラム1-2　原爆の開発

イギリスは早くから原爆に関心を持ち，これをアメリカと協力して開発していこうとしていた。しかし政権をとった直後に，アトリーは広島，長崎での凄まじい破壊力を知り，トルーマンに原爆の国際的なコントロールの必要性を呼びかけた。しかし東西関係が微妙な時，アメリカ，イギリス，ソ連などが原爆情報を共有し，これを共同でコントロールするなど，およそ考えられることではなかった。しかもアメリカはマクマホン法を制定（1946年6月）して，イギリスへの原爆情報の流出そのものをふさいでしまう。

そこでアトリーは，47年1月に自前の原爆開発に踏み切った。原爆使用の防止の呼びかけと，それを生産することとは矛盾しない，と考えたのである。おそらくは大国としてのプライド，原爆の残虐さへの恐怖，しかしそれを保有しないことの不安，これらが彼のなかで入り混じっていたのだろう。

なおアトリーは開発の決定を，内閣の中の数人をのぞきほとんど秘密にしていた。下院でこれを明らかにしたのはやっと48年5月のことであった。

ソ連に厳しい姿勢で臨もうとするのは、アトリーも同じであった。一九四六年三月にチャーチルがアメリカで「鉄のカーテン演説」を行った際、党内の左派グループが「チャーチルの演説はイギリス政府の見解とは違う」という声明を出せと迫っても、アトリーは頑として応じなかったのである。

しかし、ベヴィンやアトリーは、実はアメリカにも心を開いてない。なぜなら、アメリカはフランクリン・ローズヴェルト以来、理想主義に酔ってソ連に終始甘い態度をとってきた。ところがイギリスに対しては、いきなり武器貸与法を停止し、原爆情報の提供も拒み、パレスチナ問題でも一方的な政策の押しつけをやろうとしていたからである。

しかし、国内の厳しい経済状況を思えば、イギリスの頼るべきパートナーは、やはり経済力、軍事力で優越するアメリカでしかない。したがって、ベヴィンは少しずつ軸足をアメリカ側へ移した。

冷戦の始まり

イギリスとアメリカとの協力関係は、ドイツにおける両国の管理地区を経済的に統合する頃から本格的になる（正式な統合は四七年一月。のち四八年にフランスも参加）。

戦後のドイツは、英米ソ仏が管理する四地区に分けられ、各国がそれぞれ直接統治する形をとった。このうちイギリス地区（北西部）は工業地域で、人口が多いだけでなく、生産施設などが戦争で破壊されて瓦礫の山となっていた。イギリスは、ここで生活するドイツ住民と、それを統治するイギリス人行政官のすべてを、食べさせなければならない。しかし、イギリス自身が国内の食糧難に苦しんでいる。といって、ドイツの農村地帯を占領しているソ連は、西側へ食糧援助をしてくれない。そこでちょうどこの頃、アメリカが英米両国の管理地区の経済統合を提案してきたので、ベヴィンもそれに乗ったのである。

むろん経済統合ともなれば、「ソ連地区」と「西側地区」とが固定化してしまう恐れがある。それをきっかけに、ドイツがそのまま分裂することもありうる。しかし、それでもこれで占領地区の飢餓や疾病への手当てができ、財政、産業、貿易などを含めた経済復興への足がかりも得られる、そう考えたのであった。

一九四七年三月には、両国の連携は一層緊密になる。それは寒波と経済不況に苦しむイギリスが、海外に展開するイギリス兵の除隊推進の一環として、ギリシャ、トルコから撤兵した後、アメリカがその穴埋めをしてくれたからである。

しかも、イギリスの撤退通告を受けとったアメリカ大統領ハリー・トルーマンは、同地域への進出にさきだちトルーマン宣言（四七年三月）を発して、アメリカ外交の大転換を内外に告げた。三カ月後には、国務長官ジョージ・マーシャルがいわゆるマーシャル・プラン（六月五日）を公表し、ヨーロッパ各国への財政支援も約束した。それをうけ、今度はベヴィンが、フランス外相と語らいマーシャル・プランの受け皿となるヨーロッパ経済協力機構（OEEC）設立のため奔走する、という展開になったのである（OEECは四八年四月に発足）。これでイギリスとアメリカ、それに対峙するソ連という形がはっきりと浮かびあがった。

ベヴィンとアトリーは、一九四八年の初めには旗幟を鮮明にして、「全ヨーロッパの支配をもくろむ」ソ連への批判を始める。同年二月に、チェコスロバキアで共産党クーデタが起こると、翌三月にはフランス、ベルギー、オランダ、ルクセンブルグなどとブリュッセル条約を締結して、ソ連に対抗した。むろん、左派系議員たちは黙っていない。だが、ベヴィンもアトリーも一歩も退かず、彼らに立ち向かった。

六月になると、英米はドイツにおける英米占領地区での通貨改革を断行し、ライヒスマルクにかわってドイツマルクを流通させた。新通貨はソ連の管理地区にも流入し、同地区を混乱に陥れた。怒ったソ連は、自国の管理地区のただ中に浮かぶベルリンを封鎖した（ベルリンそれ自体も英米仏ソの四管理区に分けられていた）。ベルリンに至るすべての道路、鉄道、運河を閉ざしたのである。

やむなく、アメリカ空軍がイギリス空軍の支援（一部参加）をうけ、以後三二三日にわたりベルリンの西側市民に食糧、燃料、薬品などを空輸した。しかしその間、かりに一機でもソ連に撃墜されれば、ただちに戦闘の火蓋が切られ第三次世界大戦となる。それゆえアメリカは、ひそかにイギリスの基地にB-29爆撃機とF-80戦闘機を配置していた。

ソ連は一九四九年五月には封鎖を解く。しかしアメリカはこの事件を契機として伝統的な〝孤立主義〟を捨てた。ソ連が封鎖を解く一月前の四九年四月には、先のブリュッセル条約を踏まえて、北大西洋条約機構（NATO）を結成していた。こうして冷戦が始まったのである。そして繰り返すまでもなく、ここに至る重要な局面の節々では、必ずベヴィンが大きな役割を演じていた。

インドの独立

イギリスが直面したのは、ドイツやヨーロッパ問題ばかりではない。戦争により疲弊した身にとっては、もはや「帝国」を維持する能力がなく、それをどうするかという、もう一つの難問にも悩まされていたのである。その最大のものはインド独立問題であった。

アトリーは一九四五年に政権を担った時、インドの独立はもはや避けられないと思っていた。ただ独立させるとしても、問題はそれをどうやって、どのような形で実現させるかである。というのも、インドには二つの大きな政治勢力があり、これが独立をめぐり対立して、収拾がつかない状態になっていたからである。

大きな勢力というのは、ジャワーハルラール・ネルー、モーハンダース・カラムチャンド・ガンディーらに率いられる国民会議派と、ムハンマド・アリー・ジンナーに率いられるムスリム連盟。前者はヒンズー教徒から成り、独立を「単一のインド」の形で達成させようとし、後者はムスリム教徒に支えられて分離独立を要求していた。

そこでアトリーは一九四六年三月、クリップスと他二名よりなる政府使節団を現地に送り、インド側に「独立プラン」を示した。それはムスリムの言うような分離独立は認められない、しかしその代わり中央政府の下に、大きな権限を持つ自治政府を三つ設立する、というものであった。そうなればインド大陸の中央部はヒンズー教徒が統治するとしても、大陸の西北部（パンジャブ地方）と東北部（ベンガル地方）の二地域では、実質的に同地での多数派であるムスリム教徒が、それぞれの自治政府により統治することになる、だから彼らも満足するにちがいないと考えたのである。

しかし、この案は細部のツメに関して合意が得られず、結局は流れた。しかも使節団の帰国直後に両派が激突し、八月にカルカッタで約五〇〇〇人の死者を出すに至った。暴動はその後各地に広がり、翌九月から一〇月にかけ各地で約七〇〇〇名の死者を出した。

アトリーとしては新たな対応策をとらなければならない。そこで、彼は決断して一九四七年二月に声明を発し、一九四八年の「上半期より遅くならない時点」で、イギリスはインドから撤退すると宣言したのである。さらに自分とはなにかと行き違いの多いインド総督アーチボルド・パーシヴァル・ウェイヴェルを馘首し、代わりにルイス・マウントバッテン卿を総督に据えた。マウントバッテンに、独立に至る政治的な手当てのすべてを託したのであった。

マウントバッテンは、四七年三月に現地に入り、次々と両派の指導者たちと会うなど精力的に動いた。そこで得た結論は、先の政府使節団の案とは違い、もはや分離独立しかないというものであった。むろん会議派は納得しない。しかし、マウントバッテンは独立に至る青写真に何度も修正を加え、それをもって粘り強くネルーらを説得し、合意を勝ち取ったのである。

しかし、現地は既に内乱前夜の様相を呈していた。マウントバッテンの判断では、独立は一刻の時を争う。アトリーもそれに同意して、議会であわただしくインド独立法を通過させ、その年の八月一五日に、先の公表で予定した日程より一年早めて独立を達成させたのであった。

独立の直後、つまり一九四七年の八月から一一月にかけて、パンジャブやベンガルに住むヒンズー教徒は大陸の中央部へ移り、逆に大陸の中央部に住むムスリム教徒はパンジャブやベンガルへと移住した。しかしその移動の途中、両派は各地でぶつかり、パンジャブだけで約五〇万人の犠牲者を出した。この点に関して、責任は少数派のムスリムを護衛しなかったアトリーにある、と言われることがある。しかし、一九四七年の国内の厳しい経済状況の下で、はたしてイギリスにそんな余裕があったのか、あるいは新しい二つの国家は、独立後も言われるままにイギリスの軍事介入を許したのか、答えは決してそんなに簡単なものではないだろう。

パレスチナからの撤退

翌一九四八年五月、イギリスはパレスチナからも撤退した。

イギリスがパレスチナを支配したのは、第一次大戦の戦後処理の中で、一九二〇年に委任統治を認められたからであった。しかし、それ以前の一九一七年に発したバルフォア宣言に象徴されるように、ある時は目先の利害から意図的にユダヤ人のパレスチナ移民をすすめ、しかしある時はアラブ側に立って逆にユダヤ人移民を制限するという具合に、イギリスの姿勢は終始定まらなかった。

第二次大戦後はアメリカもパレスチナ問題に口出しし、イギリスにとってはこれがユダヤ、アラブに次ぐ三番目の、しかも非常に厄介な交渉相手となっていた。ベヴィンやアトリーは、パレスチナ問題については中東全体を視野に入れ、少し広い角度から対応しようとする。しかし親ユダヤのトルーマン大統領は、パレスチナへユダヤ人一〇万人を移住させる計画を立て、それをイギリス政府に呑ませようとしていた。

トルーマンのこの圧力はかわせない。なぜなら、当時イギリスはアメリカに財政援助を依頼するという弱みを持っていたからである。したがって、ベヴィンは一九四五年一一月に英米調査委員会の設置を提案し、イギリス、アメリカが共同で問題の解決に当たれるように配慮した。しかし翌四六年五月になると、英米調査委員会は一〇万人のユダヤ人移住を認める報告書を公表する。これにはアトリーが怒りだし、一〇万人を移住させるというのなら、そのまえにユダヤ人武装組織を解体すべきだ、といってその実施を拒んだのである。

二カ月後の七月には、ユダヤ人テロ組織がエルサレムのキング・デイヴィド・ホテルを爆破した（イギリス人二八名を含む九一名の死者を出した)。これにイギリスは大きな衝撃を受けた。しかしそれでも、アラブ住民とユダヤ移民がそれぞれの居住地域を統治する自治政府案を示して、妥協に漕ぎつけようと努力した。だが両派は拒否する。アメリカも受け入れない。トルーマンは、あくまでもパレスチナ分割に固執していたのである。

しかしそうなると、イギリスとしてはもう打つ手がない。したがって一九四七年九月にパレスチナ統治の放棄を宣言し、同地を国連に返還したのである。国連は、同年一一月の総会でパレスチナの分割を決定する。これによりイギリスはこの地域の支配に終止符をうち、翌四八年五月に退去した。だがイギリス軍が撤退するや、周囲のアラブ諸国は一斉にパレスチナに攻め込んだ。第一次中東戦争が勃発したのである。

5　軍拡予算をめぐる攻防

一九五〇年の総選挙へ

さて、イギリスの下院議員の任期は五年であり、一九五〇年には否が応でも総選挙を行わなければならない。あたりまえのことだが、労働党政権がもう一度勝利するためには、そのまえに国民の社会的満足度を高め、人々の将来への不安を払拭しておかねばならない。

この点で、ドールトンのあとを襲い蔵相の座に就いたクリップスは、少なくとも一九四八年には、かなり明るい材料を提供した。かれはイギリス経済の活性化を輸出振興に見出そうとして、資源や労働力をすべてこれに注ぎ込むよう誘導し、成果をあげたのである。前年の一九四七年に国際収支の赤字で苦しんでいたことを思えば、まるで狐につままれたようなものであった。

もっとも、経済の活性化には副作用もあった。輸出振興に力を注いだため、国内の消費資源が枯渇し、日常品が市場に出まわらなくなったからである。その窮屈さから逃れるには、金さえ出せばなんでも入手できる闇市に走るしかない。それゆえ、景気は全体として上向きになったとはいっても、実際問題として、まだ多くの国民が耐乏生活を余儀なくされていた。

しかも一九四九年にはまたもや大変な事態に見舞われた。それはイギリスの商品の輸出先であるアメリカが突然、不況におちいったので、イギリスの国際収支が悪化し、金・ドル流出の危機に直面したということであった。これにはどう対処すべきなのか。幾人かの大臣たちが意見をかわし、編みだした解決策はポンドの切り下げであった。むろんこれには異論が出た。クリップス自身も――病気静養のためチューリヒにいたが――最初この案には消極的であった。しかし結局は、切り下げやむなしというアトリーの決断に、彼も同意したのである。これで一ポンド四・〇三ドルが二・八〇ドルに切り下げられた。いうまでもなく、ポンド切り下げは物価上昇をまねく恐れがある。しかし、とりあえずこれで金・ドルの流出がとまり、ふたたび輸出が上向きになった。

この間、政府はいくつか他の問題でも悩まされる。さきに触れた鉄鋼の国有化を含め、これ以上国有化を拡大すべきかどうかについての党内抗争や、政府による賃金凍結要請などへの反発から、ストに突入したドック労働者への対応（軍隊を出動させて鎮圧した）などが、それであった。しかしこれらをすべて乗り越え、アトリーは一九五〇年二月に総選挙を行った。この選挙で、労働党は保守党の二九九議席に対して三一五議席を獲得し、勝つには勝った。だが保守党を含めた野党全体との差は、わずか五議席にすぎない。誰もが、今後の政府の厳しい立場を思わざるをえなかった。

ゲイツケル対ベヴァン　アトリーは第二次政権を発足させるにあたって、先の内閣のメンバーをほとんどそのまま残した。注目されたのは、ヒュー・ゲイツケルを経済問題相に抜擢し、病気がちのクリップスを支援させたこと、先に更迭したドールトンを都市計画相として復帰させたことぐらいであった。

政権が発足してから二、三カ月は、それほど大きな波風に揉まれることもなく過ぎた。しかしまたもや国外で気になることが起こった。その一つは、フランス外相ロベール・シューマンが、五月九日にいわゆるシューマン・プランを公表したことである。シューマン・プランとは、ヨーロッパ各国が石炭、鉄鋼の生産、供給、投資をともにし、それを各国の主権を超えた「最高機関」に運営させるという構想であった。つまり、ここで欧州石炭鉄鋼共同体（ＥＣＳＣ）を設立し、いずれ遠い将来にはヨーロッパ統合をも目指そうとしたのである。

しかしイギリスはこの構想には乗らず、ECSCには参加しなかった。なぜか。

第一に、イギリスは前述のように、すでに自国で石炭の国有化を実現させ、一九四九年には鉄鋼国有化法案も成立させている。それを、いまさら他国の共同組織にそっくり組み入れるなど、できるわけがない。また第二に、ECSCの運営を「最高機関」と称されるものに委ねるというのでは、結局、各国は口出しできなくなる。そんな主権を放棄するような仕組みにはついてゆけない。第三に、フランスを中心にベネルクス三国など六カ国が結束しECSCを創設するといっても、それは所詮〝小さなヨーロッパ〟(Little Europe) 程度のものになるだろう。イギリスはそれよりもっと大きな戦略をもっている。アメリカと連携する大西洋同盟を基軸に各国を包摂し、ヨーロッパ全体の経済発展・安全保障を図る、これである。ヨーロッパ再建には、やはりアメリカにその一翼を担わせるのが現実的なのである。

このECSCへの対応とともに、さらにもう一つ気になったのは、ヨーロッパ六カ国がECSC設立交渉を始めたその五日後（六月二五日）に、朝鮮戦争が勃発したことであった。これは西ドイツをはじめヨーロッパじゅうを震え上がらせた。イギリスではこれをきっかけに深刻な軍備増強論争が起こり、政府内の亀裂を深めたのである。

朝鮮戦争に関しては、イギリスは七月に参戦を決意、八月末にはイギリス軍を釜山に上陸させた。しかし、派兵のおかげで軍備費を増額する必要が出たし、それに伴い国内の労働者の賃金の凍結や、生産増強をはかる必要もでた。しかも、苦戦する朝鮮半島の連合軍を救おうとして、トルーマンが原爆の使用をほのめかした際、これを止めようとしたアトリーは、逆にトルーマンからその見返りとして、イギリスの軍備増強を約束させられていた。

そこでクリップスの病気辞任により、新たに蔵相となっていたゲイツケルが（五〇年一〇月就任）、一九五一年四月初めに、五一年度の予算案として向こう三年間で四七億ポンドにのぼる軍備費を計上し、その一部をNHS費の削減で補うと打ち出したのである。具体的には義歯とメガネ購入費を患者に半額負担させる、というのがその内容であった。予算案には、所得税や購入税の値上げも盛りこまれている。これで政府の内も外も蜂の巣を突ついたような騒ぎとなった。

問題は、かりに義歯とメガネの患者負担額を増やしたとしても、単年度でわずか一三〇〇万ポンドの増収にしかならないこと、それよりもこんなことをすれば、無料診療の原則そのものが崩れてしまう、と危ぶまれたことであった。だからベヴァンなどは、猛然と嚙みついた（ただしこの時のベヴァンは労働・国民兵役相に転出していた）。

アトリーは予算案については内諾を与えていた。しかし、ゲイツケルとベヴァンがぶつかった時、彼は実は十二指腸潰瘍で入院していたのである。しかも入院の一週間前には、盟友であるベヴィンが病没しており、気分がすぐれない。次第にエスカレートし、辞任を覚悟してやりあうゲイツケルとベヴァンを調停するには、アトリーの体力と気力は決して十分ではなかった。

病室には、大臣たちが説明のため引きも切らず出入りしたが、アトリーが病床で下した結論は、ベヴァンが譲歩できるよう様々な条件を付していたにせよ、ゲイツケル支持であった。これでベヴァンは大臣を辞任（四月二一日）、これに商務相のハロルド・ウィルソンも続いた（四月二二日）。ついに内閣分裂の事態となったのである。

一九五一年総選挙とアトリーの敗北

ベヴァン辞任のあと、アトリーはひそかに総選挙を考えた。なにしろ議会における与野党のリード幅はわずか五議席しかない。これでは大胆な政治はやれない。早晩、新しい多数派を確保するため総選挙を催し、もういちど政府を立て直さなければならない。

しかし総選挙をやるには条件が悪い。国際収支がまたもや悪化している。内閣が分裂したことは、必ずしも国民の多くにマイナス・イメージを植えつけたわけではないが、労働党の議員、党員には大きな衝撃を与えた。それに、政府はイランによるイギリス・イラン石油会社の国有化に対応できないなど、外交分野でも失点を重ねていた。

では、総選挙をやるとするなら、いつならよいのか。年内なら、すぐ目の前に迫っている〝フェスティバル・オブ・ブリテン〟（一九五一年五月よりテームズ河沿岸で催された大博覧会）の期間中は避けたい。次の年の一九五二年になると、国王がオーストラリア、ニュージーランド旅行で六カ月も留守をする。それらを考えると、タイミングとしてはやはりこの年の秋しかない。そう考えて、アトリーは周囲の数人と相談しただけで（この時はモリソンも、ゲイツケルも外国にいて不在だった）、一九五一年一〇月の総選挙を断行したのである（国王の旅行は、翌年二月の死

コラム1-3　選挙・議会の改革

アトリー政権の時代には，いくつか重要な政治改革もなされた。

たとえば選挙のさい，それまでは財産の保有者あるいは大卒者という理由で，特定の人に複数回投票させるという差別的な制度を維持してきたのだが，これが1948年にやっと廃止された。また，人口の移動で各選挙区内の有権者数にバラつきが出て，「一票の重み」に違いが出るのを防ぐため，1944年に選挙区策定委員会が組織されていた。その答申内容を生かし，はじめて行ったのが1950年の総選挙だったのである。

議会手続きも変わった。これまで下院が可決した法案については，上院がその履行を2年間遅らせることができた（拒否することはできない）。しかしそれを1年間に短縮させ，下院の優位性を強めた。それに総選挙で勝利した政党が，選挙期間中マニフェストに掲げた政策については，上院はそれを拒否しないという，いわゆる「ソールズベリー慣行」もこのとき確立された。

去により中止）。

その結果、アトリーはチャーチルに政権を奪い取られる。この選挙で労働党は一九四五年当時より得票数を約二三〇万票も増やし、得票率（四八・八％）も保守党のそれより〇・八％上回った。しかし議席数は二九五にとどまり、保守党の三二一議席に及ばなかった。したがって、敗れたのは選挙制度など他の要因が作用していたからにちがいない。しかしいずれにせよ、こうして六年に及ぶ労働党政権が終わったのである。

6　アトリー政権の遺したもの

このように、一九四五年以降の政治状況を辿ってみると、アトリーの率いた政権は、転換する時代のただ中にあって様々な難問に直面し、それらにいかによく立ち向かったかが分かる。

しかもその中で、特に強い印象を受けるのは、アトリー自身のタフさであった。一国の首相たるものは、精神的・肉体的なたくましさを求められる。むろん、誰もがこれに応えられるわけではない。しかしアトリーは、時の経過とともにバネのようにしなやかな、かつ強靭なリーダーシップを身につけ、その要請に応えたのである。

といっても、かれは内閣に君臨しようなどとはしない。なにしろ、幹部大臣はベヴィン、ドールトン、モリソン、クリップス、ベヴァンなど主役級のベテランばかり。みな一家言を吐く。それゆえ、二、三の例外はあるが、アトリーは大臣たちの意見によく耳を傾け、互いに協力して事に当たれるよう調整役に徹した。もともと、アトリーはたとえば「ベヴィン外交」とか「クリップス財政」などと、個人の名を冠して行う政治を嫌った。そんなものではなく、チーム一団となってことにあたる政治こそが望ましい。かれが政治的なたくましさを身につけたのは、そうしたチームとりまとめの作業を通してであった。その意味で、この政権はややエリート指導的な雰囲気を持つとはいえ、しかし典型的な内閣政治を繰り広げていたといってよい。

もう一つ心に刻まれるのは、混乱する戦後社会の中で、アトリーたちが実に巧みに危機管理をやってのけたということだろう。危機は国内の食糧、燃料危機から、インド独立、パレスチナ撤退に至るまで、様々な分野に広がった。これらは首相と大臣たちが連携して、——時には暗闘もあったし、一般議員の造反にも直面したが——最後まで冷静さを失うことなく乗り切った。

そして言うまでもないが、この政権は基幹産業の国有化に乗り出し、戦時経済を平和時の経済へ転換させた。しかも劣悪な経済条件の下で、体系的な社会保障制度を導入し、NHSなどの創設に漕ぎつけた。この時の彼らの情熱がなければ、以後長年にわたり国民を支える「福祉国家」はおそらく存在していない。

対外的には、イギリスはアメリカに協力して冷戦を仕掛けた張本人、という汚名が着せられるかもしれない。しかし当時のソ連の関心事は、明らかに自国の権益の拡張にあり、イギリスとしてはこれを座視するわけにはいかなかった。複雑に絡みあう国際社会の中で、ベヴィンが見せた外交的リアリズムには、やはり強い説得力があった。それに苦渋の決断によるとはいえ、インド、パレスチナからの退去は、その後のイギリスの「帝国からの撤退」に先鞭をつけることになった。

もとより、国内的な政策であれ、国際社会への対応であれ、これらのすべてには批判されるべき点が多々含まれている。それでも、戦後初めて政権を担いながら、アトリーらは苦心して次の時代への展望を切り拓いたのである。

参考文献

C・R・アトリー、和田博雄・山口房雄訳（一九五五）『アトリー自伝』上・下、新潮社。

小川浩之（二〇〇八）『イギリス帝国からヨーロッパ統合へ』名古屋大学出版会。

関義彦（一九六九）『イギリス労働党史』社会思想社。

ピーター・クラーク、西沢保他訳（二〇〇四）『イギリス現代史　一九〇〇―二〇〇〇』名古屋大学出版会。

細谷雄一（二〇〇一）『戦後国際秩序とイギリス外交』創文社。

益田実（二〇〇八）『戦後イギリス外交と対ヨーロッパ政策』ミネルヴァ書房。

Addison, Paul (1985) *Now the War is Over: A Social History of Britain 1945–51*, BBC and Jonathan Cape Ltd.

Beckett, Francis (1997) *Clement Attlee*, Politico's.

Burridge, Trevor (1985) *Clement Attlee*, Jonathan Cape.

Harris, Kenneth (1982) *Attlee*, Weidenfeld and Nicolson.

Hennessy, Peter (1992) *Never Again: Britain 1945–51*, Jonathan Cape.

Howell, David (2006) *Attlee*, Haus Publishing.

Morgan, Kenneth O. (1984) *Labour in Power*, Clarendon Press.

Morgan, Kenneth O. (1990) *The People's Peace: British History 1945–1989*, Oxford University Press.

Pelling, Henry (1984) *The Labour Governments, 1945–51*, Macmillan Press.

Seaman, L. C. B (1966) *Post-Victorian Britain 1902–1951*, Methuen & Co Ltd.

Sked, Alan & Cook,Chris (1979) *Post-War Britain: A Political History*, The Harvester Press.

第2章　帝国後のイギリスの国際的役割の模索
——第三次チャーチル政権　一九五一～五五年——

戸澤健次

ウィンストン・チャーチル
（共同通信社提供）

ウィンストン・レナード・スペンサー・チャーチルは、戦時連立内閣首班として五年にわたりナチス・ドイツとの戦争を指導した。一九四五年五月にドイツ軍が無条件降伏した後、チャーチルは総選挙を決定して総辞職し、保守党の選挙管理内閣を成立させた。彼はこの選挙に大敗したものの、五一年一〇月にクレム・アトリーの率いる労働党を破り、首相に返り咲いた。なぜ彼は、七七歳になろうとする高齢で、しかも様々な政府の重責を歴任した後で、さらに政権担当にこだわったのか。晩年のチャーチルの政治指導はどのようなものであったのか、またそれはどう評価できるであろうか。

1　第三次チャーチル内閣までのチャーチル

恵まれた環境

チャーチルは恵まれた環境の下に生を享けた。彼が生まれたのは、大英帝国が最も力を拡大維持している時であり、彼の人生は、イギリスが帝国から普通の国に斜陽していく過程とほぼ重なっている。チャーチルの家系は、遡ってアン女王の時代に叙爵されたマールバラ公爵を祖先に持つ貴族であり、ウィンストンの父親ランドルフ・チャーチルは、第八代マールバラ公爵の実弟に当たる。ウィンストンは、一八七四年一一月三〇日、広大なブレニム・パレスで生まれ、アイルランド総督秘書の父ランドルフとともにダブリンに渡り、乳母付きの幼児生活を送った。もっとも、貴族の家名とその家庭の台所事情は別問題で、第七代公爵の次男ランドルフ・チャーチルには財産の相続がなく、夫婦ともそれぞれの親から大きな財政的支援があったものの、家計はいつも赤字続きであった。ウィンストン・チャーチルは若い時から、経済的自立を目指していた。

チャーチルは、著作が高く売れるという恵まれた環境を生涯維持することができた。初めは従軍記者として記事を書き、やがて軍事関係の小説、戦争の回顧録と極めて多くの著作を発表し、大きな利益を上げた。サンドハースト陸軍士官学校を卒業後、彼は一八九六年からインドのバンガロール（現在のベンガルール）に赴任した。その前後に、キューバのスペイン軍の作戦、イギリス軍によるパキスタンのマラカンド作戦やスーダンのハルツーム作戦に志願し、従軍記者として詳細な報告書を作成した。さらに一八九九年にボーア戦争が勃発するとこれに志願し、勇ましく戦う中で敵軍の捕虜となったが、脱走に成功した。チャーチルの脱走話は、彼を英雄に仕立て上げ、彼もまた、ボーア軍から「生死を問わず」二五ポンドの懸賞金（あまりにも安価）を懸けられた話を好んで講演で語った。

一九〇〇年の総選挙に出馬する時、費用についてチャーチルは記録を残しているが、それまでに出版した小説とボーア戦争通信の著作からの収入が四〇〇〇ポンドあり、それに加えて、選挙前五カ月間実施したイギリス国内とアメリカでの戦争体験講演旅行で、約一万ポンドの活動費を貯蓄することができた（一九〇〇年の一ポンドは二〇〇七年で六一ポンド)。ソールズベリー卿(ロバート・セシル)の率いる保守党が大勝したこの総選挙でチャーチルは初当選し、以後、半世紀にわたる政治活動を開始した。

二大政党間をブーメラン

チャーチルは、いわゆる選挙に強い政治家ではなかった。一八九九年に補欠選挙で敗れたのは助走と考えても、一九二二年、二三年の総選挙と二四年の補欠選挙では続けて苦杯を嘗めている。チャーチルは、父親の代からの保守党所属を途中で変更し、さらにまた保守党に戻るという離れ業をやってのけた。一九〇四年五月三一日、保守党の関税政策を批判したチャーチルは、下院議場で政府側から野党の自由党側に席を移動した。チャーチルの衣替えは、当時の保守党がほぼ確実に次期の総選挙で敗れることが予想されていたので、結果的に勝ち馬に乗った形となった。事実、一九〇五年一二月にアーサー・ジェイムズ・バルフォア首相が突然総辞職して自由党に政権が転がり込んできた時、時の首相キャンベル=バナマンは移籍間もない若干三一歳のチャーチルに植民次官の閣外大臣ポストを与えた。チャーチルは以後一七年間も続く自由党政府内で商務長官、海相、軍需相、陸相、空相、植民相を歴任した。

第一次世界大戦後、チャーチルは落選の憂き目を経て一九二四年一〇月の総選挙で当選し保守党に復帰した。この時も、結果的に保守党が政権に帰り咲く時にチャーチルが保守党に戻った形となり、スタンリー・ボールドウィン首相はチャーチルを必ずしも歓迎しなかったものの、チャーチルを抱きこむため蔵相の席を提示した。チャーチルは喜んで大役を引き受けた。

チャーチル蔵相は五回年度予算作成に携わったが、自由貿易の原則を堅持したい蔵相と保護貿易に傾くボールドウィン首相やネヴィル・チェンバレン厚生相の要望が衝突し、予算に特別なチャーチル色を出すことができなかった。

自由貿易原則を奉じる一方でチャーチルは、インドに対する大英帝国の直接統治の必要性を信じて疑わなかった。ボールドウィンは、一九三一年一月第二次ラムジー・マクドナルド労働党政府がインド自治を認めた時、野党としてこれを支持した。しかしチャーチルはインド自治に強く反対した。ボールドウィンは、もともと政党間を渡り歩いて政府の要職を歴任してきたチャーチルを快く思わず、「次の総選挙で勝利したらチャーチルを閣外に放出するつもり」と明言しており、実際、三五年から四〇年までの保守党政権で、チャーチルはバックベンチを暖め続けた。

第二次世界大戦指導者

チャーチルは第二次世界大戦を指導した政治家として世界に知られている。一九三九年九月三日に宣戦布告が宣言された直後、海相に任命されたチャーチルは、翌年五月一〇日に首相に就任し、四五年五月七日にドイツが降伏するまで戦時内閣を指導し、イギリスを戦勝国へと導いた。チャーチル戦時内閣の政治の詳細は別の叙述に譲るとして、ここでは、戦争中のチャーチルの政治に関して何点か指摘するにとどめたい。

ドイツとの戦争を避けようとするネヴィル・チェンバレン首相の宥和（アピーズメント）政策は国民の圧倒的な支持を得ていた。一九三八年九月二八日、アドルフ・ヒトラーがミュンヘンの四カ国会議に参加するとの知らせを聞いた議員は、下院で総立ちしてこのミュンヘン会談を支持した。立ち上がらずチャーチルと不支持の行動をともにしたのは、アントニー・イーデンとハロルド・ニコルソンなど、ごく少数にとどまった。しかし、宥和政策が失敗しドイツとの戦争が始まると、チャーチルは閣僚に加わり、四〇年五月には首相に選任された。

チャーチルは、戦局不利な状況での首相就任を躊躇なく引き受けた。チャーチルの大局観からすると、ドイツは強力であるがソ連とアメリカが参戦すれば勝てるはずであった。それゆえ、チャーチルのフランクリン・D・ローズヴェルト米大統領への連絡と配慮は、戦争遂行上、何よりも優先された。戦後の第三次チャーチル内閣でもこの〝英米特殊関係〟の維持は、イギリス外交政策の一つの目玉となる。ソ連の参戦は、社会主義に対する反感の強いチャーチルにとっては、アメリカの参戦よりも頼りがたく予想のつきにくいことであったが、ヒトラーが独ソ不可侵条約を破ってソ連と開戦することは必至と見ていた。したがって、イギリス国内が猛烈な爆撃にさらされている中でも、イギリスは絶対降伏しない、と断言できたのである。

戦時連立内閣を率いてイギリスに偉大な勝利をもたらしたチャーチルは、戦勝の勢いで自らの率いる保守党が圧勝するものと思い込み、一九四五年七月五日に総選挙を挙行した。彼は投票の後、開票予定を前に、南フランスに休暇をとり、一五日にはドイツのポツダムでの三巨頭会談に晴れやかに臨んだ。しかし、国民は戦争指導者の続投

コラム 2-1　不適切な服装

ロンドン，パーラメント・スクエアにあるチャーチル銅像（力久昌幸撮影）

チャーチルは労働党の大立者アナイリン・ベヴァンとそりが合わなかった。それは必ずしもベヴァンが左翼だったからではない。チャーチルが第２次大戦中に連立内閣を率いていた時，下院のうるさ型によく苦しめられたが，その中でも特にベヴァンは戦況が深刻になっても妥協を知らず，自己の主張を譲らなかったからである。主張は異なっても，最終的には国益を選んで妥協したクレム・アトリーとは，性格が異なるとチャーチルは考えていた。

1953年６月，チャーチルがエリザベス２世女王の戴冠記念晩餐会を豪華なランカスターハウスで開催した。ロイヤルファミリーが勢ぞろいし，諸外国の代表が衣装を凝らして集まった。チャーチルも，貴族が着用する正式な暗緑色の制服を身にまとい，肩からガーター印綬を帯び，勲章のペンダントを胸にかざし，完全正装で高貴な客人たちを迎えた。

晩餐会の宴がお開きになった後，バッキンガム宮殿で正式な舞踏会が催された。賓客は絢爛たる衣装で参集した。宮殿に到着したチャーチルは用心のため舞踏会の始まる前に化粧室を使わせてもらおうと考えた。化粧室を出たところでベヴァンとばったり出会ったチャーチルは，きらびやかに着飾った客人たちの中でひとり青いサージの平服を着用していたベヴァンに苦りきった顔で「少なくとも，今夜のような場合には正式な服装を着用すべきではなかったかね」とささやいた。すると，ベヴァンはにやっと笑い，「首相，あなたのズボンの前のボタンが外れてますぞ」と答えた。

ではなく、福祉国家導入を目指すアトリーの労働党を選択した。二六日開票日に総選挙大敗北（五八五から二一三議席に後退）の知らせを聞いたチャーチルの驚愕と落胆はあまりにも大きかったが、実際のところ、最も驚いたのは勝利したアトリーであった。アトリーは少なくとも四〇議席の過半数で保守党が勝つと予想しており、翌二七日のポツダム会談に臨んだアトリー新首相のスタッフは、ジョン・コルヴィル首相秘書官をはじめ、前内閣とほとんど同じ顔ぶれであった。重要な国際会議に自前の要員が準備できていなかったのである。

チャーチルの年齢（七〇歳）と経歴を考えれば、この時引退を表明することは常識的には十分考えられたが、彼は続投を決意し、野党党首として次期政権への意欲を示した。一九四六年の保守党大会で彼は次のように党の政策原則を明示した。

「わが党の主たる目的は以下の通りです。キリスト教文化を守り、国王と議会の基本構造を擁護し、基幹産業である貿易の安全を保証し、行政から独立した司法の定める法と秩序を守り、国家の歳入と歳出の健全な財政を目指し、帝国内貿易の発展を確保し、国民の健康増進や社会条件の向上に努め、主要産業の国有化に反対する」。この原則が一九五〇年の総選挙マニフェストに結実した。労働党と明確に異なるのは基幹産業の国有化の問題であった。五〇年の選挙では、労働党の社会主義的政策がナチスのゲシュタポと同じ全体主義体制につながるというような荒削りの批判（四五年六月四日ラジオ演説）はさすがに控えたものの、相変わらず、チャーチルの演説の論点は反社会主義一点張りであった。チャーチルは、二月二三日投票の総選挙で確かな手応えを感じたものの、結果は、六二五議席のうち保守党は二九九議席獲得しただけで、三一五議席を獲得した労働党に連続勝利を許した。

選挙に破れても党首を続けたチャーチルは、翌年一〇月に安定政府を求めるアトリー首相が総選挙に打って出ると、五〇年に用意したものに少しだけ手を入れたマニフェストで選挙を戦った。小選挙区制がよくもたらす結果であるが、五一年一〇月二五日の総選挙では、全国で得た総票数では労働党が勝っていたにもかかわらず、議席の上では明らかに保守党が過半数を獲得した（保守党：四七・八％ 三二一議席、労働党：四九・四％ 二九五議席、自由党：二・六％ 六議席）。チャーチルは政権に返り咲いた。ただちに内閣を組織し、一〇月三〇日初閣議を開催し、第三次チャーチル内閣の政治が始まった。

2　第三次チャーチル内閣の経済・社会政策

住宅建設問題

アトリー内閣は福祉国家路線を決めた点で特筆すべき業績を上げたが、戦後の荒廃した国土における住宅建設では明らかに遅れをとっていて、一九五〇年には五〇〇〇〇戸しか建設できなかった。五〇年一〇月の保守党大会で、ある委員から年間公営住宅三〇万戸を公約に加える提案が出された時、「我々は三〇万戸建設できるだろうか」と隣の委員に尋ねられた影の蔵相リチャード・A・バトラーは、「問うなら、我々は三〇万戸建設すべきか、でしょう」と答えた。誰が担当するのか、予算の裏づけはあるのか等問題は山積していたものの、チャーチルはこれを受け入れ、五一年の総選挙用マニフェストに明記した。

五一年総選挙後、チャーチルはハロルド・マクミランを呼び、「国民のために住宅を建ててくれ」と言ってマクミランを住宅・地方自治相に任命した。それまで主として国防と外交分野で仕事をしてきたマクミランはこの任命に驚いたが、住宅建設チームを立ち上げ、五三年までに年間三〇万戸公営住宅建設の目標を達成した。五三年一〇月の党大会でチャーチルは公営住宅が二年続けて三〇万戸建設できたことを誇った。マクミランは五四年度も住宅三五万戸以上を建設し、家賃法（家賃と修理に関する法律）を整備して、五六年までに一五万戸と見込まれる民間住宅との間で着工数調整という新しい状況に取り組むこととなった。住宅建設に使われた莫大な費用は、政策のどこかにひずみとなって現れる可能性があったが、五三年の朝鮮戦争終結後、貿易が急激に上向き、また輸入の削減、公定歩合二%から四%に引き上げのような金融政策の導入など、バトラー蔵相によって適切な政策が推進され、五一年に赤字に落ち込む直前のイギリスの財政は、五四年までに十分な黒字財政に改善されていた。

民営化問題

チャーチルは、アトリー内閣が矢つぎ早に手がけた主要産業の国有化――イングランド銀行（四五年）、石炭・航空・運送業界（四六年）、電気産業（四七年）、ガス・鉄道（四八年）、鉄鋼業界（四九年）――のすべての国有化を廃止すると発表し、一九五〇年のマニフェストに「我々は国有化の動きを完全にストップする。……我々は（国有化を定めた）鉄鋼法が施行される前に廃止し、鉄鋼業界では民間の経営が存続する。……乗り合いバスと路面電車の国有化は中止する」と明示した。しかし、チャーチルの政治はプラグマティックであり、彼は状況に応じて変化を受け入れた。五〇年の総選挙で敗れた後の五一年のマニフェストでは「我々はこれ以上の国有化を阻止する」と少し言葉を軟化させてそれまでの国有化を半ば認め、さらに国民のほぼ半分はアトリー内閣の改革を依然支持していることが五一年の総選挙で読み取れた時、チャーチルは公約に明記した鉄鋼業界の民営存続と道路輸送の民営化のみは実行したけれども、それ以外の国有基幹産業に対しては、妥協して手を加えなかった。

バツケリズム

チャーチル内閣の三年半を通じて、経済政策で鉄鋼と道路輸送を除く民営化は導入されなかった。たしかにこの政権下で食料の配給制度が終了し、物資調達省が廃止され、貯蔵物資は処分された。必然的に、食糧配給に必要な政府、外庁も廃止された。しかし、これらの変化は野党労働党も認めたいわば当然の成り行きであった。エコノミスト誌はチャーチル政権の政策が労働党時代と大差ないことから、直前の労働党蔵相ヒュー・ゲイツケルと現政権のバトラー蔵相をもじって〝バツケリズム〟政策と評した。バトラー本人は、後に回顧録でバツケリズムという評価について、次のように述べ、正確な理解を求めている。

「もし、一九五二年にポンド通貨の自由化が私の願ったとおりに実現していたら、〝バツケリズム〟という用語は生まれなかったであろう」。

つまり、ポンドが変動相場に移行していれば、もっと経済の自由化が進み、前政権との違いは歴然としたはずと言う。

「私は、明らかに社会主義者であった彼（ゲイツケル）と信条を共にしていなかった。……私たちは、確かにケインズ主義に近かった。しかし、私たちは異なる目標を目指しながら、似通った政策を主張していたのである」。

政策の目的は別の方向であったが、その実現過程で、両者は同様にケインズ主義の政策を導入した。つまり、ゲイッケルが大胆な社会主義導入ではなく、部分的な国有化、失業対策、福祉政策を推進することによって健全な集団主義的社会主義が実現できると信じたのに対して、バトラーは、無規制の資本主義の導入を急ぐことなく、修正資本主義の政策によって健全な個人主義的資本主義が生き残れると考えたのである。

いずれにしろ、結果的に、福祉国家路線は変わらなかった。チャーチルもこの方向を受容した。蔵相任命後初めての予算でバトラーが、援助を最も必要とする年金生活者、大家族、母子家庭に食料の配給を決め、困窮家庭二〇〇万人から所得税の義務をはずす演説をした時、チャーチル首相は「これこそ私の父の言っていたトーリー・デモクラシーだ」と賞賛した。

バトラーは一九五四年度予算を発表した後、チャーチル内閣の三年を総括して、自由促進の結果、身分証明書・食糧配給を廃止し、猜疑的な福祉検査官を半減させ、戦争中から引きずってきた諸規制の三分の二を無効にしたと誇った。

保守党の成果は大きなものがあったが、ある研究者が述べるように、労働党が政権を取っていてもおそらくこのような規制撤廃はしたと思われる。〝国民に自由を！〟というスローガンでさえ、どちらの党が叫んでも、戦後の苦労辛酸を嘗めている国民には自然に聞こえたであろう。チャーチルの時代がコンセンサス（合意＝両党の政策の相違が少ない）の時代と評されるのはそれなりの理由があったのである。

3　チャーチル首相の最優先事項

外政の優先事項

チャーチルは、もっぱら外政に強い関心を持ち、選挙に敗れた時でも外交と国防の問題がある限り、自らが首相に適任であると信じた。チャーチル内閣では、内政はバトラー蔵相やマクミラン住宅地方自治相に任せ、世界政治にイーデン外相とともに関わろうとした。戦時中でもないのに、国防相を自らが兼任したことがその決意の現れと見てよい。世界政治への関わり方・外交の基本方針は、一九五一年のマニフ

コラム 2-2　1951年保守党総選挙マニフェスト（全5頁・抜粋）

自由な企業活動のゆえによく知られたこの島国に，教条的な社会主義政策を強制する試みは，わが国の偉大さと発展に大きな障害となった。国有化は失敗だった。

保守党の目的は，国民の生産力を高めることにある。それが完全雇用，生活費上昇の緩和，および社会福祉の維持にいたる最も確実な道である。勤勉，優れた経営，倹約――これらすべてが報われなければならない。

世界に向けては，我々は第一に大英帝国と英連邦の安全，進歩，結束を図る。次に世界に存在する幾千万の英語圏の国民とともに自由と世界の平和のために協力する。第三にこれらの基礎の上に欧州連合に向けて努力する。

我々はこれ以上の国有化をやめる。鉄鋼スチール法は廃止しスチール産業は自由化する。道路運送業は民営化に戻す。鉄道は地域ごとに再編することとし，石炭産業は国有化のまま残す。その他残存するすべての国有企業は独占禁止委員会で審議し，その企業活動は議会で厳しく再検討する。

我々は効率的のみでなく，人間的でもある産業構造を目指す。

家屋建設は焦眉の急である。保守党と統一党の政府はこの住宅問題を国防につぐ最優先課題として取り組む。我々の目標は年間30万戸である。

教育と医療では，必要最低のニーズが満たされていない。我々はよりよいサービスを提供する。

年金受給者や戦争年金受給者の最低限の必要が満たされているか再点検する。

最後に保守党と統一党は，社会の一部の階層を代表するのではなく，国民全体を代表する政党である。

ウィンストン・チャーチル

ェスト（コラム2－2参照）に明確に示されている。

「世界に向けては、我々は第一に大英帝国と英連邦の安全、進歩、結束を図る。次に一九四〇年代後半から五〇年代前半の世界に存在する幾千万の英語圏の国民とともに自由と世界の平和のために協力する。第三にこれらの基礎の上に欧州連合に向けて努力する」。

チャーチルが示した三つの政策方向は、英連邦、英米関係、ヨーロッパの優先順であった。しかし大英帝国の勢いは、インドの独立などによりすでに大きく傾き、英連邦の将来も決して明るいものではなかった。英米特殊関係も実は難しい問題を内包し、国際舞台でアメリカが国家の実力に応じた対応をするのに、イギリスは隠忍自重しなければならなかった。ヨーロッパとの連携協力は大陸諸国が統合に向けて動いていたので、最も可能性のある政策分野であったが、チャーチルは、アトリー内閣のベヴィン外相よりもっと明確にイギリスの主権がほんの一部でも割譲されうるヨーロッパ統合案のすべてに強く反対した。イーデン外相もこの点でチャーチルとまったく同じ立場を取った。チャーチルとイーデンの展開した外交・国防は大英帝国のプライドを保つ最後の政治家が、帝国の斜陽化の過程で取りうるリーダーシップの例と言える。つまり、帝国が斜陽化しているために、アメリカとの連携が不可避であり、ヨーロッパとの連携も必要であったのに対して、帝国がヨーロッパに限定できない広がりを持つと信ずるゆえに、イギリスがヨーロッパに包摂されることを受け入れ難かったのである。

チャーチルが首相であった五一年末から五五年前半にイギリスと関わりの深い世界政治の問題を整理すると、まず、大英帝国の象徴であった（人口、国土ともに本国をはるかに圧倒する）インドがパキスタンとともに四七年八月に独立し、翌年セイロンの独立が続いた。この独立の際、イスラム教徒はパキスタンへ、ヒンズー教徒はインドへと大規模な人口移動が起こり、その騒動の中で五〇万人以上の人が殺された。しかも、独立直後からカシミールの帰属をめぐってインドとパキスタンは戦争状態に突入していた。

イギリスは、四八年五月にパレスチナから撤退し、この地域での威信を決定的に失い、直後にイスラエルとアラブ諸国の間で第一次中東戦争が勃発した。

中東の大国イランと北アフリカの玄関エジプトでは、民族主義が台頭しつつあった。イランのモハンマド・モサデク首相は、当時世界最大のアングロ・パーシャン石油精製会社を接収して国有化し、エジプトでは、ムハンマド・ナギーブとガマール・アブド・ナーセルの二人の将軍が国内の王政に対して挑戦し、さらに勢力をスーダンに及ぼそうとしていた。スエズ運河のイギリスの巨大な利権も危うくなろうとしていた。

東南アジアでは、旧フランス領のインドシナで四六年からホー・チミンの率いるベトミン党がフランス軍を追い込み、熾烈な接近戦が続けられていた。停戦の実現には何らかの国際介入が必要であった。南のイギリス支配下のマレー半島では中国で訓練された共産ゲリラが革命運動を繰り広げ、イギリス軍が掃討戦を展開していた。

東アジアでは、四九年一〇月に成立した中華人民共和国が積極的な共産主義運動を推進し、朝鮮半島では五〇年六月以後五三年七月まで、中国と北朝鮮の共産軍と、アメリカを中心とする国連軍と韓国の連合軍との間で、国を分断する激しい内戦が続行していた。

カリブ海の植民地とイギリス領西アフリカでは、両地域で四八年に暴動が発生したものの、すぐに鎮圧された。本国外務省は、これらの地域で発生する内乱を未然に防ぎ、少しでも長くイギリス支配が続くよう腐心しなければならなかった。

ヨーロッパを見てみると、少なくとも三つの問題あるいは課題が同時に進行していた。一つには、ヨーロッパ統合に向けて確実な流れがあり、フランス外相が提案したシューマン・プランに基づくヨーロッパ石炭鉄鋼共同体（ECSC）が五一年四月に調印され、数年後に結実するヨーロッパ経済共同体に向け大きくうねり始めていた。経済面だけでなく、軍事的にもヨーロッパの統合の動きが見られ、一つは、西欧五カ国が結んだブリュッセル条約を含める形で北大西洋条約機構（NATO）がアメリカによって提唱され、四九年四月に調印され八月批准発効した。これに対して、ヨーロッパにも独自の防衛協力機構が必要ということで、フランス首相が発表したプレヴァン・プランに基づき、ヨーロッパ防衛共同体（EDC）が構想され、実現に向けて活発な交渉が行われていた。

二つ目の問題として、ドイツをどのような条件で平和状態に戻すかという問題が残されていた。この問題は根本的にソ連の思惑とアメリカをはじめとする西ヨーロッパ諸国の意図が激突する場であったのに加えて、フランスの強度のドイツ不信・脅威論が解決案を束縛していた。EDCが構想倒れに終わったのは、疑いもなく、ドイツ軍が加わることを嫌う提案国フランスの議会による批准拒否が原因であった。しかし、ドイツ問題が解決しない限り、戦勝国によるドイツ占領が継続され、国際法的にはドイツは戦争状態から抜け出ることができなかった。

三つ目はイタリアが抱えていた問題で、ユーゴスラビアとの国境が連合軍とユーゴ軍に占領統治されていたが、このトリエステ地域の領土をどのように配分するかという問題であった。イタリアとユーゴの両国がトリエステの領有権を主張し、何らかの国際的仲裁なしでは解決できない状態になっていた。

以上の一九五〇年代前半の国際情勢は、チャーチル内閣で実際に外交を担当したイーデン外相の回顧録を参考にして描いたものであるが、たしかに国防・外交面で仕事は山積していたといってよいであろう。

帝国のたそがれ

チャーチルは、アメリカ合衆国を第二の故郷と見ていた（実際、彼の母親はニューヨーク市民であった）。またアメリカはイギリスから生まれた弟分の国家であると考えていた。しかし彼は、第二次大戦中に大英帝国の基盤の脆弱化も肌で感じていた。彼は戦時中に「私は大英帝国の幕引きの役目を負うために首相を命じられたわけではない」と述べたが、アメリカの世論は反帝国主義・反植民地主義であり、経済の自由競争原理支持であった。ローズヴェルトとチャーチルの明確な相違は、戦後における大英帝国の役割について見られた。ローズヴェルトは植民地の解体から自由主義国家群の登場を考えていたのに対して、チャーチルは弱体化しつつある帝国を少しでも持続させ、帝国が無理な場合には英連邦の結束を固める形で、ヨーロッパに限定できないイギリスの国家のあり方を追求しようとしたのである。

実際には、上に挙げた世界政治の問題に、チャーチル政権は何一つ独自に決定することができなくなっていた。アメリカが提案したNATOは一二か国で調印され、ヨーロッパ防衛共同体にはイギリスは不参加を決定し、側面からの援助に徹した。トリエステ問題でもインドシナ戦争休戦問題でもイーデンが奔走し、チャーチルと内閣がバックアップしたものの、すべては国際会議でいかに対応するかという問題であった。朝鮮戦争では、イギリスは受動的に国連軍に加わったまでであった。イギリス政府が直接深く関わっていた問題の一つはイランの石油問題であったが、イランのモサデクとの対決も、結局は、イランに反共産主義政権を望み、イランからの石油購入も考えていたアメリカに共同作戦を持ちかけ、五三年八月のモサデク失脚の後、一年以内に英米政府を含む代表団がイラン政府と石油に関する包括的な協定を結ぶ形で決着した。

重要なことは、チャーチルの場合、帝国の利権を守ると言いながら、帝国の実力が大きく減退していることを深く自覚していたことであろう。イギリスは一九三六年に英・エジプト条約を結び、友好と同盟を定めてスエズ運河の利権を合法化していたが、五〇年一〇月にこの条約が一方的に破棄された。チャーチルが訪米中の五二年一月にカイロで流血テロが発生し、狙われたイギリス系住民の被害は巨額になった。しかし、この場合、アメリカのハリー・S・トルーマン政権も次期のドワイト・D・アイゼンハワー政権も、植民地主義的・帝国主義的なイギリス軍のエジプト駐留とスエズの利権に好意的ではなかった。チャーチルが五四年六月に公式訪米をした際に、エジプト問題も集中的に議論されたが、アメリカははっきりとエジプトが合意できる条件で協定を結ぶことを要望し、加えてアメリカ側からは相当額の経済支援をエジプトに与えると約束した。チャーチルは、イギリスの実力の現状を考え、アメリカの要望を拒否せず、五四年一〇月、エジプトとの協定を調印し、一年以内にエジプト国内のイギリス軍の撤退を約束した。しかし、チャーチルと同じく大英帝国のプライドを堅持するイーデンは、スエズの利権擁護に関してチャーチルのようにアメリカ最優先をしないで悲劇的結末を迎えることになる。

アトリー政権時代、チャーチルはインドの独立に関して最後まで反対した。時期尚早と彼は言ったけれども、帝国の崩壊を拒絶したい気持ちも働いたに違いない。「帝国の幕引き役はしたくない」と言うチャーチルには気の毒であるが、イギリス政治史の中でチャーチルがその役を果たしたうちの一人であったことは疑いない。

英米特殊関係

チャーチルが第三次内閣で最も重視したのはアメリカとの良好な関係の再構築・維持であった。いわゆる「英米特殊関係」は、主としてイギリス側から強調されたものであったが、彼は意識的にその維持に心を配った。帝国のプライドと没落の自覚を持つ彼は、アメリカと対等に付き合うと同時に、アメリカに譲歩することも決して忘れなかった。彼にとって英米の協力は自明であると同時に常に育成しなくてはならない大切な外交の要点であった。

チャーチルは、政権を掌握するとすぐに一二月末からアメリカ、カナダを公式訪問した。ワシントンの下院とオタワの夕食会の演説で、彼は、アメリカとイギリスおよび英連邦にヨーロッパを加え、協力して共産主義の拡大主義に備える必要を説いた。イギリスの利権を代表するスエズ運河の自由な運行を守ることの必要性を説くことも忘れなかった。

訪問中トルーマン大統領と五回会談を行ったが、その最初の会談で、英米協調への信念を表明しつつあるチャーチルの言葉をさえぎってトルーマンは、「有難う、首相。そのことがうまくいくようにわれわれの顧問にお伝えしておきましょう」と述べた。チャーチルは屈辱感を覚えたが、黙って引き下がり、イギリス外交専門家の同情を買う場面があった。

第五回目の会談でチャーチルはソ連の代表と現段階で会いたくないと述べ、その理由を、もし会見が失敗して事態が打開できなければ戦争勃発を疑われるからと説明した。この論理がトルーマン、アイゼンハワーがソ連代表部と会おうとしない主要な理由となった。

五二年一一月にアイゼンハワーが大統領に当選すると、チャーチルは早速この年の一二月に第二回目のアメリカ公式訪問をし、就任前のアイゼンハワーにスターリンとの会見を薦めたが断られた。しかし、五三年三月にスターリンが死去したことを聞いたチャーチルは、首脳会談による緊張緩和をさらに強硬に推進するようになった。しかし、アイゼンハワー大統領もジョン・フォスター・ダレス国務長官もチャーチルがソ連に対して安易な宥和政策を採ろうとしているのではないかと疑い、かつ、戦前・戦中と同じ巨頭政治の手法で世界政治を動かそうとしているチャーチルと歩調を合わそうとしなかった。

五三年の英米会談は、チャーチルの心臓発作のため六月から一二月に延期され、フロリダ半島北東の大西洋にある英領バミューダ島で行われた。この会談はアメリカ側が格式ばらないカジュアルな対談にしようとしていたのに対して、イギリス側は多くの報道陣を引き連れて、米ソの緊張緩和にイギリスが果たす重要な役割を確定しようとしていた。アイゼンハワーはこの席で、ソ連代表部との会談を薦めるチャーチルに対して、外交上きわめて不適切な言葉を用いてソ連を痛罵し、ソ連との表面的な共存政策を却下した。さらに東側が朝鮮半島における休戦を破ったら、軍事目標に向けて原爆を投下する可能性を示唆した。チャーチルは反対を表明できなかった。チャーチルとイーデンはアイゼンハワーとダレスの高飛車な態度に業を煮やしたものの、「彼ら（アメリカ）なしには世界政治の問題を解決できない」ことを知りすぎるほど知っているチャーチルは、アメリカの主張をすべて受け入れた。

チャーチルの最後のアメリカ公式訪問は一九五四年六月に行われた。五三年春から病気のため治療に専念していたイーデンは秋から外相に復帰し、チャーチル訪米の前後には八面六臂の大活躍をしていた。ヨーロッパ統合に向けてEDCが最終段階になりつつあり、イランの石油問題もイラン政府と英米代表団との協定の細部が詰めの段階に入っていた。トリエステ問題はアメリカの寛大な協力を得て五四年一〇月の最終文書調印に向けて調整が進んでいた。ジュネーブでは、インドシナ戦争の休戦に向けて五四年の四月から七月にかけて集中的に交渉が続けられていた。イーデンはジュネーブ会議に参加し、その他すべての外交案件に携わる中で、チャーチルのアメリカ訪問にも陪席した。一方、チャーチルはやはりソ連との三首脳会談に期待をかけ、モスクワでなく、ストックホルムかロンドンでの開会を提案し、あるいは一人でもモスクワを訪問する用意があると述べた。アイゼンハワーはこの案らのめるとしたが、ダレスはチャーチルが一人でモスクワに行くことを「わが国では歓迎できない、またそれがアメリカのためになると言うこともできない」と断じた。結局、六月二四日から五日間にわたる会談の結果、西ドイツの自由社会の防衛への対等な参加を期待するという覚書が発表されたが、チャーチルの求めた米ソ会談、三カ国首脳会談は空振りに終わった。

チャーチルは、英米特殊関係の維持に真に心を配り、常に世界政治の中心にアメリカを置き、そのパートナーとしてのイギリスという国際的地位を保持しようとした。だが、イギリスと自らの首相としての存在意義をかけての、対ソ緊張緩和をトップ会談で実現する案がアメリカによって拒否され、さらにチャーチル内閣の閣僚も、チャーチルの単独モスクワ訪問に不支持を表明したため、チャーチルの首相継続の理由が失われつつあった。しかし、チャーチルが帝国のプライドを保ちつつも、アメリカに対して国家の実力に見合う態度をとり続けた結果、なんとか英米特殊関係は維持されえたと言える。

イギリスとヨーロッパ

チャーチルは、アメリカとの協力には常に先頭に立って働いたけれども、欧州統合の動きに関しては、イーデンにほぼ全面的にゆだねていた。ヨーロッパ統合に向けて二人の共通した視点は、〝ヨーロッパにおけるイギリス〟ではなく、〝ヨーロッパとイギリス〟というものであった。それゆえ、ヨーロッパ統合の動きは歓迎し協力を惜しまないけれども、自らは統合の局外に立ってECSCにもEDCにも不参加方針を貫いた。実務的な外交交渉はもっぱらイーデンの仕事となり、チャーチルがヨーロッパ外交の表舞台に立つことはなかった。イーデンは、チャーチルに報告し、閣議の決定を経て対ヨーロッパ政策を実践していった。

一九五四年一月から二月にかけてベルリンで開かれた英米仏ソ四カ国の外相会談では、ドイツ及びオーストリアとの平和条約が模索されたが、全ドイツを自由社会に組み込みたい三カ国と、ドイツにソ連に一切敵対しない国家体制を導入させたいソ連とが対立し、ドイツ問題に対しては何の結果も出せなかった。

ヨーロッパに共同防衛を構築するEDCの批准問題が五四年夏、フランスで大詰めを向かえ、結局、八月三〇日のフランス国民議会の票決で批准が否決され、EDCは実現不能となったが、その後、イーデンが一九四八年の西欧五カ国が結んだブリュッセル条約にドイツを加える形で西欧自由社会に参入させる案を出し、コンラート・アデナウアー西ドイツ首相の協力を得て、さらにダレスによる国家統合性の弱いブリュッセル条約への批判を考慮して、EDCが否決されてからわずか数カ月で新たに西ヨーロッパ連合（WEU）が発足した。ドイツは同時にNATOへの加盟を認められ、ドイツ問題は一応の解決を見た。この間、チャーチルはイーデンからの報告を閣議で了承し、イギリス軍のヨーロッパ駐留も承認した。しかしながら、経済協力から国家統合を標榜するECSCへの参加はチャーチル政権では実現しなかった。主権が少しでも割譲される案はチャーチルにとって問題にならない政策であった。ただし、政権内にはイーデンやマクミランのようにイギリスのヨーロッパ統合への参加の必要性を強く感じる政治家が存在していたことも確かであった。

4　チャーチルの退陣

第三次チャーチル内閣の政治には、音楽で言う重奏低音のように、常に低くのしかかる懸念があった。それは彼が首相就任時ですでに七七歳直前の高齢者という事実であった。このような高齢者の首相は、イギリス史上八〇歳で第四次内閣を組閣したグラッドストーン翁しかいない。チャーチルの退陣を求める声は、ある時は新聞に見られ、またある時には下院の議場のやじで聞かれた。しかし、退陣の勧めに最も真剣であったのは、閣僚であり、後継者

コラム 2-3　長期展望

1954年のこと，チャーチルの80歳の誕生日に若いカメラマンが記念撮影に派遣された。政界最重鎮の前に立ち畏敬の表情で若者はこう言った。「サー・ウィンストン，あなたの80歳の誕生記念写真を撮影できることは光栄の至りです。できれば，100歳の記念撮影もさせていただければと存じます」。すると，この年老いた偉大な男は優しくこう答えた。「若者よ，君は見たところ心身ともに健康のように見える。だから，きっとその時まで大丈夫だと思うよ」。

と目されていたイーデン自身であった。ただし、この場合、敵意ある、あるいは競争的権力闘争とは趣が異なる点を見過ごしてはならない。チャーチルの姪と結婚しているイーデンは、チャーチルの政治指導に最高の敬意を払いつつも、八〇歳になっても首相を続けなければならないことはない、交代の時期を考慮すべきという勧告をしたのである。実際にはチャーチルは七六歳で首相になり、八〇歳で退陣した。

チャーチルも自身の年齢は自覚しており、外務省から首相秘書に出向してきたコルヴィルに、首相就任の目的はアメリカ合衆国との緊密な関係を取り戻すことであり、一年ぐらいでイーデンにバトンタッチする予定であると語った。しかし、マニフェストと異なり、この口約束はこの後何度も破られた。

一九五二年前半に野党が首相の体力を試すように深夜まで下院の討論を引き延ばしたが、チャーチルは、五月に「労働党政府のまずい経済政策を変え、わが国の経済を救済するのには安定した三年ないし四年の時間が必要」との声明を発表し、続投を表明した。

最初の一年半は頭脳も体力も気力も充実していたので、引退はチャーチルの眼中になかったといってよい。けれども、彼は五三年六月に発作で倒れ、イーデンも手術のため渡米していたので、内閣は首相と外相を欠く事態となった。幸い、チャーチルもイーデンも短期間に回復し、秋に復帰した。この時がチャーチルの引退の潮時であったかもしれない。病気から回復し、ノーベル賞を受け、妻のクレメンタインからもイーデンへの交代を願われ、条件は整っていたかに見えた。が、チャーチルは首相を辞めなかった。

一九五四年二月、ベルリン会議が失敗に終わろうとしていた時、デイリー・メイル紙とパンチ紙があからさまにチャーチル退陣の論陣を張ったけれども、これに対して、チャーチルはソ連との和解のためにチャーチル内閣が貢献する可能性があると下院で強調した。

五四年六月、アメリカから帰国の船上でイーデンが退陣の予定日を強く迫ると、チャーチルは八月に訪ソし、九月二一日に辞任すると約束した。しかし、閣僚の猛反対に遭遇してチャーチルの訪ソは取り止めとなり、したがって、辞任話も沙汰止みとなった。

五四年一二月二二日に主要閣僚の会議でチャーチルは退陣時期を明示した。五五年七月と知らされ、それでは首相に就任した後の選挙のための準備期間が短いことから、総選挙の時期を考えていたイーデンはひどく落胆した。しかし、チャーチルはソ連との首脳会談が不調なら四月五日に退陣と心の中で決めており、二月二六日、マクミランに三月末に予算が成立したら退陣すると告げた。四月四日、女王へのお別れ午餐会が挙行され、五日にチャーチルが辞職し、イーデンが首相に就任した。この間のチャーチルの様子は娘の目から活写されている。

「アイゼンハワー大統領がロシア人たちと会わないことがわかった以上、ウィンストンに辞職を拒む理由はなかった。その日が近づくにつれ彼が沈み込んでいることは、近親者はみな知っていた。決定がなされたことで母は救われたが、この辞職が何を意味するか彼女は知っていた、私の日記には母の言った言葉が残っている。それは彼の最初の死――そして彼にとっては人生の終わりを意味する」。

5　第三次チャーチル内閣におけるリーダーシップ

イーデンは一九五五年五月二六日の総選挙で支持率を高め、二四の議席増を得た。第三次チャーチル内閣のマニフェストの実行率はかなり高く、この選挙結果からチャーチル政権は国民から前向きな評価を得たと見てよいであろう。

第三次チャーチル内閣は、バツケリズムと英米特殊関係の構築にその特色が見られる。その背後にはチャーチルの成熟した政治判断があった。チャーチルは首相としてすべきことがあると信じて組閣した。一九五三年一〇月、発作の後復帰した党大会での演説でチャーチルはこう述べている。

「私の年齢でこの地位に残ろうとするのは、決して権力や地位に執着するからではありません。私はどちらも十分経験させていただきました。もし続投するなら、これまでの経験を通じて、私が確かで永続的な平和の構築に貢献できると信じるからであります」。

しかしながら、チャーチルのリーダーシップの特色は、公約した政策を実現していく実行力にではなく、自らの信念や政策と矛盾するあるいは対立する事態に対して下す判断こそに見られた。

列挙してみると、(1)大英帝国維持の夢、(2)アメリカはイギリスが生んだ弟分の国という認識、(3)ソヴィエト連邦は社会主義全体主義国家で続かない、(4)労働党の社会主義的政策は打倒されるべき、これらすべてがチャーチルの思惑通りに進まなかったが、チャーチルは、臨機応変に事態を処理することができた。

(1)の問題では、ローズヴェルトによって戦争中に大英帝国の維持が無理であると告げられ、「英連邦」を大英帝国の代替案と見て、その結束を図ったものの、独立国の集合体で、中にはエリザベス二世女王以外の国王を推戴する国もあり、連邦は文化的集合体に過ぎなくなるが、それでもチャーチルは英連邦を大切にした。

(2)の認識については、戦後、トルーマンにも冷たくあしらわれ、バミューダ島では、アイゼンハワーに高慢な態度を取られ、その後、スターリン亡き後のソ連指導者と頂上会談を申し出て、ダレス国務長官に突き放した態度で拒絶された。すべての場面でプライドの高いチャーチルが譲歩し、さらなる英米の関係改善に動いた。

(3)の反共産主義の信念については、ロシア革命時、陸相だったチャーチルは、反ソ干渉戦争を指導した。北ロシア派遣部隊は反ボルシェビキの中心勢力となり、シベリアのコルチャークや南ロシアのデニキンは、イギリスの援助を受けた。チャーチルは対ドイツ宥和政策の鋭い反対者であった。にもかかわらず、彼は戦後、しきりに対ソ融和（Easement）、緩和（Detente）に動いた。一見矛盾するが、実は彼は単に絶対的に宥和政策反対論者（対外硬）ではなく、ヒトラーには反宥和、ソ連には緊張緩和を支持した。主義のみに固執するのではなく、状況に柔軟に対応しようとした。しかし、本当のところは、チャーチルが、戦後、イギリスの没落を予見し、その国際的地位を維持しようとして、いわゆる出番をつくろうとして、対ソ緩和のための首脳会談を提言し、米ソの仲介の役割を果たそうとした面もある。

(4)反社会主義政策に関しては、一九四九年の保守党マニフェスト『イギリスへの道』は反社会主義のマニフェストであり、翌年の『これこそが道だ』も基本的に同じで、五一年のマニフェストは前年のものに少し手を加えたものであった。にもかかわらず、チャーチルは、福祉を求める時代の声を読み、保守党新政権は時代の針を逆行させられないと悟っていた。

チャーチルは、結局その時の時代の声、国民の望みを嗅覚鋭く嗅ぎ分け、たとえ自分の信念とマッチしないものであっても、それには逆らわないように受容する度量があった。帝国のプライドがあっても、アメリカとの友好関係の維持のために譲歩を厭わなかった。一方、イーデンは、アメリカを最優先したチャーチルの真似はできなかった。そのイーデンの誇りが、国家を傾かせるほどの大失敗を犯すことになるとは、首相交代の時には、誰も気づくはずがなかった。

参考文献

河合秀和（一九七九）『チャーチル』中公新書。

ハリー・S・トルーマン、堀江芳孝訳（一九六六）『トルーマン回顧録』全二巻、恒文社。

中西輝政（一九九七）『大英帝国衰亡史』PHP研究所。

益田実（二〇〇八）『戦後イギリス外交と対ヨーロッパ政策――「世界大国」の将来と地域統合の進展、一九四五～一九五七年』ミネルヴァ書房。

村岡健次・木畑洋一編（一九九一）『イギリス史』第三巻、山川出版社。

Ball, Stuart (2003) *Winston Churchill*, New York University Press.

Blake, Robert (1985) *The Conservative Party from Peel to Thatcher*, Fontana Press.

Boyle, Peter G. (1990) *The Churchill-Eisenhower Correspondence 1953-1955*, University North Carolina Press.

Churchill, Winston S.（1930）*My Early Life,* Thornton Butterworth（中村祐吉訳『わが半生』角川文庫、一九六五年）.
Colville, John（1985）*The Fringes of Power: Downing Street Diaries 1939-1955,* Hodder & Stoughton（都築忠七・見市雅俊・光永雅明訳『ダウニング街日記』上・下、平凡社、一九九〇、一九九一年）.
Catterall, Peter（2003）*The Macmillan Diaries: The Cabinet Years 1950-1957,* Macmillan.
Eden, Anthony（1960）*The Memoirs of Sir Anthony Eden: Full Circus,* Cassell（湯浅義正・町野武訳『イーデン回顧録』全二巻、みすず書房、一九六〇年）.
Eisenhower, Dwight D（1963）*The White House Years: Mandate for Change 1953-1956,* Doubleday（仲晃・佐々木謙一訳『アイゼンハワー回顧録（第一巻）転換への負託』みすず書房、一九六五年）.
Gilbert, Martin（1991）*Churchill: A Life,* William Heinemann.
James, Robert Rhodes（1980）*Churchill Speaks: Winston S. Churchill in Peace and War, Collected Speeches 1897-1963,* Chelsea House.
Jenkins, Roy（2001）*Churchill,* Macmillan.
Kimball, Warren（1984）*Roosevelt and Churchill:The Complete Correspondence,* 3 vols, Princeton University Press.
Langworth, Richard M.（2008）*Churchill by Himself: The Life, Times and Opinions of Winston Churchill in his Own Words,* Random House.
Morgan, Kenneth（1990）*Britain Since 1945; The People's Peace,* Oxford University Press.
Pearce, Malcolm & Stewart, Geoffrey（1992）*British Political History 1867-2001; Democracy and Decline,* Routledge.
Sanders, David（1990）*Losing an Empire, Finding a Role: British Foreign Policy since 1945,* Macmillan.
Truman, Harry S.（1955, 1956）*The Truman Memoirs,* 2 vols., Hodder & Stoughton.

第3章　「豊かな時代」と保守党政権の盛衰
――イーデン・マクミラン・ダグラス＝ヒューム政権　一九五五～六四年――

小川浩之

アントニー・イーデン，ハロルド・マクミラン，ダグラス＝ヒューム
（いずれも、共同通信社提供）

チャーチルの首相引退後、一九六四年まで、イーデン、マクミラン、ダグラス＝ヒュームの三人の首相にわたり保守党政権が続いた。この時期のイギリスでは、五〇年代後半を中心に、「豊かな時代」と表現された繁栄が広がった。そのことは、一方で保守党政権を支える要因となったが、他方で、経済状況は時に乱高下し、政府が窮地に立たされる場面も見られた。外交面でも、保守党政権は、帝国解体という困難な課題に取り組み、英米関係の強化にも力を注いだ。しかし、六〇年代に入り、欧州経済共同体（ＥＥＣ）加盟失敗など外交面の挫折に直面し、経済面での「衰退」の責任も厳しく問われるなかで、一三年間の保守党政権は終わりへと向かっていく。

1 イーデン政権の成立

チャーチルの後継者

一九五五年四月五日、ウィンストン・チャーチルが首相を辞任した。この時彼は八〇歳になっており、そうした高齢に伴う健康の衰えが辞任の大きな原因となった（当時は厳重な秘密とされたが、チャーチルは一九四九年と五三年に深刻な発作を起こしてもいた）。しかし、チャーチルは、第二次世界大戦中（一九四〇～四五年）と戦後（一九五一～五五年）の二度にわたりイギリス首相を務め、第二次世界大戦で自国を勝利に導いた「英雄」とも呼べる人物であった。さすがのチャーチルも首相引退間際には衰えが目立ったが、偉大な人物の後を継ぐのはいつの時代でも容易なことではない。その重い役目を担うことになったのが、チャーチルの下で第二次世界大戦中、戦後と長きにわたり外相を務めたアントニー・イーデンであった。

イーデンは、一九三五年にスタンリー・ボールドウィン保守党政権の国際連盟担当相として初入閣し、同年末には三〇代の若さで外相に就任するなど、政治家として早くから頭角を現した人物であった。一九三八年には、イタリア、ドイツに対する宥和政策を自らの頭越しに進めるネヴィル・チェンバレン首相に反発して外相を辞任し、その後のチャーチル戦時政府で改めて外相に登用され、対ナチス戦争の「闘士」としての名声——それには都合よく作り出されたイメージという面もあったが——を確立した。一九五一年、総選挙での保守党勝利によりイーデンは約六年ぶりに外相に復帰し、冷戦下の新たな国際環境でイギリス外交をとりしきった。その政策はおおむね穏健で、朝鮮戦争および第一次インドシナ戦争の休戦、ドイツ再軍備などに手腕を振るった。

そして、チャーチルの首相辞任に伴い、自他ともに認める彼の後継者であったイーデンが首相に就任した。一九五一年以来蔵相を務めており、経済運営の手腕が評価されていた——「最も有能な戦後の蔵相の一人」とも評される——R・A・バトラーがイーデンに次ぐ立場にあったが、四月一日、チャーチル、イーデン、バトラーの三者会談が行われ、その場でイーデンが後継首相となることで落ち着いたと言われている。四月五日の正午からダウニング街一〇番地のイギリス首相官邸において チャーチル政権最後の閣議が行われた後、外務省に場所を移し、イーデンを筆頭に主要閣僚の会合が開かれた。そこで、イーデンはバトラーを蔵相に留任させ、それまで住宅・地方政府相（一九五一〜五四年）、国防相（一九五四〜五五年）を務めてきたハロルド・マクミランに自らの後の外相の座を委ねることを明らかにした。

四月五日の外務省での会合では、首相交代後に総選挙を行うか否かについても議論が交わされた。そして、下院の任期切れまで約一年半を残す状況ではあったが、野党との議席数の接近を嫌ったイーデンは、首相就任の翌月に総選挙に打って出ることを決断した。五月二六日に行われた総選挙では、保守党が三四五議席（得票率四九・七％）を獲得し、二七七議席（同四六・四％）に終わった労働党に勝利を収めた。イーデン政権は、前回総選挙（保守党三二一議席、労働党二九五議席）から野党との議席差を広げ、有権者の承認を得た形となった。そうした背景には、前政権期からの好調な経済状況に加えて、総選挙直前に発表された一九五五年予算案で所得税減税や家族手当の増額が示されたことがあった。さらに、外相時代のイーデンの実績が一般に高く評価されていたこともあり、新政権は順調なスタートを切ることができたのであった。

内閣改造と労働党の党首交代

しかし、イーデン政権の好調ぶりは長くは続かなかった。たしかに、外交のベテランであった新首相にふさわしく、特に外交面ではいくつかの成果が見られた。政権発足直後の五月にはオーストリア国家条約が調印され、七月にはスイスのジュネーブで米英仏ソ四大国の首脳会議が開催されるなど、「ジュネーブ精神」と表現された東西間のデタント（緊張緩和）の気運が高まった。ところが、国内政治に目を向けると不安要素が少なからず目についた。特にイーデンは、自らが長年率いた外務省のみならず、様々な省庁を自分でコントロールしたがる傾向にあった。実際、彼は毎日のように閣僚たちに電話をかけ、彼らの仕事に口出しをしようとしたが、そのことは虚栄心の現れとしてしばしば批判の対象となった。

さらに一九五五年夏以降、総選挙を強く意識して実施された景気刺激策の副作用が表面化し、インフレや国際収支の悪化が急速に進んだ。そうした中、バトラー蔵相は一転して経済引き締め策を余儀なくされ、同年秋の新たな予算案では増税を含む厳しいデフレ策が示された。これはイーデン政権への信頼を少なからず損なうものであったが、特にバトラーにとっては致命的であった。五五年一二月の内閣改造では、バトラーが蔵相から玉璽尚書・下院院内総務へと格下げされ、マクミランが新蔵相に就任した。たしかに、マクミランを外相から外し、より実務的で従順なセルウィン・ロイドを後任に据えたことは、外交の主導権を握ることを強く望むイーデンの意向に合致したものではあった。しかし、政権発足から一年も経たずに主要閣僚の交代を余儀なくされたことは、イーデン政権が早々と苦境に陥りつつあったことを示すものであった。

同じく五五年一二月、野党労働党の側では、クレム・アトリーが党首を退き、労働党の国会議員組織である議会労働党（PLP）の投票の結果、若手で党内右派の代表格であったヒュー・ゲイツケルが新党首に就任した。戦後のアトリー労働党政権で副首相・枢密院議長や外相を務めたハーバート・モリソン、保健・住宅相や労働相を務めたアナイリン・ベヴァンという二人の大物のベテラン議員を破る勝利であった。その後、ゲイツケルは、トニー・クロスランドをはじめとする若手側近に支えられ、六三年まで労働党党首を務めることになる。そして、彼らの下で模索されたのは、クロスランドの五六年の著書『福祉国家の将来』で示されたように、戦後の耐乏の時代が終わりに向かう中で、新たに台頭してきた「豊かな労働者」に対していかに訴えかけていくかという課題であった。こうした動きは、一面では労働党内部の左右対立を激化させ、保守党側に格好の攻撃材料を与えたが、他方で、人々の生活の質の向上へと重点を移すことを試みる新たな労働党の模索は、中長期的に見て、保守党に対して大きな挑戦を突きつけるものになっていくのである。

2 スエズ危機からマクミラン政権へ

スエズ危機とイーデンの挫折

それに対して、より直接的にイーデン政権に深刻な困難を突きつけ、最終的にその崩壊を招くことになったのは、首相自身が得意としていたはずの外交問題であった。一九五六年七月二六日、エジプト大統領ガマール・アブドゥ・ナーセルが、それまで英仏両国政府が株式の大半を共同保有していたスエズ運河会社の国有化を宣言した。こうした、「ナーセル主義」とも表現されるアラブ・ナショナリズムに基づく強硬手段の行使により、いわゆるスエズ危機が勃発した。それを受けて、イーデン政権は急遽対応を協議し、スエズ運河を国際管理下に置くことを究極目標としつつ、必要であればイギリス単独であってもエジプトに対して武力を行使することを排除しないという強硬な立場を採用した。

ところが、そうした強硬姿勢の前に、アメリカのドワイト・D・アイゼンハワー政権、なかでもジョン・フォスター・ダレス国務長官が立ちはだかった。アメリカ政府は、中近東および北アフリカ諸国（さらにはアジア・アフリカ諸国全体さえも）の西側陣営からの離反を招き、ソ連に影響力拡大の機会を与える恐れがあるという判断から、イギリス側に対して、エジプトへの武力行使に対する強い懸念を伝えてきたのである。その後、アメリカ政府の提案に基づき、スエズ運河を国際管理下に置く方法をめぐり外交交渉が繰り広げられた。しかし、交渉による解決の試みが容易に進展を見せない中、イーデン政権側はいらだちを強め、フランス政府とともに、アメリカ政府と協議することなく問題を国連安全保障理事会に付託した。

その後、九月末に始まった国連安保理での協議を通して、いったんは交渉による解決に向けた道が開けたように見えた。しかし、一〇月中旬、フランスのギー・モレ政権がイギリス政府に対して、イスラエル軍との共謀に基づく運河地帯の占領計画を持ちかけたことで、事態は武力行使の方向に大きく傾くことになる。それは、イスラエル軍がエジプトからのゲリラの越境攻撃に対する自衛と称してスエズ運河地帯に向けて攻撃を開始し、それを受けて、英仏軍が、運河航行の安全保障と兵力引き離しを名目に現地に緊急展開するという計画であった。フランス政府の提案についてイギリス政府内では懐疑的な見方も出されたが、最終的にイーデン自身が受け入れを決めた。そして、当初の計画通り、一〇月二九日にイスラエル軍がエジプトのシナイ半島に上陸した後、三一日には英仏両国軍がエジプトの軍事施設（ラジオ局なども含まれた）への空爆を開始した。

エジプトへの武力行使に対して、イギリス国内外で厳しい批判の声が上がった。世論調査ではイギリス国民の意見は賛否両論に分かれたが、労働党や多くの新聞は政府の行動を批判し、ロンドン中心部のトラファルガー広場では大規模な反対集会が開かれた。英仏イスラエル三カ国政府は国際的にも深刻な孤立に直面したが、イーデン政権にとってとりわけ大きな打撃となったのは、アメリカのアイゼンハワー政権から強い非難を浴びたことであった。最終的に、イギリスの通貨ポンドが外国為替市場で大量に売却され、深刻な通貨危機に直面するなかで、イーデン政権は、アメリカ政府と国際通貨基金（ＩＭＦ）による経済・金融支援の実施と引きかえに、一一月六日までに停戦を受け入れざるをえない状況に追い込まれた（その後、一二月末までには英仏軍の撤退も完了した）。

スエズ危機のこうした結末は、イーデンの政治生命にとって致命的となった。スエズ危機の過程で持病を悪化させ体調を崩してもいたイーデンは、一一月二〇日には病気療養を直接の理由として内閣から離脱した。そして、イーデンはその後、カリブ海の英領ジャマイカでの療養から帰国した後も閣内の支持を取り戻すことができず、ついに一九五七年一月九日、チャーチルの後を継いでからわずか二年弱で首相の座を退くことを余儀なくされたのであった。

トラファルガー広場（力久昌幸撮影）

その後、イーデンは、五七年春の手術を経て健康を回復した後、自らの戦後の外相・首相在任期間（一九五一～五七年）を対象とし、特にスエズ危機に焦点を当てた回顧録の執筆にとりかかった。その回顧録は一九六〇年に出版され、『運命のめぐりあい』のタイトルで邦訳もされた。イーデン自身も、六一年に初代エイヴォン伯爵として爵位を受け、その後もバーミンガム大学学長やロイヤル・シェイクスピア・シアターの理事長を務めるなど、学術・文化面を中心に功績を残した。それは、イギリス外交史研究者の細谷雄一によれば、「豊饒なる晩年」と呼べるものであった。他方、二〇〇四年に一三九人の歴史学者・政治学者によって行われた投票では、イーデンは二〇世紀における最も成功しなかったイギリス首相に選ばれた。むろんそうした評価の是非については議論

コラム3-1 「RAB」バトラー

バトラー（Richard Austen Butler），通称「RAB」は，1955年，57年，63年と3度首相候補に挙がりつつも叶わなかった不遇の政治家として知られる。しかし彼は，1951～64年の保守党政権で蔵相，内相，外相という主要3閣僚を歴任し，幅広い分野で重要な役割を果たした人物であった。なかでもバトラーが強く望んだのが外相への就任であったが，外交政策の主導権を握ろうとするマクミランは，1957年の政権発足，60年の内閣改造のいずれにおいてもバトラーにそのポストを与えようとしなかった。彼がやっと外相の座に就いたのは63年のダグラス＝ヒューム政権発足時であるが，その後わずか1年で労働党への政権交代が起きてしまう。この総選挙の後バトラーは議員を辞め，母校ケンブリッジ大学トリニティ・カレッジの学寮長に就任した。彼は，政治家としての長い年月を振り返り（下院議員としての初当選は1923年であった），中等教育の機会拡大に寄与した1944年教育法（バトラーが教育相として推進し，「バトラー法」として知られる）を自らの真の功績として挙げた。それは，保守党内のリベラル派として，イーデン，マクミラン，ダグラス＝ヒュームの影に隠れることを余儀なくされたバトラーらしい自負であったと言えよう。

の余地があるとはいえ、少なくとも、今日に至るまで、スエズ危機での挫折がイーデンの首相としての評価に大きく影を落としているのは間違いないと言えるであろう。

マクミラン政権の発足

スエズ危機の収束からイーデンの辞任に至る過程で、後継首相候補に名前が挙がったのは、バトラーとマクミランであった。両者ともに、歴代保守党政権で主要閣僚を務めてきたが、大方の予想では、より閣僚経験が豊富なバトラーが有利と見られていた。しかし、チャーチルなど保守党の長老政治家の推薦と現役閣僚の大半の支持を取り付けたのはマクミランであった。マクミランは、スエズ危機の際、当初は強硬姿勢を示しながら、武力行使の開始に伴いポンド危機が深刻化するなかで、蔵相としていち早く停戦受け入れに傾いていた。そうした際、彼はアイゼンハワーやダレスとの親しい個人的関係を活かしつつ、なかば独断でイーデンの辞任を前提にアメリカ側と停戦および経済・金融支援に向けた話をつけるなど、大西洋を挟んだ「もうひとつの共謀」の主役を演じた。マクミランの首相就任は、アメリカ政府の期待に沿うものでもあった。

マクミランは、第二次世界大戦前、特に世界恐慌の際に保守党の主流派に反して積極的な財政政策を主張するなど少数派にとどまり、長らく閣僚ポストに就くことができずにいた。しかし、戦後のチャーチル政権で住宅・地方政府相として初入閣し公営住宅建設で目覚ましい成果を上げて以来、閣内での地位を急速に向上させ、一九五七年にはついに首相の座に上りつめたのである。他方、マクミランがイーデンの後継首相に選ばれた結果、新政権内でのバトラーの処遇は実質的な副首相格の内相・玉璽尚書に落ち着いた。

こうして成立したマクミラン政権であったが、その前途は厳しいものに思われた。一九五七年の冬から春にかけて、国内では造船業を中心に労働者のストライキが広がり、英領キプロスではテロリズムを伴うナショナリズムの動きが強まった。特に、チャーチル政権期からの主要閣僚であった枢密院議長ソールズベリー卿が、マクミラン政権によるキプロスのギリシャ系ナショナリズム組織への譲歩に反発して辞任したことは、誕生して間もない新政権の先行きに不安を投げかけるものとなった。スエズ危機後の経済状況も容易には改善されず、一九五七年秋には、通貨危機の再燃を受けて公定歩合を七%に引き上げるなど厳しい緊縮政策が導入された。

こうした状況は、五八年一月、緊縮財政の継続を主張する大蔵三閣僚——ピーター・ソーニクロフト蔵相を筆頭に、イーノック・パウエル金融担当国務相、ナイジェル・バーチ経済担当国務相——が、マクミランとの意見の相違から全員辞任したことにつながった。両大戦間期、重い失業に悩むイングランド北部の選挙区（ストックトンオンティーズ）選出の保守党議員であったマクミランは、首相就任後も財政均衡よりも景気刺激策を優先する立場をとった。そのことは、いぜんとして保守党内で、「一つの国民」を掲げ、戦後の労働党政権が築いた福祉国家を基本的に継承する立場が主流を占めていたことを示すものであったが、マクミランがそうした路線に固執したことは、さらなる主要閣僚の辞任という危機を招いたのであった。

他方、マクミランはこれに動じる素振りを見せず、ソーニクロフトらの辞任を「小さな地域的困難」と切り捨て、予定通りに一カ月以上におよぶアジア・オセアニアのコモンウェルス諸国歴訪に出発した。戦後、アジアやアフリカを中心にイギリス帝国から多くの独立国が誕生したが、それらの多くが独立後に加盟したコモンウェルスは、「帝国後」のイギリスの世界的地位を支える存在として重視されていた。コモンウェルス諸国歴訪という世界的な役割に比べれば、イギリスでの大蔵三閣僚の辞任などごく地域的な問題にすぎない——そういわんばかりの落ち着き払った言動は、マクミランの得意とするところであった。マクミランは一九五七年に首相に就任した後、劇作家のギルバートと作曲家のサリヴァンの手によるサヴォイ・オペラ『ゴンドラの漕ぎ手』から、「静かで落ち着いた熟慮はあらゆる結び目を解きほぐす」という一節を書き出し、自らのサインをそえて首相官邸の内閣室のドアに貼りつけた。そして実際、マクミランは、政府内においても、国民に対しても、ある種芝居がかったように堂々とし、落ち着き払った態度で、困難な政治・経済状況下での国家の舵取りを進めていったのである。

マクミラン政権は、スエズ危機を通して悪化した対米関係を改善するという課題については、政権発足当初から順調な成果を見せた。マクミランは、一九五七年三月に英領バミューダ、一〇月にワシントンをそれぞれ訪問し、第二次世界大戦中から親しい関係を築いてきたアイゼンハワーとの首脳会談を繰り返すことで、英米関係の修復・再強化に努めた。特に一九五七年一〇月のソ連による人類初の人工衛星スプートニク一号の打ち上げ成功などによって、大陸間弾道ミサイル（ＩＣＢＭ）開発への道が開かれ、核軍拡競争が新たな段階に入る中で、マクミランは核兵器分野での英米協力を積極的に推し進めた。

他方、イギリスの水爆実験をはじめ核兵器開発が加速するなかで、イギリス国内では、一九五八年に発足した核兵器廃絶運動（ＣＮＤ）に代表されるように反核市民運動が高まりを見せた。ＣＮＤは、五八年四月のイースター（復活祭）にロンドンのトラファルガー広場から核エネルギー研究所の施設が立地するオルダーマストンまで反核デモ行進を行うなど、マクミラン政権に厳しい批判を投げかけた。しかし、そうした国内の反核運動の高まりは、野党の労働党にも困難を突き付けるものであった。なかでも一九六〇年の労働党大会での一方的核軍縮決議の採択で頂点に達することになる党内分裂は、より現実的な路線を追求するゲイツケルのリーダーシップに深刻な挑戦を突きつけることになっていくのである。

3 一九五九年総選挙と第二次マクミラン政権

「スーパーマック」

マクミラン政権にとって、国内政治における最大の課題は次期総選挙での勝利であった。一九五七年一月にイーデンから政権を引き継いだ際には、スエズ危機の直後という厳しい状況もあり、直ちに総選挙を行うことは見送られた。しかし、下院の任期が切れる六〇年春までには、経済情勢と保守党政権の支持率回復を見極めつつ、どこかの段階で総選挙を実施する必要があった。そして、総選挙の日程は一九五九年一〇月八日に設定された。保守党政権が再び総選挙を強く意識した景気刺激策を実施したこともあり、この時期までに経済状況は大きく好転しており、選挙結果は三六五議席を獲得した保守党の大勝に終わった。マクミランは、ゲイツケルが率いる労働党（二五八議席）に百議席以上の大差をつける勝利を収めたのである（ただし、保守党の得票率は四九・四％と前回総選挙からわずかに低下しており、党内の左右対立に苦しむ労働党の後退に助けられた面が少なからずあったといえる）。

いずれにせよ、こうした保守党の大勝の背景には、まず、「豊かな時代」とも表現された当時の良好な経済状況があった。自動車や家電製品など耐久消費財の普及により、多くの人々がまさに「豊かさ」を実感するようになった。マクミランが、そうした状況を、「こんなによい時代はなかった」という印象的なフレーズを用いて表現したことはよく知られている。そしてさらに、保守党の勝利は、テレビを通した大々的な選挙運動によっても支えられていた。一九五〇年代は、エリザベス二世の戴冠式（一九五三年）のテレビでの放送やイギリス初の民放ＩＴＶの放送開始（一九五五年）をきっかけに、イギリス各地の一般家庭にテレビが急速に普及した時代であった。そして、一九五九年の総選挙において、マクミランと保守党は、豊富な資金力を活かし、イギリスにおいてこの新たなマスメディアを政治的に利用することに初めて成功したのであった。

わずか二年半ほど前にはスエズ危機後の危機的状況にあった保守党政権を見事に立て直したマクミランは、しばしば「スーパーマック」の愛称で呼ばれ、大きな国民的人気を博した。鋭いイギリス政治評論で知られる元ジャーナリストの政治学者ピーター・ヘネシーが、雑誌『エコノミスト』に寄稿したエッセイの冒頭でいきいきと表現したところでは、「彼は古風なトーリーで、「一つの国民」経済を信奉し、いぜんとして、まさにイギリスが大国であるかのように振る舞うことができた貴族的人物であった。詐欺師、愉快な首相、そして唯一のまねのできないスーパーマックであった」。

一九五九年の総選挙では、その後の保守党の変化につながる注目すべき動きも見られた。まず、保守党の大勝に伴い、各地の選挙区で多くの若手の保守党国会議員が誕生した。当時三三歳（一九二五年生まれ）で後に首相を務めることになるマーガレット・サッチャーも、この総選挙の際、ロンドン北部のフィンチリー選挙区で初当選を果たしている（その後、サッチャーは九二年まで同選挙区の議席を保持することになる）。また、総選挙後に組閣された第二次マクミラン政権では、一九一六年生まれのエドワード・ヒースが労働相、一九一七年生まれのレジナルド・モードリングが商務相に抜擢されるなど、後の世代交代につながる中堅・若手議員の積極的な登用も見られた。

イギリス帝国の解体とコモンウェルスの変容

第二次マクミラン政権において、それまで労働相を務めていたイアン・マクラウドが植民地相に抜擢されたことも重要であった。第二次世界大戦後、アトリー労働党政権期にはインド、パキスタンの分離独立（一九四七年）をはじめ、イギリス帝国からの新独立国の誕生が相次いだが、一九五〇年代、特にチャーチル、イーデン両保守党政権期にはそうした動きは一時停滞していた。しかし、スエズ危機により帝国支配国としてのイギリスの威信が大きく揺らぎ、世界各地のナショナリズムが勢いづくなかで、マクミラン政権期には再び帝国解体の動きが加速する状況が生じた。そうしたなかで重要な役割を果たしたのが、マクミラン首相とともに、それまで歴代保守党政権で保健相、労働相を務め、保守党内のリベラル派として力をつけてきていたマクラウドであった。

ところが、マクラウドはそれまで対外政策に関する経験を持たず、海外の植民地を訪れたことも一度もないなど、この分野のいわば素人であった。しかし、そうした経験の欠如が、かえって彼の柔軟な政策を可能にした面があった。実際、マクラウドは、植民地相に就任した後、アフリカ大陸各地の独立運動の指導者を釈放し、あるいは彼らの権限を拡大するなど、多数派の黒人を主体とする独立国家の樹立に向けて熱心に取り組んだ。他方、保守党内には、右派を中心に「マンデー・クラブ」「カタンガ・ロビー」など、アフリカを中心に帝国支配の維持を強硬に主張する勢力も存在したが、この時期までには、彼らの影響力には徐々に翳りが見られるようになっていた。そうした状況で、一九五九年に発足した第二次マクミラン政権期には、アフリカ、東南アジア、地中海、カリブ海など世界各地において急速な帝国の解体と新独立国の誕生が見られたのであった。

一九六〇年一～二月には、マクミランがアフリカ大陸の帝国およびコモンウェルス諸国歴訪を実施した。そして、彼が一カ月以上にわたる歴訪の最後に訪問した南アフリカのケープタウンで行ったのが、「変化の風」の文句とともに記憶されることになる演説であった。当時、南アフリカでは、有色人種を差別する厳しい人種隔離政策（アパルトヘイト）が敷かれていた。マクミランは、まさにその南アフリカにおいて、「変化の風がこの大陸中に吹いている」と述べ、アフリカ大陸各地におけるナショナリズムの高まりを考慮に入れた政策を採用する必要を訴えたのであった。そして、この演説は、直接的には、国際的批判にもかかわらずアパルトヘイトを続ける南アフリカ政府に対する厳しい姿勢を示すことを意図したものであったが、より広い意味では、それ以降のイギリス政府の帝国政策の方向性をも指し示すものとなったのである。

他方、そうした状況で、南アフリカ政府はイギリスからの「自立」をさらに推し進める姿勢を強め、一九六〇年一〇月には国民投票を実施し、イギリス君主への忠誠を廃止して、共和国に移行することを決定した。ところが、南アフリカ政府が共和国に移行した後もコモンウェルスに残留することを申請したことで、コモンウェルスは大きな困難に直面した。特にマクミラン政権は、コモンウェルス創設（一九三一年）以来の重要な加盟国である南アフリカの残留を確保すべく努力を重ねたが、結局、コモンウェルス内のアジア・アフリカ諸国やカナダからのアパルトヘイトに対する批判を抑えることができず、一九六一年五月には南アフリカの脱退を許す結果となった。アパルトヘイトをめぐる紛糾と南アフリカの脱退は、戦後、コモンウェルスが加盟国の拡大に伴い多人種の連合へと大きく変容するなかで、イギリス政府にとって、特に人種問題をめぐり、コモンウェルスを制御することがしだいに困難になっていったことを顕著に示すものであった。

4　保守党優位の揺らぎ

オーピントンの衝撃と「血の粛清事件」

一九六一年になると、マクミラン政権は、国内においても保守党の支持率低下に悩まされるようになった。その大きな原因は、前年から再び経済状況が悪化したことにあった。一九五八年夏以降に実施された強力な経済刺激策は、一時的な好景気と五九年総選挙での保守党勝利の一因になったが、その後、輸入急増に輸出不振が重なった結果、インフレとともに、国際収支の悪化とポンド危機を引き起こしていたのである。そうした中、政府は再びデフレ策の導入を余儀なくされ、増税や公定歩合の引き上げ、公共支出の抑制が実施された。しかし、そうしたデフレ策、特に賃金凍結《ペイ・ポーズ》（一九六一年七月）や失業率の上昇は、労働組合をはじめ国内の幅広い層からの反発を受ける結果となった。

マクミラン政権は自由党の復調によっても脅かされた。自由党は、第二次世界大戦後、特に一九五一年、五五年の総選挙で最悪の落ち込みを見せ、それぞれ得票率二・五％（六議席）、二・七％（六議席）に終わっていた。しかし、一九五九年総選挙では、議席数は六議席と変わらなかったものの得票率を五・九％に伸ばし、六〇年代に入ると、マクミラン政権の勢いに翳りが見られる中で、保守党に対してより深刻な挑戦を突きつけるようになった。それが最も劇的な形で現れたのは、一九六二年三月にケントのオーピントン選挙区で行われた補欠選挙であった。この時期、保守党は補欠選挙で相次ぐ苦戦を強いられていたが、なかでも中産階級が多く、保守党が堅固な基盤を持つ典型的な郊外の選挙区であったオーピントンで自由党に議席を奪われたことは、大きな衝撃となった。イギリスを代表する現代史学者のピーター・クラークによれば、「これは、補欠選挙における第二次大戦以降最も大きな番狂わせであった」。そして、これは、一九五〇年代にとりわけ顕著であった保守党、労働党の二大政党による圧倒的優位が徐々に揺らぎ始め、それ以降、自由党および各地のナショナリズム政党が地歩を固めていく一つの転換点にもなったと評価することができるのである。

こうした苦しい政治・経済情勢の中で、一九六二年七月一三日、マクミランは大幅な内閣改造に踏み切った。それは、蔵相ロイドを含む七名の閣僚（全閣僚の約三分の一）の解任を伴う大規模なものとなったが、その狙いに反して政権の浮揚につながることはなかった。むしろこの内閣改造は、労働党党首ゲイツケルから「絶望的な状況における絶望的な男の行い」とこきおろされ、新聞などではナチスによる一九三四年の「血の粛清事件」になぞらえて描かれるなど、幅広い批判を巻き起こすことになった。この時期、政治をめぐる様々なスキャンダルが表面化したことも、マクミラン政権の足元を揺るがした。特にいわゆる「プロフューモ事件」は、イギリス史上有数の政治スキャンダルとなった。一九六三年六月、ジョン・プロフューモ陸相が、個人的に関係のあった女性を通じて、ソ連大使館付武官に国家機密を漏らした疑惑で辞任に追い込まれたが、この男女関係と東西冷戦下のスパイ疑惑が交錯した事件は、既に足腰の弱りつつあった政権にさらなるダメージを与えた。

第一回EEC加盟申請とその挫折

第二次マクミラン政権の外交面での最大の課題は、ヨーロッパ統合との関係であった。第二次世界大戦後、ヨーロッパ大陸六カ国（フランス、西ドイツ、イタリア、ベルギー、オランダ、ルクセンブルク）の間では、国家主権の部分的な共有を伴う超国家的な統合が進められ、一九五二年には欧州石炭鉄鋼共同体（ECSC）、五八年には欧州経済共同体（EEC）、欧州原子力共同体（EURATOM）が発足した。それに対して、イギリス側では、アトリー労働党政権から、チャーチル、イーデン両保守党政権に至るまで、ほぼ一貫して超国家的なヨーロッパ統合に直接参加することはできないという立場がとられていた。マクミラン政権も当初はそうした立場を受け継ぎ、超国家性を持たない自由貿易地域（FTA）を西ヨーロッパ一七カ国間で設立し、それを通してEEC諸国の政治的、経済的影響力を抑制することが目指された。

ところが、一九五八年末に西ヨーロッパ諸国間のFTA交渉が失敗に終わり、さらに仏独両国を中心に統合の動きが順調に進展する様相を見せる中で、マクミラン政権側の懸念は深まっていった。特に深刻に捉えられたのは、

ＥＥＣ諸国側に西ヨーロッパ内部でのリーダーシップを奪われ、さらにアメリカ政府がイギリスに代わってＥＥＣ加盟国との関係を重視するようになりかねないことであった。さらに、ヨーロッパＦＴＡ交渉が失敗した後、イギリスを含む西ヨーロッパ七カ国間でより小規模なＦＴＡとして創設された欧州自由貿易連合（ＥＦＴＡ）も、ＥＥＣと比べて十分に重みのある存在とはならなかった。この頃までには、前述のように、コモンウェルス諸国との伝統的な紐帯も揺らぎを見せるようになっていた。そうした結果、マクミラン政権は、一九六一年七月二一日、二七日の二度の閣議において、それまでのヨーロッパ統合政策を大きく転換し、ＥＥＣに加盟を申請することを決定したのである。

七月三一日には、マクミランがイギリス下院において、ＥＥＣに加盟を申請する政府の方針を公表した。そしてその直後の八月二～三日、イギリス下院において、ＥＥＣ加盟申請に関する審議が行われた。そこでは、マクミラン政権によるＥＥＣ加盟申請の方針を示した政府提出の動議が、野党労働党が棄権に回ったため、賛成三一三票、反対五票の大差で承認された。この動議に反対した議員は労働党四名、保守党一名にとどまったが、保守党からの唯一の反対議員となった右派議員のアントニー・フェルは、マクミランを「国家的な災い」と呼ぶなど激しい非難を見せた。さらに、保守党からは二〇名を超える議員が棄権に回った。こうして、マクミラン政権がＥＥＣ加盟に向けて大きく舵を切る中で、保守党の一部議員が反発を強める構図が見られたが、それは、保守党内部の右派勢力が（前述のように彼らの帝国維持の主張に翳りが見られるなかで）八〇年代以降の「欧州懐疑派」につながるような、反ヨーロッパ統合の訴えに活動の焦点を移していくことを示唆するものであった。

一九六一年一〇月、ベルギーの首都ブリュッセルを舞台にイギリスとＥＥＣ諸国間の加盟交渉が始まった。前年七月の内閣改造で玉璽尚書に就任したヒースが交渉団長を務めた。しかし、マクミラン政権によるＥＥＣ加盟申請は、当初から多くの困難に直面した。まず、マクミランは、ＥＥＣに加盟する際にはコモンウェルス諸国、ＥＦＴＡ諸国、イギリス国内農業の利益を守る必要があるとして、それら「三つの主要な困難」に関する譲歩を引き出すことに固執する立場を示した。とりわけ実際の加盟交渉を難航させたのは、コモンウェルス内の先進国（カナダ、

コラム3-2 「イギリスは帝国を失い，いまだに役割を見つけていない」

1962年12月，アメリカ元国務長官ディーン・アチソンは，ニューヨーク州ウェスト・ポイントのアメリカ陸軍士官学校での演説で，「イギリスは帝国を失い，いまだに役割を見つけていない」と述べた。この一節は，デイヴィド・サンダースの著書『帝国を失い，役割を見出す』（1990年）やブライアン・ハリソンの著書『役割を探して』（2009年）に見られるように，戦後のイギリスのあり方を象徴する表現として，しばしば，部分的に手を加えられつつ用いられてきた。しかし，この一節は「私たちの大西洋同盟」と題するより大きなテーマを扱った演説のごく一部にすぎず，その箇所のみが不釣り合いに強調されて広まったものであった。その背景には，アチソンの言葉づかいに同盟国への配慮に欠けるところがあったことに加えて，この表現が衰退しつつある老大国イギリスの「痛いところ」を見事に突いたことがあった。当時の首相マクミランの過敏とも言える反応——アチソンは「フェリペ２世，ルイ14世，ナポレオン，カイザー，ヒトラーを含む多数の人々が過去400年にわたり犯してきた誤り」を繰り返したというもの——は，そうした感情を如実に示すものであった。

オーストラリア、ニュージーランド）からの小麦など温帯農産物の輸入の扱いをめぐる問題と、ＥＥＣ諸国とイギリスの農業保護システムの相違をいかに調整するかという問題であった。さらにマクミラン政権に困難を突きつけたのは、フランスのシャルル・ド・ゴール大統領が、対米自立を大きな外交目標とする立場から、緊密な英米関係を誇るイギリスのＥＥＣ加盟に難色を示したことであった。そうした結果、最終的に一九六三年一月、ド・ゴールはイギリスのＥＥＣ加盟を拒否する姿勢を明らかにした。こうして、マクミラン政権によるＥＥＣ加盟の試みは挫折を余儀なくされたのである。

他方、ド・ゴールによるイギリスのＥＥＣ加盟拒否の直前、一九六二年一二月には、マクミランは英領バハマのナッソーを訪れ、アメリカ大統領ジョン・Ｆ・ケネディと首脳会談を行った。そこで、マクミランは、ケネディへの説得に努め、アメリカの最新鋭の潜水艦発射弾道ミサイル（ＳＬＢＭ）ポラリスの供給合意を取りつけることに成功した。この合意は、「女王陛下の政府が究極の国益がかかっていると判断した場合」を除き、ポラリス型ミサイルを搭載したイギリスの原子力潜水艦はＮＡＴＯに組み込まれるという条件でなされたものであったが、マクミランが強くこだわったイギリスの核抑止力維持に大きく貢献するものとなった。こうして、一九六三年初めまでに、マクミラン政権の外交政策は、英米関係および大西洋同盟の枠組みを通して一定の成果を見せた反面、EEC加盟には失敗し、より長期的な観点から見れば、「帝国後」のイギリス外交の模索に関して大きな課題を残す結果となった。

5　ダグラス゠ヒューム政権と総選挙での敗北

一四代伯爵から首相へ　一九六三年までには、マクミラン政権は内政、外交の両面で多くの困難に直面していた。そうした中で、その年の一〇月八日、午前一〇時に始まった閣議の最中に、マクミランは急に体調を悪化させ、そのまま入院を余儀なくされた。そして、彼は入院中の病室から突然辞意を表明したのであった。たしかにマクミラン政権はすでに多くの困難な問題に直面していたが、この突然の辞意表明はイギリス政界を大きく揺さぶるものとなった。とりわけ混乱に拍車をかけたのは、マクミランの後を継ぐ決定的な候補者がいないことであった。ここでもやはりバトラーが有力候補に挙がったが、他にもモードリング、ヘイルシャム卿、マクラウド、ヒースら複数の中堅・若手閣僚が入り乱れ、世間の耳目が集まる中で激しく競い合う状況であった。

そうした中、一〇月一八日、エリザベス二世がマクミランを病室に見舞いに訪れた。そこで、マクミランが自らの後継首相に推薦したのが、彼の下で外相を務めてきたヒューム卿であった。ところが、ヒュームが後継首相になるには、二つの難点があると考えられた。まず、ヒュームはそれまで世間で首相候補としてほとんど注目されておらず、この選択には有権者の感覚からいささか外れたところがあった（ここでも、バトラーが多くの人々から有力視された）。さらに問題となったのは、彼が数百年間続くスコットランド貴族の家系で（一四代ヒューム伯爵）、それゆえ上院議員であったことであった。たしかに、二〇世紀前半から半ばにかけて作家・批評家として活躍したシリル・コノリーが、「一八世紀であれば、彼は三〇歳になる前に首相になっていたであろう」と評したように、伝統的な観点では、彼の血筋と上品で控えめな振る舞いは政界での出世に申し分ないものであった。しかし、二〇世紀半ばの当時となっては、イギリスの上院議員は選挙で選ばれないため、首相となるには民主的な観点から問題があると考えられ、また上院議員が首相に就任すれば、もはや政治の中心となっていた下院での政治運営に支障が出ることが危惧された。

こうした問題を回避するためにとられた方策は、ヒュームが彼一代に限り爵位を放棄し、サー・アレック・ダグラス＝ヒュームとなり、下院の補欠選挙に立候補・当選して下院議員となるというものであった。この方法は、直前に制定されたばかりの貴族法により世襲貴族の爵位放棄が認められるようになったことで可能となった。しかし、いかに法的に問題がないとしても、同時代の政治学者ロバート・マッケンジーが、ヒュームは、一九世紀半ばに近代的な保守党を築いたベンジャミン・ディズレーリの時代以来、長老政治家を中心とする保守党の後継党首選出制度によって生み出された一〇名の指導者の中で「最も有権者を代表しない人物」であると評したように、この新党首の選出には厳しい評価がついてまわった。

保守党内部でも、ヒュームの後継党首・首相への選出には批判的な声が少なからず聞かれた。実際、一〇月一八日正午過ぎ、ヒュームが女王によりバッキンガム宮殿に招請され、組閣を依頼された後、彼と党首の座を争った三人の主要なライバル（バトラー、モードリング、ヘイルシャム）が入閣の態度を一時保留し、深夜まで組閣に苦労する一幕が見られた。結局、翌一九日朝にはダグラス＝ヒュームの首相就任が発表され、バトラーはヒュームの後任外相に就任、モードリング、ヘイルシャムはそれぞれ蔵相、枢密院議長兼科学相に留任するなど、政治の混乱が長引くことは避けられた。しかし、マクラウドは最後までヒュームのもとで働くことを拒み、その後の二年間を雑誌『スペクテーター』の編集者として過ごすなど党内の亀裂は残り、保守党内閣の支持率低迷も続いた。

一三年間の保守党政権の終わり

マクミラン政権末期の一九六三年一月、野党労働党の党首ゲイツケル死去の翌月、新たな労働党党首に選出されたのが、後に長期間首相（一九六四〜七〇年、七四〜七六年）を務めることになる、ハロルド・ウィルソンであった。ウィルソンは党首に就任した時点で四六歳と若く、有能で、自信に満ちた政治家であった。特にイギリスの経済的な「衰退」を克服するとともに、経済成長を加速させるため、科学技術の振興を通して「近代化」を推進すべきと主張し、保守党長期政権の無策を批判する姿には迫力があった。

それに対して、一九六三年一〇月に発足したダグラス＝ヒューム政権は、当初から困難な政治運営を強いられていた。下院の任期切れのため遅くとも翌年秋までには総選挙を行う必要があったが、保守党の支持率の低迷は続いており、そのままでは労働党に大敗することが懸念された。たしかに、ダグラス＝ヒュームは温厚で清廉な人物として知られ、政界で広く信望を得ており、女王をはじめ王室との関係も良好であった。また、彼はそれまで、イーデン、マクミラン両政権でコモンウェルス関係相（一九五五～六〇年）、外相（一九六〇～六三年）を歴任しており、対外政策面で豊富な経験を有する人物でもあった。しかし他方で、ダグラス＝ヒューム自身も認めるように、彼は経済問題に関する知識・理解に乏しく、その分野の専門家でもあった野党党首のウィルソンと比べて大きく見劣りがした。また彼は、良かれ悪しかれマスメディアでのイメージを重んじる政治家ではなく、そもそもその地味な風貌はテレビ時代の政治に不向きなところがあった。

そして、保守党が劣勢を大きく挽回することができないまま実施に至ったのが、一九六四年一〇月一五日の総選挙であった。選挙運動のなかで、ウィルソン率いる労働党は、一九五一年以来の保守党政権の時代を「浪費された一三年間」と表現し、その間、歴代保守党政権がイギリスを「近代化」することに失敗したと手厳しく批判した。保守党は三〇四議席（得票率四三・四％）へと大きく後退し、三一七議席（得票率四四・一％）を獲得した労働党に与党の座を譲ることになった。中産階級を中心に支持を得た自由党（得票率一一・二％、九議席）の復調がさらに進んだことも、この総選挙の特徴であった。結局、ダグラス＝ヒューム政権は、発足から一年も経たずに（厳密には三六三日間で）終わりを迎えることとなった。

たしかに、ダグラス＝ヒュームと親交のあったオーストラリア首相ロバート・メンジーズが総選挙後に個人的に書き送ったように、一年ほど前には大敗が予想された中で、保守党は予想を超える善戦を見せたといえるかもしれない。実際、ウィルソン労働党政権は野党全体をわずか四議席上回る議席数にとどまり、苦しい政権運営を強いられることになった。しかし、いかに僅差であったとはいえ、本来得意とするはずの経済的な争点が前面に出た総選挙で敗れた保守党側の苦悩は深いものがあった。

そうした中、ダグラス＝ヒュームは一九六四年総選挙での敗北後、保守党の改革に乗り出した。特に一九五七年と六三年の後継党首選出過程に混乱が見られ、また保守党内外から少なからず批判が生じたことを受けて、翌六五年には保守党の党首を選挙（当時は国会議員のみによる投票）で選出する制度が発足するなど、新たな保守党のあり方を模索する動きが強まった。そして、一九六五年七月、ダグラス＝ヒュームが党首を辞任した後に行われた保守党初の党首選挙において、モードリング、パウエルを破り新党首に選ばれたのが当時四九歳のヒースであった。その後、保守党は、貴族出身の前党首とは対照的に、大工を父親に持つ「庶民」出身の若き新党首ヒースの下で再出発を図っていくことになるのである。

参考文献

小川浩之（二〇〇八）『イギリス帝国からヨーロッパ統合へ——戦後イギリス対外政策の転換とＥＥＣ加盟申請』名古屋大学出版会。

北川勝彦編著（二〇〇九）『脱植民地化とイギリス帝国』（イギリス帝国と二〇世紀　第四巻）ミネルヴァ書房。

君塚直隆（一九九八）『イギリス二大政党制への道——後継首相の決定と「長老政治家」』有斐閣。

君塚直隆（二〇〇七）『女王陛下の影法師』筑摩書房。

ピーター・クラーク、西沢保・市橋秀夫・椿建也・長谷川淳一他訳（二〇〇四）『イギリス現代史　一九〇〇—二〇〇〇』名古屋大学出版会。

Ｃ・Ａ・Ｒ・クロスランド、関嘉彦監訳（一九六一）『福祉国家の将来』［１］［２］論争社。

佐々木雄太（一九九七）『イギリス帝国とスエズ戦争——植民地主義・ナショナリズム・冷戦』名古屋大学出版会。

細谷雄一（二〇〇五）『外交による平和——アンソニー・イーデンと二十世紀の国際政治』有斐閣。

益田実（二〇〇八）『戦後イギリス外交と対ヨーロッパ政策——「世界大国」の将来と地域統合の進展、一九四五～一九五七年』ミネルヴァ書房。

湯浅義正・町野武訳（二〇〇〇）『イーデン回顧録I　運命のめぐりあい　一九五一―一九五五』新装版、みすず書房。

湯浅義正・町野武訳（二〇〇〇）『イーデン回顧録II　運命のめぐりあい　一九五五―一九五七』新装版、みすず書房。

Aldous, Richard, and Sabine Lee, eds. (1996) *Harold Macmillan and Britain's World Role,* Macmillan.

Bogdanor, Vernon, and Robert Skidelsky, eds. (1970) *The Age of Affluence 1951-1964,* Macmillan.

Burk, Kathleen, ed. (2003) *The British Isles since 1945,* Oxford University Press.

Butler, Lord (1971) *The Art of the Possible: The Memoirs of Lord Butler,* Hamish Hamilton.

Catterall, Peter, ed. (2003) *The Macmillan Diaries: The Cabinet Years, 1950-1957,* Macmillan.

Connolly, Cyril (1948) *Enemies of Promise,* revised edition, Macmillan.

Harrison, Brian (2009) *Seeking a Role: The United Kingdom, 1951-1970,* Oxford University Press.

Hennessy, Peter (1991) "Harold Macmillan," *The Economist,* 20 April, pp. 19-24.

Hennessy, Peter (2001) *The Prime Minister: The Office and Its Holders since 1945,* Penguin Books.

Horne, Alistair (1989) *Macmillan 1957-1986: Volume II of the Official Biography,* Macmillan.

Kaiser, Wolfram (1996) *Using Europe, Abusing the Europeans: Britain and European Integration 1945-63,* Macmillan.

Macmillan, Harold (1973) *At the End of the Day 1961-1963,* Macmillan.

McKenzie, Robert (1966) "Between Two Elections (II)," *Encounter,* Vol. 26, No. 2, pp. 21-29.

Sanders, David (1990) *Losing an Empire, Finding a Role: British Foreign Policy since 1945,* Macmillan.

第II部　安定を目指して

労働組合会議（TUC）本部（力久昌幸撮影）

一九六四年から一九七九年までが第II部である。労働党の第一次ウィルソン政権と保守党のヒース政権および労働党の第二次ウィルソン・キャラハン政権の時期である。この第II部の諸政権は、第I部で確定された「新しい国の形」を安定させ軌道に乗せる課題に取り組む。しかし首相たちの統治は簡単ではなく、最後のキャラハンのときは、イギリスは経済的にも社会的にも国際的信用を失い、国民の誇りは深く傷つく。

《首相のリーダーシップ》この時期の首相は、政治経済の専門家的な傾向を持つ。ウィルソンもヒースも、政府による経済管理に強い関心を持っている。キャラハンは労働組合統治の専門家である。彼らは、従来の首相に比べて自ら直接統治する傾向をゆるやかに強め、結果的に次第に強い首相になる。しかしイギリス経済の競争力は減退し社会は分裂を深めており、首相の統治は困難をきわめる。

《国内政治》第一次ウィルソン政権は、経済的安定を目指して政府による経済介入を拡大しようとする。ヒースは政府介入をむしろ削減したいと思うが、結局従来の介入路線に戻る。これはUターンと呼ばれる。第二次ウィルソン・キャラハン政権のときは、経済はさらに衰退し、政府はこれを安定させるために莫大な借金を余儀なくされる。戦後の「国の形」は労働組合にも夢を持たせ、労働者は、イギリスがより高い賃金を保障する国として安定することを望み、政府と激しく対立する。さらに戦後国家は、帝国を終わらせ、少数民族にも寛容な姿勢を確立する。これはアイルランドやスコットランドなどの民族的自治意識を刺激する。政府は、諸民族の自治を拡大しながら統治するという困難な課題に直面する。

《国際政治》この第II部の時期においても、イギリスはアメリカに対する友好関係は引き続き維持する。ヨーロッパとの関係でもEEC加盟の交渉を続ける。ヒース政権が加盟に成功するが、国民の中には反対意見も残っており、第二次ウィルソン政権のときに国民投票を行ってEECに留まる。

第4章　イギリスの現代化を目指して
――第一次ウィルソン政権　一九六四〜七〇年――

力久昌幸

ハロルド・ウィルソン
（共同通信社提供）

本章では、総選挙で四回もの勝利を収めるという選挙でのパフォーマンスの高さとは対照的に、これまであまり高い評価を受けてこなかったハロルド・ウィルソンについて、第一次政権（一九六四〜七〇年）の国内政策と対外政策を取り上げ、その業績を見直すことにする。イギリスの全面的な現代化というテーマを掲げ、大きな期待を受けて登場した第一次ウィルソン政権が、何を達成し、何を達成できなかったのか、そして、なぜ多くの人々から幻滅される結果になったのか検討する。

第二次世界大戦後のイギリス首相の中で、誰を最も「成功」した首相ということができるのか。政権担当時の政策やリーダーシップのあり方、そして、判断者のイデオロギー的傾向などの基準によって、誰を選ぶのか変わってくるだろう。本書で取り上げる首相でいえば、クレム・アトリー、マーガレット・サッチャー、トニー・ブレアなどは、強力な候補者として挙げられる。

本章の主役ハロルド・ウィルソンは、あまり高い評価を受けている首相ではない。しかし、総選挙での実績について見ると、実は勝利を収めた選挙の回数でいえば、二〇世紀を通じて最も「成功」を収めたのは、このウィルソンなのである。ウィルソンは五回の総選挙を戦っているが、一九六四年、一九六六年、一九七四年二月、同年一〇月という四回の選挙で勝利を収めている。敗北に終わった一九七〇年選挙についても、事前にはウィルソン勝利を予測する見方が多かった。

選挙に勝った数が多いからといって、それがそのまま「成功」を意味するわけではないが、ウィルソンにはネガティブなイメージがつきまとっており、それが彼の業績評価にマイナス要素として作用しているように思われる。ウィルソンの業績を手放しで「成功」と評価することはできるはずもないが、完全な「失敗」と片づけるべきでもないだろう。ネガティヴ・イメージというレンズをいったん取り払った上で、第一次ウィルソン政権を見直してみると、そこにはどのような姿が見えてくるのだろうか。

1　首相への道

ヨークシャーの秀才

ウィルソンは第一次世界大戦中の一九一六年にイングランド北部ヨークシャーのハダーズフィールドで生まれた。父は化学工場に勤務する技師、母は結婚するまで教師を勤めた中産階級家庭の典型のようなウィルソン家は、宗教的には会衆派で非国教徒の家庭でもあった。なお、ウィルソンが八歳の時に首相官邸のダウニング街一〇番地の前でとった写真がよく知られている。

ウィルソンは奨学金を得て中等教育を地元の進学校で受けるが、父の転職に伴い、リヴァプール近郊の進学校に転校する。中等学校を優等の成績で卒業したウィルソンは、奨学金を受けてオックスフォード大学ジーザス・カレッジに入学する。大学でのウィルソンは、一時期自由党の学生組織との関わりがあった。大学で哲学、政治学、経済学のコースを履修したウィルソンは、当該学年の最高成績で卒業したといわれる。

卒業後のウィルソンには研究者への道が約束されていた。ウィルソンはイギリスの福祉国家確立に多大な貢献をするウィリアム・ベヴァリッジの研究助手に採用されたのである。また、この時期にウィルソンは左派知識人のG・D・H・コールと交流を深め、その影響を受けて労働党に親近感を持つようになった。このまま進めばウィルソンは立派な経済学者として名を成すことになったかもしれない。ところが、一九三九年九月の第二次世界大戦勃発が彼の運命を変えることになる。

戦争の勃発とともに、ウィルソンは政府機関の一員として戦争遂行を陰で支える役割を果たすことになった。いくつかの省庁において経済統計専門家として業務をこなしたウィルソンは、終戦時には弱冠二〇代後半で局長の地位にまで上りつめた。

若手政治家の注目株

戦争終結が見え始めた頃、ウィルソンは政界への転身を真剣に考えるようになった。左派知識人コールの影響、そして、政府機関において経済計画の作成に関与したことから、彼は主要産業の国有化や経済計画の導入を掲げる労働党の下院議員候補者として選挙を戦うことになった。そして、労働党が大勝した一九四五年七月の総選挙において、ウィルソンは初当選を果たすのである。

二九歳の若手議員でありながら、既に経済官僚として政府機関について豊富な知識を持っていたウィルソンは、アトリー労働党政権において公共施設省の政務次官に抜擢された。そして、初当選から二年も経たない一九四七年三月には、商務省において対外貿易を担当する閣外相に昇進している。ウィルソンの昇進はさらに続き、その年の末には三一歳の若さで商務相に就任した。これは二〇世紀において最も若い年齢での閣僚就任であった。

商務相として、戦争で荒廃した産業の復興を果たし、輸出を促進する立場にあったウィルソンは、国有化を拡大するのではなく、民間企業の競争を促すプラグマティックな政策を追求した。その典型が、戦時中に導入された配給制の一部緩和である。国民の間で不人気であった配給制について、消費財などを中心に一定品目を配給制の対象から解除することを発表する際、「統制の焚き火」（bonfire of controls）と称して、ウィルソンは自分の配給手帳を破り捨てるパフォーマンスを見せた。有権者の歓心を買うこのようなパフォーマンスは、ウィルソンの政治スタイルの大きな特徴として、首相に就任してからさらに際立つことになる。

プラグマティックな政治家として頭角を現したウィルソンは、アトリー政権を揺るがした一九四九年のポンド危機に際して、当初明確な立場をとらなかった。彼はイギリスの通貨であるポンドを切り下げることの是非について、経済的インパクトのみならず、政権へのダメージなど政治的インパクトにも注意を払っていたために、慎重な検討が必要との考えを持っていたのである。これはウィルソンよりも一回り年配で、将来の労働党リーダーとして注目を集めていたヒュー・ゲイツケルが即時切り下げを求めたのとは好対照を成していた。結果としてゲイツケルの主張が採用され、一九四九年九月に一ポンド＝四・〇三ドルから二・八〇ドルへの切り下げが実施された。

アトリー政権の中でゲイツケルが存在感を増す一方、ウィルソンの存在はあまり目立つものではなかった。しかし、一九五一年四月の閣僚辞任がウィルソンに大きな転機をもたらした。

党内対立の狭間で

一九五〇年六月の朝鮮戦争の勃発に伴う東西関係の悪化は、イギリスの軍事力拡充を求めるアメリカの圧力を増大させた。その結果、新たに蔵相に抜擢された右派のゲイツケルは、軍事費の大幅な増大をまかなうために、無料診療が原則であったNHS（国民保健サービス）の一部有料化を含む予算を提案した。それに対して、NHSの生みの親という自負を持つ左派リーダー、アナイリン・ベヴァンは、NHS有料化に反対して閣僚を辞任することになった。その際、それまで党内における左右対立から距離を置いていたウィルソンも、ベヴァンと行動をともにしたのである。

軍拡と福祉切り捨てに反対しての閣僚辞任を契機として、ウィルソンは左派リーダーの一人として新たなアイデンティティを確立した。ウィルソンは左派グループであるベヴァン派の中でベヴァンに次ぐ立場を築くことになる。

しかし、党首の地位を視野に入れていたウィルソンは、次第に左派との関係を見直すことにより、労働党の中で自分の立ち位置を微妙に変化させていく。

労働党指導部へのウィルソンの復帰は、皮肉な形でベヴァンによってもたらされた。一九五一年の総選挙で政権を失った労働党では、影の内閣にベヴァンも加わっていた。しかし、ドイツ再軍備をめぐる対立により、一九五四年四月にベヴァンは影の閣僚を辞任することになった。ベヴァン辞任により空席となった影の閣僚ポストを埋めるべく、ウィルソンに白羽の矢が立った。それに対して、左派議員などから指名を拒否すべきとの圧力も見られたが、労働党指導部への復帰の機会を狙っていたウィルソンは、そうした声に耳を貸さなかった。このようなベヴァンへの「裏切り」に対して、左派の間でのウィルソン評価は批判的なものに変わることになる。一方、ウィルソンが影の内閣に参加したことは、右派にとっては評価できる事態であったが、ウィルソンを自分たちの仲間として受け入れる用意はなかった。こうして、労働党の党内対立において、ウィルソンは左右両派の狭間の位置をキープすることになる。

影の内閣への参加とともに、ウィルソンはゲイツケルとの関係改善を図った。かつてウィルソンのライバルと目されたゲイツケルは、いまや党内でアトリーの紛れもない後継者としての地位を固めていた。そこで、ウィルソンとしては、年長のゲイツケルを支える副官の役割を果たしつつ、ゲイツケルの次を狙う戦略を追求したのである。ウィルソンはアトリー後任を選ぶ一九五五年一二月の労働党党首選挙において、左派のベヴァンではなく、右派のゲイツケルを支持した。圧倒的多数の支持を得て党首に選出されたゲイツケルは、ウィルソンを影の蔵相に任じることにより、党首選挙における貢献に報いた。

一九五九年の総選挙において、労働党は前回、前々回の選挙に続いて敗北を喫した。三回連続での総選挙敗北という事態に、ゲイツケルは、労働党が社会主義的経済政策にコミットしていることが、経済成長の中で豊かになった有権者の支持離れを招いていると考えた。そこで、産業国有化に対する労働党のコミットメントを掲げる規約第四条の改正問題が、党内対立の大きな争点として浮上することになった。労働党を二分する対立を招いた第四条改正について、ウィルソンは左右両派のどちらにも与《くみ》することなく、中間的な立場をとった。彼は産業国有化の推進を求める左派の立場には懐疑的であったが、第四条改正を求めるゲイツケルの行動は、党内対立を激化させ、結果として有権者の間での労働党支持にダメージを与えると考えたのである。

また、イギリスの核兵器の一方的放棄を求める左派と、核戦力の保持を求めるゲイツケルら右派との対立においても、ウィルソンは両者の妥協を探ることになった。ウィルソン自身は、左派の一方的核軍縮の立場には疑念を持っていたようであるが、ゲイツケルのようにこの問題をめぐって左派と全面対決することは、党内融和を困難にし、選挙でのパフォーマンスに悪影響を与えるものと考えていた。なお、第四条改正の動きは挫折に終わるが、他方で、一方的核軍縮についてはゲイツケルの反対が貫徹し、労働党の左右対立はいわば痛み分けの形になった。

規約第四条改正問題と一方的核軍縮問題をめぐってウィルソンが中間的立場をとったことは、ゲイツケルら右派との関係を以前のように冷ややかなものに戻すことになった。一方、左派はウィルソンをゲイツケルに対抗できる唯一の人物として期待を高めた。そして、ウィルソンもいよいよ労働党の指導権を握る野望を明らかにするのである。

一九六〇年一一月、ウィルソンは現職党首ゲイツケルに挑戦し、党首選挙においてゲイツケルの一六六票に対して八一票を獲得した。党首選後の影の内閣改造で影の外相に移動したウィルソンは、一九六二年一一月にはゲイツケルの下で副党首を務めるジョージ・ブラウンに挑戦し、一三三票対一〇三票という比較的僅差で破れている。右派の党首と副党首に挑戦したことにより、ウィルソンは左派政治家としての立ち位置を明確にしたわけではない。政策的には右派に近いウィルソンであったが、右派指導部への挑戦によって左派の間での支持を固める一方、ゲイツケル後の党首候補として存在感を増すことを狙ったのである。

技術革新の白熱

チャンスは意外なほど早く訪れた。副党首選での敗北から間もない一九六三年一月にゲイツケルが不慮の死を遂げ、労働党党首の座が空席となったのである。

翌二月に行われた党首選挙には、ウィルソンのほか、右派から副党首のブラウンとジェイムズ・キャラハンの二

コラム4-1　ポピュリストとしてのウィルソン

ハダーズフィールド駅前のウィルソン銅像（力久昌幸撮影）

ウィルソンの政治スタイルの大きな特徴として，庶民派政治家というイメージを強調したことを挙げることができる。ヨークシャー訛りの強いウィルソンの話し方は，朴訥で信頼できる人柄を醸し出していたし，庶民に人気のHPソースを多用するウィルソンの食生活は，国民の間で首相への親近感を高めることになった。さらに，ウィルソンは毎年，夏期休暇を外国ではなく，イギリス南西部のシリー諸島で慎ましく過ごした。ちなみに，ウィルソンの墓は彼が愛したシリー諸島にある。

ポピュリストとしてのウィルソンの真骨頂が，1965年6月のビートルズに対する叙勲である。当時人気の頂点にあったロックバンドのビートルズに対して，エリザベス女王よりMBE（大英帝国勲爵士）の称号を授与することを推薦したウィルソンの行動については，軍関係者などから不満の声もあったが，若者の代表を正当に評価するものとして概して歓迎されることになった。

人が立候補した。右派の候補が一本化しなかったことは，ウィルソン勝利の可能性を高めた。気まぐれでアルコール依存症を疑われていたブラウンについては，右派の間でも党首として相応しくないという見方があった。

選挙結果は，第一次投票においてウィルソンが一一五票で一位となり，以下ブラウン八八票，キャラハン四一票で続いた。その後，上位二名の間で行われる決選投票において，キャラハン票がすべてブラウンに回れば，ウィルソンは敗北せざるをえない状況にあった。ところが，実際にはキャラハン票の多数がウィルソンに投じられた。ブラウンの一〇三票に対して，ウィルソンは一四四票を獲得し，四六歳の若さで労働党党首の座を手に入れたのである。

党首としてウィルソンが目指したのは，党内対立をできる限り早く収束させ，次期総選挙に向けて党内の団結を高めることであった。総選挙に向けて左右両派が一致してコミットし，有権者に対して強力にアピールするテーマとして選ばれたのが，一九六三年一〇月の労働党大会党首演説において強調された、科学技術をもとにした新たな社会主義によるイギリスの「現代化」(modernisation)であった。「技術革新の白熱」を通じてイギリスを刷新するというウィルソンの主張は、一九六〇年代の時代精神をうまくつかんでいた。

一方、政権末期の保守党は有権者の支持を失いつつあった。ハロルド・マクミラン首相が病気のため辞任したことから、貴族であったアレック・ダグラス＝ヒュームが首相に就任したが、階級社会の遺制を反映したような首相交代劇については、旧態依然たる保守党の本質を現すものとして批判が多かった。それに対して、活力に満ちたアメリカ大統領ジョン・F・ケネディとほぼ同世代のウィルソンは、ヨークシャー出身の親しみやすい性格を前面に出して、有権者の期待を集めていた。

一九六四年一〇月の総選挙キャンペーンでは、ウィルソン人気もあって当初労働党が優勢を保っていた。しかし、野党暮らしの長い労働党への不安から、次第に保守党支持が回復する傾向も見られた。きわめて接戦となった総選挙の結果は、労働党三一七議席に対して、保守党三〇四議席となり、一三年ぶりに労働党が政権に復帰することになった。

2　イギリスの現代化

ストップ／ゴーから経済計画へ

ウィルソンの打ち出した「現代化」の概念は、経済を中心としつつ、福祉、教育、外交防衛など、様々な政策分野を対象とするものであったが、経済面での現代化については、既に保守党政権下で一定の試みがなされていた。

先進諸国の間で高度経済成長が見られた一九五〇年代には、イギリスでも歴史的に高いレベルの経済成長が継続し、低インフレおよび低失業率という良好な経済パフォーマンスが達成された。繁栄の時代となった一九五〇年代に政権を握った保守党は、生活水準の向上による豊かな社会の到来を、自らの功績として誇った。ところが、一九六〇年代に入って経済成長に翳りが見られるようになると、保守党は経済悪化について責任を問われることになる。経済無策政権という労働党の批判に敏感になった保守党は、経済改革の必要性を強調するようになり、イギリス経済の現代化に向けた試みを開始することになった。

一九六〇年代初頭のイギリスにおいて、現代化の議論が有力になる背景には、ストップ／ゴー政策に対する批判の高まりがあった。ストップ／ゴー政策とは、戦後のイギリスにおける経済運営方法として、ケインズ主義に基づくマクロ経済政策の微調整を繰り返す手法を指していた。インフレが進み、経常収支悪化が見られるほど経済が過熱すると、公的支出の抑制、および、中央銀行による金利引き上げなどの経済引き締め策が実施される（いわゆる「ストップ」の局面）。しかし、引き締め策が効果を発揮して、インフレが沈静化し、経常収支改善が見られるようになると、今度は景気後退による失業率の上昇が新たな問題として浮上する。そこで、景気の悪化と失業率の上昇を防止するために、「ストップ」とは逆に公的支出拡大と金利引き下げによる経済刺激策がとられる（いわゆる「ゴー」の局面）。

ストップ／ゴー政策による経済環境の絶え間ない変化が、イギリス経済の安定をもたらすうえで阻害要因となり、その結果として経済停滞がもたらされたという主張については議論の余地があるかもしれない。しかし、ストップ／ゴー政策に見られるような短期的な視野に基づく経済運営が、経済成長の足かせとなっているという認識は、一九六〇年代初頭のイギリスにおいて左右を問わず幅広い人々によって共有されていた。

保守党政権としては、ストップ／ゴー政策に代わる新たな経済運営アプローチを模索する必要があった。その結果、当時イギリスよりも優れた経済パフォーマンスを見せていたフランスの指示的計画を参考にした経済計画の導入について関心が高まることになった。一九六一年に発足したＮＥＤＣ（全国経済開発協議会）は、政府、企業、労働組合という三者の代表により構成されるコーポラティズム的組織であった。ＮＥＤＣを通じて中長期的な視野に立つ経済計画を作成し、それに対する企業と組合のコミットメントを確保することにより、安定的な経済環境の創造が目指されたのである。

全国計画

一九六四年総選挙が行われる頃には、ウィルソンの労働党が掲げた現代化というテーマは、保守党を含む政府の内外で一定のコンセンサスを得ていた。新たに政権についた労働党が直面したのは、イギリスの現代化をいかにして達成するのかという政策実施の問題であった。

ウィルソンは、ストップ／ゴーに代わるダイナミックな現代化プロジェクトを通じて経済停滞を解決するという約束により、有権者の大きな期待を受けて首相に就任した。ウィルソン政権においては、持続的成長と投資に欠かせない科学技術や教育の振興が重視され、技術省が創設された。また、政府機関への専門家の登用も積極的に行われ、有権者に対して未来指向の前向きなリーダーシップを強く印象づける努力がなされた。

ウィルソン政権によるイギリス経済の現代化プロジェクトにおいて、中心的位置を占めたのが「全国計画」(National Plan) であった。一九六四年総選挙において、労働党は、全国計画によって科学技術資源を有効に活用し、新しいイギリスを創造するという約束により有権者の期待を集めた。ウィルソンは、目的を明確にした経済計画の作成が安定した経済成長を達成する鍵であると論じて、政府の経済運営に関して経済計画の占める比重を大幅に高めた。そして、全国計画の策定にあたる組織として新たに経済関係省を設立し、そのトップに副党首のブラウンをあて、経済学者など外部の専門家を多数登用することになった。

全国計画の目標とする安定した経済成長にとって、賃金や利潤など所得の上昇率を経済成長の目標数値内に収めることが肝要であった。そのため、労働党政権は、企業および労働組合の同意を取り付ける努力を行った。その成果として、一九六四年一二月には、政府、経営者団体（ＦＢＩ　イギリス産業連盟）および労働組合（ＴＵＣ　労働組合会議）の間で「生産性、物価、所得に関する共同声明」が発表された。この中では、行き過ぎた賃上げ要求など、安定した経済成長を損なうような所得拡大を抑制することが合意された。

一九六五年九月に発表された全国計画では、一九六四年から一九七〇年までの期間について二五％の経済成長、年率で約四％の経済成長が想定された。この成長率を達成可能にするマクロ経済環境をつくり出すために、財政、雇用、経常収支などいくつかの経済指標について、政府が追求すべき目標値が定められた。また、企業や組合の側でも、全国計画の目標に沿った形で経営計画や賃上げ要求を定めることが期待された。

全国計画の内容には問題があった。まず、年率四%という目標値は、イギリス経済の潜在成長率について大蔵省が想定していた二・五%をはるかに上回る非現実的な数値であった。また、非常に高い目標を掲げた全国計画であったが、それを現実化するための手段を与えられていなかった。フランスなどの計画機関が、資金供与や規制などの措置を通じて、企業の経済活動に直接介入できる、いわば「アメとムチ」を持っていたのに対して、経済関係省は効果的な政策手段を有しておらず、全国計画に合致した形での企業や組合の活動を期待するしかなかった。

労働党政権の経済運営については、経済関係省だけでなく、大蔵省が強い影響力を持っていた。両者の間の管轄権の割り当てについては、経済関係省が長期的経済計画の作成にあたり、大蔵省が短期的経済運営を担当するという一応の区分がなされたが、こうした区分は実際には無意味に近かった。すなわち、財政政策と金融政策の実権を握る大蔵省が、政府の有する経済政策手段をほぼ独占し、経済関係省は有効な政策手段をほとんど持たないという状況下で、後者の管轄とされた長期的経済計画に対する大蔵省の影響力には相当なものがあった。全国計画が発表される頃には、後述するようにポンド防衛のため経常収支問題への対処を求める大蔵省の立場が優先されるようになり、計画に掲げられた目標は、いわば「絵に描いた餅」に終わることがほぼ確定することになった。

なお、全国計画が骨抜きになるのと同時に、経済関係省の役割についても、一九六六年総選挙での再選後しばらくして実施された内閣改造においてブラウンが外相に異動することにより、実質的な幕引きがなされた。

寛容な社会

ウィルソンが追求した現代化プロジェクトは、経済面については大きな困難に直面することになるが、社会面での現代化については目に見える成果を上げることになった。

ウィルソン政権の時期に実現した社会改革を挙げれば、死刑廃止、同性愛および妊娠中絶の合法化、離婚手続きの簡素化など、社会生活の様々な面で自由化が進んだ。社会生活における自由化とともに、一九五〇年代以降顕著に進んだ生活水準の向上により、一九六〇年代のイギリスでは、かつてのような社会規範による束縛が緩み、性的解放に象徴される「寛容な社会」への歩みが促進された。また、旧植民地からの移民の増加について懸念が高まっていたことから、ウィルソン政権は移民流入規制を強化したが、同時にイギリスに居住する移民に対する人種差別の解消に向けた人種関係法も制定された。こうした一連の社会改革を促進することにより、性や人種などの違いに基づく差別のない開かれた社会の構築に向けて、ウィルソン政権は一定の貢献を行った。

ウィルソンの目指すイギリスの現代化にとって、教育は重要な役割を担うものであった。社会的に恵まれない階層の子供たちにとって、教育は将来の可能性を開く鍵であり、また教育水準の向上はイギリスの競争力強化にとって欠かせないという認識をウィルソンは有していた。そこで、まず高等教育の充実に向けて新しい大学が各地に開設される一方、既存大学の入学定員も拡大された。さらに、ウィルソン政権の高等教育政策の大きな特徴として、遠隔教育を行う日本の放送大学のモデルにもなったオープン・ユニヴァーシティが挙げられる。大学に行く機会を持たなかった労働者や主婦などに対して、テレビなどの通信手段による高等教育の受講および学位取得を可能にするオープン・ユニヴァーシティは、社会的流動性を高める重要な組織として位置づけられたのである。

高等教育の充実については比較的問題なく実施されたが、ウィルソン政権が行った中等教育改革は論議を呼ぶものであった。戦後のイギリスでは、公立学校で実施される中等教育に関して、一一歳時点での選抜試験により、卒業後すぐに就労が想定される学校に進むのか、あるいは、大学など高等教育への進学がほぼ確実視される進学校（グラマー・スクール）に進むのか、児童の将来が明確に決まる形態がとられていた。中等教育に関してこのような明確な分岐が存在することにより、イギリスでは社会的流動性が阻害されていると考えられた。そこで、ウィルソン政権では、教育に関する機会の平等を確保するために、一一歳時点で高等教育を受ける可能性の有無を確定する選抜試験を行わず、学力の異なる児童がともに学ぶ学校として、総合中等学校（コンプリヘンシヴ・スクール）が積極的に導入された。

さらに、読み書き計算能力を重視する伝統的な教育法とは異なり、児童の学習意欲向上を主眼とする、いわゆる進歩的教育法が広まったのも、ウィルソン政権の時代からであった。総合中等学校の促進や進歩的教育法の効果については、その後激しい議論が戦わされることになるが、このような改革を実施することにより、イギリス社会の特徴ともいうべき階級間の壁を崩し、社会的流動性を高めることが期待されていた。

3　ポンド防衛の挫折と「闘争に代えて」

ポンド防衛決定

政権発足直後、非常に重要な決定が下された。それは、ウィルソン首相、キャラハン蔵相、ブラウン経済関係相のわずか三人によってなされた、ポンドの切り下げを否定する（ポンドの通貨価値防衛）という決断であった。

ポンド切り下げが政治課題として浮上する背景には、戦後のイギリスが継続的に苦しめられてきた経常収支問題があった。イギリスの経常収支赤字の元凶として、輸入に見合う規模の輸出が達成できなかったことがよく指摘されるが、これはやや単純に過ぎる見方である。イギリスの貿易収支については、たしかに輸入が輸出を上回る傾向が見られたが、こうした貿易赤字は、イギリスの主要産業である海運業、金融業、対外投資からの収益などによる貿易外収支の黒字によって埋め合わされていたのである。民間部門に関する限り、貿易収支と貿易外収支を合わせた経常収支は健全であった。

イギリスの経常収支問題の根幹に存在したのは、政府部門の赤字であった。そして、政府部門の赤字の大きな原因となったのが、海外における多額の軍事支出であった。一九六〇年代のイギリスは、中東から極東に至る、いわゆるスエズ以東地域にいくつかの拠点を持ち、軍事力の世界的な展開を維持していた。その結果、海外における多額の軍事支出が政府部門の赤字をもたらし、それがイギリスの経常収支に大きな負担となっていたのである。

ウィルソン、キャラハン、ブラウンによるポンド防衛決定は、経済的な理由に基づくというよりも、主として政治的な判断によるものであった。ウィルソンは、ポンド切り下げに伴う労働党政権の経済運営能力に関する信用失墜を非常に恐れていた。労働党は以前、一九四九年に切り下げを実施して二年後に政権を失ったが、今回二度目の切り下げを行えば、経済運営能力について有権者の信頼を完全に失う危険があると考えられたのである。

結局、経常収支問題対策として実施されたのは、一五％に設定された輸入課徴金の導入を通じて輸入を減少させる一方、輸出奨励金により輸出を拡大し、経常収支赤字を削減するという手段であった。輸入課徴金の導入は、イギリスがメンバーとなっていたEFTA（欧州自由貿易連合）加盟国の反発を買ったが、ポンド切り下げを否定したウィルソン政権にとって、これはやむをえない政策手段であった。一方、一九六五年予算では増税を通じた若干の財政引き締めが見られたが、年金や医療などの福祉支出も拡大したので、ポンドに対する金融市場の信頼が回復するまでは行かなかった。そこで、ウィルソン政権は、アメリカなど主要諸国からの金融支援を通じたポンド相場維持に苦心することになる。

ポンド危機

労働党は一九六四年総選挙で安定多数を獲得したわけではなかったので、近年中の次期総選挙実施が予期されていた。一九六六年三月の総選挙において、ウィルソンは経験不足による未熟さを露呈した保守党新党首エドワード・ヒースとは対照的に、大統領的イメージを強くアピールして幅広い支持を得た。その結果、労働党は前回獲得議席に四六議席を上乗せして安定多数を獲得することになった。

総選挙での大勝は、ポンド防衛努力を容易にしたわけではなかった。選挙から二カ月後の一九六六年五月に発生した船員ストをきっかけとして、ポンドの通貨価値に対する信用が大きな打撃を受けたのである。閣僚の中からは、ブラウン経済関係相をはじめとしてポンド切り下げやむなしとの声も出始めたが、ウィルソン首相とキャラハン蔵相は切り下げを断固として拒否した。彼らは、切り下げによって労働党政権の経済運営能力に対する信用が決定的な打撃を受けることを恐れたのである。また、切り下げは国際通貨としてのポンドの地位に悪影響を及ぼし、イギリスの国際的威信の低下にもつながると考えられた。

ポンドの通貨価値を維持するため、一九六六年七月に空前のデフレ政策（いわゆる七月対策）が実施された。増税と財政支出削減に加えて、金利引き上げ、物価および所得の六カ月凍結という厳しい引き締め策が行われた。その結果、高いレベルの経済成長を想定する全国計画は実質的に無意味となり、経済関係省の存在意義も失われた。いわば、ウィルソン政権はポンドを防衛するために経済成長と雇用を犠牲にした、といってもいい過ぎではないだ

コラム4-2　ウィルソン名（迷）言集

ウィルソンは人々の記憶に残る表現を数多く残している。最も有名な表現として，「政治において一週間は長い時間である」がある。政権発足当初から頻発したポンド危機の中で生まれた表現とされるが，政治における風向きは短期間で急激に変わることをよく言い表している。

1967年にポンド切り下げを発表する際，ウィルソンはテレビ演説の中で，切り下げはイギリス国内におけるポンド通貨の価値を下げるものではないという趣旨の誤解を招く主張を行った。「みなさんのポケットにあるポンド」として記憶されているこの演説は，政治家ウィルソンの誠実さに疑問符を呈するものとしてよく引き合いに出される。

ウィルソン名（迷）言集の最後を飾る表現として，彼の用心深い性質とイギリスの天気を絡めた警句を挙げることにしよう。「私は楽観主義者である。しかし，レインコートを持ち歩く楽観主義者である」。

ろう。

ポンド切り下げ

七月対策によりポンド相場には一時的な平穏が訪れた。しかしながら、一九六七年六月の第三次中東戦争勃発をきっかけとして、ポンド危機が深刻化することになった。それまで切り下げ反対論が大勢を占めていた大蔵省およびイギリスの中央銀行であるイングランド銀行では、ポンド切り下げやむなしという主張が強くなり、キャラハン蔵相も切り下げに傾いた。一九六七年一一月、ついにウィルソン首相もポンド切り下げ以外に通貨危機を切り抜けることはできないという結論に至り、一ポンド＝二・八〇ドルから二・四〇ドルへの切り下げが発表された。

ポンド切り下げは、経済運営に関するウィルソン政権の敗北を白日の下にさらした。この「経済敗戦」は、ウィルソンが自ら蒔いた種によってもたらされたものであった。ポンドの通貨価値を国家の威信の反映と見なしたウィルソン政権は、切り下げにより全くメンツを失ったのである。

ただ、切り下げ自体が政権に政治的な打撃を与えたわけではなく、むしろ新たな為替相場を維持し、再度の切り下げに追い込まれる事態を避けるために実施されたさらなるデフレ政策が、有権者の反発を強めたようである。ポンド切り下げの責任をとってキャラハンは内相に転じ、代わりに蔵相に就任したロイ・ジェンキンズの下で、二年間にわたる厳しい緊縮予算が組まれた。総選挙の年となった一九七〇年予算についても、選挙対策の拡大予算ではなく、財政再建の色彩が強い健全予算が組まれることになった。その結果、総選挙が実施される頃には経常収支問題は後景に退き、ポンド相場についても一定の落ち着きが見られるようになった。

労使関係現代化をめぐる困難

ウィルソン政権の発足当初、労使関係についてはほとんど注意が払われていなかった。労働党は伝統的に労使間の自由な団体交渉に干渉しないという立場であったので、経済安定に必要な所得抑制などについて、政府、企業および組合との間で自発的合意が達成されれば、それで十分であると見なされたのである。

しかしながら、一九六六年の船員ストなど労働組合の正式な意思決定手続きに則った公式ストライキの拡大に加えて、正式な手続きを踏まないで実施される非公式ストライキの増大が、イギリス経済に悪影響を与えていることが懸念されるようになった。

労使関係改革を検討するため、一九六五年にドノヴァン委員会が設置され、一九六八年には報告書が発表された。この報告書では、非公式ストの問題についても検討が行われたが、その解決策としては、団体交渉枠組の整備について労使間での自発的協力が示されたにとどまり、スト権投票制度の導入や違反に対する罰則を含む強制冷却期間の導入など論議を呼ぶ対策はなかった。

ドノヴァン委員会報告書を受けて、政府白書の作成を担当したのは、左派のバーバラ・カースル雇用生産性相であった。カースルにはゲイツケル時代に右派の支持基盤であった労働組合に対する愛着はなかった。政府白書「闘争に代えて」では、公式ストに対するスト権投票制度の導入や非公式ストに対する二八日間の強制冷却期間の導入など、組合の反発を買うことが明白な改革が掲げられた。

「闘争に代えて」は、労使関係改革を通じた経済現代化を期待するウィルソン首相およびジェンキンズ蔵相の支持を獲得し、閣議でも了承された。しかしながら、白書に示された諸改革は、労働組合が重視してきた自発主義（法的規制によらない労使関係）に対する挑戦として、論議を呼ぶことは必至であった。また、労働党の党内や閣内でも、内相に転じたキャラハンを中心として、組合の立場に理解を示す部分も相当見られた。白書への賛否をめぐって一九六九年三月に行われた下院採決では、五五名の労働党議員が反対投票していた。「闘争に代えて」に対する労働組合、労働党組織、そして、労働党下院議員の間での反発は、やがて閣内でのキャラハンなどの反対派を勢いづけた。当初は白書を支持していたジェンキンズなど主要閣僚も、組合や党組織との全面対決がもたらすダメージを恐れて、妥協を求めるようになった。こうした情勢の中、ウィルソンとカースルも白書の実現は困難であるという認識の下に、組合との妥協の道を探ることになった。その結果、政府とTUCとの間で、いわゆる「厳粛かつ拘束的合意」が結ばれ、ストライキによらない労使紛争の解決に向けて努力することが合意された。しかしながら、この合意は明らかに形式的なものであり、TUCが非公式ストはもちろん公式ストについても、傘下の組合の行動についてほとんど影響力を持たないことはよく知られていた。

ウィルソン政権は「闘争に代えて」に基づく労使関係改革を断念したことにより、イギリス経済の現代化へ向けた重要な一歩を踏み出すことに失敗した。また、労働組合の圧力に屈したことが明白になったことは、ウィルソン政権にとって政治的な屈辱でもあった。ポンド防衛の挫折に加えて、「闘争に代えて」をめぐる敗北は、ウィルソン政権の経済現代化プロジェクトの挫折を象徴することになった。

4　帝国からヨーロッパへ

英米特殊関係と「帝国・英連邦」の重視

戦後イギリスの歴代政権と同様に、ウィルソン政権ではウィンストン・チャーチルの明示した「三つの輪」ドクトリンが重視された。「三つの輪」とは、第一に帝国および英連邦であり、第二にアメリカを中心とする英語世界であり、第三に統合されたヨーロッパであった。イギリスは「三つの輪」を結びつける重要な位置にあるとされた。ウィルソン政権発足当初は、「三つの輪」の中で、特に帝国・英連邦とアメリカとの関係に重心を置いて世界大国の地位を維持することに関心が持たれた。

ウィルソンはケネディ後継のリンドン・ジョンソン大統領との間で緊密な関係を保つことにより、第二次世界大戦中から続く英米特殊関係の維持を求めた。対米関係に関してウィルソン政権が直面した難題が、当時深刻化しつつあったヴェトナム戦争への関わりであった。ウィルソン政権は、イギリス軍の関与を求めるジョンソン政権の要請を巧みに回避する一方、和平実現に向けた独自の外交努力を見せた。なお、イギリスによる和平工作は、紛争当事者間での和平交渉に至ることなく、さしたる前進を見せずに挫折することになった。

帝国・英連邦に関してウィルソン政権が直面した難題が、いわゆるローデシア問題であった。南ローデシア（現・ジンバブエ）は、南アフリカに接するイギリスの植民地であったが、他の植民地が次々と独立を果たす中、人種差別政策をとる白人政権の存在により、独立を認められなかった。ウィルソン政権は黒人に対する権利を保障した上で独立を認める道を追求したが、白人政権の側はこれを受け入れず、一九六五年一一月に一方的にローデシア共和国の独立宣言を行った。一方的な形での人種差別国家の誕生に対して、イギリスが強硬な制裁手段をとることが期待されたにもかかわらず、そのような制裁が控えられたことから、英連邦諸国からはイギリスの対応に不満の声が続出した。さらに、一九六〇年代中頃に激化したインドとパキスタンの紛争について、英連邦のリーダーを自称するイギリスではなく、ソ連が調停役を果たしたことにより、英連邦におけるイギリスの威信低下が如実に示された。

ヨーロッパへの接近と第二次EEC加盟申請

労働党は、アトリー政権の時期にシューマン・プランへの参加を拒絶し、またゲイツケル党首時代に保守党政権の第一次EEC（欧州経済共同体）加盟申請に反対姿勢をとったことに示されるように、ヨーロッパ統合に熱心な政党ではなかった。ウィルソンも当初ヨーロッパとの関係よりも帝国・英連邦との関係を重視する姿勢を見せていた。

しかしながら、英連邦との関係がイギリスの世界的役割を維持する上で有効な資源とはいえない状況が明らかになりつつある中で、統合の道を着実に進みつつあったヨーロッパ大陸諸国との関係強化が追求されるようになる。ウィルソン政権ではEEC加盟を通じてヨーロッパへの接近を図る方策が真剣に検討されることになった。

一九六六年総選挙でウィルソン政権は再選を果たすが、この選挙キャンペーンを通じて、労働党はEEC加盟問題について慎重ではあるが前向きな態度を見せた。これは、保守党のヒース党首が加盟に積極的な親ヨーロッパ派であったために、それとの対照を際立たせるという選挙戦術上の判断もあった。拙速主義の保守党とは異なり、労働党はイギリスの国益と英連邦の利益が確保される形での加盟を求める現実主義の政党であるというアピールがなされた。

総選挙に大勝したウィルソンは、EEC加盟を視野に入れた準備作業に入った。選挙後の内閣改造で親ヨーロッパ派のブラウンを外相に任じたほか、EEC加盟問題を検討する内閣委員会も立ち上げられた。さらに、EEC加盟に向けた準備作業として、加盟国六カ国に関する情報収集のための調査団も派遣されることになった。

なお、EEC加盟へ向けた方針転換は、「三つの輪」のうち帝国・英連邦との関係の重要性低下という状況を反映したものであったが、英米関係に関する見直しと結びついていたわけではなかった。むしろ、ウィルソンによるEEC加盟の追求は、EECを中心とする欧州統合とNATOに代表される大西洋同盟を両立させる考え方に基づいていた。イギリスがEECのリーダーシップを握ることにより、良好な米欧関係を維持・発展させ、その結果として、アメリカの同盟国としてのイギリスの価値を高めることが目指されたのである。

一九六七年初頭、ウィルソン首相およびブラウン外相はEEC加盟国歴訪を行い、イギリスの加盟に対する各国の反応について情報を集めた。そして、一九六七年五月に下院の場において、EEC加盟申請を行う旨を発表することになったのである。しかし、保守党政権による第一次加盟申請の前に立ちはだかったフランスのシャルル・ド・ゴール大統領は、態度を改める様子を見せなかった。ド・ゴール大統領は、一九六七年一一月に行われた記者会見において、国際通貨としてのポンドの役割など経済的な問題に加えて、イギリスが有するアメリカとの密接な関係がEECに悪影響を与えるなどの外交上の問題を挙げて、イギリスの加盟を拒否する姿勢を明確にした。ド・ゴールによる事実上の拒否権行使により、ウィルソン政権による第二次EEC加盟申請は挫折に終わった。

スエズ以東からの撤退決定

ウィルソン政権によるEEC加盟申請は、戦後のイギリスにおいて重視された「三つの輪」が、英米関係とヨーロッパ関係を中心とする「二つの輪」にシフトする中でなされた。「三つの輪」

から「二つの輪」への変化は、軍事力の世界的な展開について、より明確な形で見られた。

イギリスの相対的経済衰退が深刻化するにつれて、スエズ以東地域を中心とする軍事力の世界的な展開がもたらす経済的負担が、大きな問題として浮上してきた。ウィルソン政権発足当初はスエズ以東への軍事関与を継続する立場がとられたが、ポンド切り下げに至る経済困難の中で、スエズ以東地域からの撤退が避けられない課題として検討されるようになった。

結局、一九六八年一月に、一九七一年の終わりまでにイギリス軍をスエズ以東から撤退するという決定が下院において発表されることになった。この決定は経済困難に強いられた側面はあったものの、ウィルソン政権の下でイギリスの安全保障政策の軸足はヨーロッパに置かれることが明確になった。

スエズ以東からの撤退は、一方でイギリスの対外関係における重心が、帝国・英連邦からヨーロッパへシフトしたことを体現していたが、他方でアメリカとの密接な関係に変化をもたらしたわけではなかった。今や中心課題となったヨーロッパ防衛の基盤は、アメリカを中心とする大西洋同盟であるという立場が堅持され、英米関係のさらなる強化が求められたのである。

ナショナリズムの台頭

ポンド切り下げ、EEC加盟申請、スエズ以東からの撤退は、ウィルソン政権下におけるイギリスの国際的位置の変化を反映したものであった。一方、スコットランド、ウェールズ、北アイルランドというケルト系の周辺地域では、連合王国としてのイギリスの国家構造の変革を迫るナショナリズムの台頭が見られた。

スコットランドにおいては、スコットランド国民党が、一九六七年一一月の下院補欠選挙において、労働党の強力な地盤であるグラスゴー近郊のハミルトン選挙区において議席を獲得するというめざましい成果を上げた。スコットランド国民党の台頭を前にして、ウィルソン政権もスコットランド自治の問題について真剣な検討を始めざるをえなくなった。

ウェールズにおいても、一九六六年七月の下院補欠選挙において、ウェールズ党（Plaid Cymru）が西部のカーマーゼン選挙区において労働党から議席を奪うという結果が見られた。さらに、一九六七年と一九六八年にそれぞれ行われた二つの補欠選挙において、ウェールズ党の候補者は、労働党が地盤とする選挙区においてわずかな差で敗れるという接戦を演じたのである。

スコットランドおよびウェールズにおいてナショナリズムに基づく政党の台頭が見られたに背景は、ポンド切り下げ前後にウィルソン政権が実施したデフレ政策に対する有権者の反発があったが、これらの地域におけるナショナリズムの高揚も一因となった。ウィルソンは、イギリスの国家構造を再検討する独立委員会を立ち上げ、スコットランドおよびウェールズの自治を検討課題とすることにより、ケルト・ナショナリズムの攻勢をかわす努力を見せることになる。

ケルト系の地域の中でも、北アイルランドにおけるプロテスタントとカトリックの対立の深刻化は、この地域の治安維持に関して解決困難な問題を生み出した。

第一次世界大戦後のアイルランド独立をきっかけとするアイルランド島の南北分断によりイギリスに残留した北アイルランドでは、ほぼ半世紀にわたって多数派のプロテスタントによる統治が続いていた。宗教の違いを問わず法の下の平等を確保するという建前とは裏腹に、北アイルランドでは職業や住宅など社会生活の様々な面で、少数派であるカトリックに対する差別が存在してきた。

カトリックの側では、一九六〇年代後半からアメリカの黒人公民権運動に影響を受けた宗派間での不平等是正を求める動きが活発化し、またアイルランド島の南北分断を解消して統一の実現を求めるアイルランド・ナショナリズムの意識も高まった。それに対して、プロテスタントの側でもカトリックに対抗する様々な組織が形成された。やがて、北アイルランドでは宗派間の対立がしばしば暴力的な衝突にまで発展するようになる。

北アイルランドにおける対立は一九六九年八月に一つの頂点を迎え、プロテスタントとカトリックの双方による暴力の応酬により、死傷者を出すまでに至った。北アイルランドにおける治安悪化に対処するため、ウィルソン政権はキャラハン内相のイニシアティヴにより軍隊の派遣を決定した。少数派であるカトリックは、多数派プロテスタントの暴力行為を抑制し、治安維持をはかるイギリス軍の駐留を当初は歓迎したが、次第に軍隊のプロテスタント寄りの立場を疑うようになった。そして、北アイルランド駐留軍に対するカトリックによるテロ行為なども発生するようになったのである。短期間の駐留で治安回復を果たし、その後早い段階での撤収を望んだウィルソン政権の予測は大幅に外れることになった。一九七〇年代以降、イギリス政府は三〇年近くにわたり北アイルランド問題に苦しめられることになる。

5　ウィルソン再評価

再選直後から支持率の低迷が続いたウィルソン政権であったが、一九六九年後半から経済が上向くようになるとともに、支持率の回復傾向が見られることになった。これをチャンスと見たウィルソンは、一九七〇年六月に総選挙を実施した。

一九七〇年選挙の結果は、勝利を確信したウィルソンや労働党有利との予測をしたマスメディアにとって、意表を突くものとなった。劣勢と見られたヒース党首の保守党が勝利を収めたのである。

総選挙における予想外の敗北は、第一次ウィルソン政権に対する評価を低めたかもしれない。しかし、総選挙敗北を別にしても、ウィルソンについてはネガティヴなイメージがつきまとっており、それが彼の業績に対する評価に影を投げかけているようである。

ウィルソンのネガティヴ・イメージの中核には、彼の政権がイギリスの経済停滞を打開できなかった事実が存在する。ウィルソン政権は、経済停滞の打開という公約を掲げて登場したにもかかわらず、有権者の期待を満たすことなく退陣した。このように経済運営に関する幻滅が、ウィルソン政権は「惨めな失敗」であった、というその後の評価を定着させることになったように思われる。

ウィルソンのネガティヴ・イメージに関わるもう一つの構成要素は、彼のリーダーシップが、目標を達成するた

コラム4-3　キッチン・キャビネット

キッチン・キャビネットとは，公式の内閣とは別に，大統領など政治リーダーに対して非公式のアドバイザー集団が多大な影響力を持つことを批判する表現として，アメリカで使われるようになった。イギリスでは，1960年代の第1次ウィルソン政権において，選挙の洗礼を受けていない特別顧問が多用されたことを指す表現として使われるようになり，また近年のブレア政権についても，特別顧問が重要な役割を果たしていることを象徴する表現として使用されるようになった。

なお，ウィルソン政権のキッチン・キャビネットのメンバーの中で，マスメディアの好奇の目にさらされたのが，ウィルソンの秘書であったマルシア・ウィリアムズである。ウィルソンが野党暮らしを強いられた1950年代から長年にわたって秘書を務めたウィリアムズは，ウィルソン首相の政策判断に少なからぬ影響を与えたと見なされたばかりか，首相との不倫関係まで疑われることになった。

め長期的視野に立つ戦略家のそれではなく、短期的な人気を追い求める戦術家のものであったとする見方である。ウィルソンのリーダーシップは、無原則で妥協に満ちており、国益よりも自己の政治的利益を優先させる機会主義者という批判にさらされた。また、政権運営スタイルについても、広く閣僚の意見を取り入れて政策決定を行うのではなく、特別顧問や首相秘書が実質的な影響力を握る、いわゆる「キッチン・キャビネット」に対して否定的な見方がなされた。

ウィルソンのポジティヴな評価は困難かもしれないが、他方でウィルソンとは別の人物が首相を務めるか、あるいは、労働党とは別の政党が政権を担当していれば事態は好転したかといえば、それは非常に考えがたいように思われる。

たとえば、政権発足時になされたポンド防衛決定が批判されているが、ポンドの通貨価値を維持することについては、当時の政治家および官僚の間でほぼコンセンサスとなっており、学者など一部に切り下げ論者が見られるに過ぎなかった。また、たとえポンドの即時切り下げが実施されたとしても、それは一時的な息抜きに過ぎず、イギリス経済の根本的な改善が見られない限り、経常収支問題の再燃は目に見えていた。他方、ポンド防衛のためにデフレ政策を貫徹するという選択肢は、労働党政権の下で社会福祉の充実を望む有権者の期待を考えれば、実施はきわめて困難であった。

ポンド防衛決定にもかかわらず、そのために必要なデフレ政策を貫徹する用意はなく、その結果として、最終的に切り下げに追い込まれた後、デフレ政策を取らざるをえなくなったウィルソン政権の経済運営を振り返ってみると、経済無策の典型のように見えるかもしれない。しかしながら、そうした見方は後知恵にすぎない。先述のように、ポンド危機に関連するイギリスの経常収支問題の根幹には、政府部門の赤字とその元凶となった広範な海外軍事展開があった。帝国の遺産ともいうべき軍事力の世界的な展開について根本的な見直しを求める見方は、一九六〇年代前半の時点では少数派に過ぎなかったので、発足当初のウィルソン政権の判断に影響を与えることはなかった。なお、その後の経済的困難に促されたという側面はあるが、ウィルソン政権によるスエズ以東からの撤退決定は、国際政治経済におけるイギリスの位置の再検討を促し、対外関係に関する現代化をもたらした重要な決断であったと評価できるだろう。

近年、ウィルソン再評価の動きが見られている。その背景には、中長期的スパンで見れば、第一次ウィルソン政権期のイギリス経済が、必ずしも特に悪かったわけではないことへの理解が進んだことがある。また、ウィルソンのリーダーシップについて、必ずしも無原則な妥協主義ではなく、ある程度一貫性を有していたという見方もなされている。さらに、「寛容な社会」へ向けたウィルソンの社会改革は、イギリス社会の現代化を促進し、現在のイギリスのあり方に大きな影響を与えるものであった。その意味では、第一次ウィルソン政権は、現在のイギリスを理解する上で欠かすことのできない重要な時期の政権、という位置づけができるかもしれない。

参考文献

犬童一男（一九八九）「福祉国家と社会民主主義――第四次イギリス労働党政権の現代化政策」犬童一男・山口定・馬場康雄・高橋進編『戦後デモクラシーの安定』岩波書店。

小林丈児（一九八九）『現代イギリス政治研究――福祉国家と新保守主義』中央大学出版部。

芝崎祐典（二〇〇五）「ヨーロッパ統合とイギリス外交――空席危機とウィルソン政権初期の対ヨーロッパ態度」木畑洋一編『ヨーロッパ統合と国際関係』日本経済評論社。

H・M・ドラッカー、望月昌吾訳（一九八二）『イギリス労働党論——その教義とエトス』中央大学出版部。［H. M. Drucker (1979) *Doctrine and Ethos in the Labour Party*, Allen and Unwin.］
橋口豊（二〇〇六）「ハロルド・ウィルソン政権の外交一九六四—一九七〇年——『三つのサークル』の中の英米関係」『龍谷法学』第三八巻第四号。
細谷雄一編（二〇〇九）『イギリスとヨーロッパ——孤立と統合の二百年』勁草書房。
力久昌幸（一九九六）『イギリスの選択——欧州統合と政党政治』木鐸社。
Dory, Peter ed. (2006) *The Labour Governments 1964-1970*, Routledge.
Gamble, Andrew (1994) *Britain in Decline: Economic Policy, Political Strategy and the British State*, Palgrave Macmillan.
Hennessy, Peter (2000) *The Prime Minister: The Office and its Holders since 1945*, Allen Lane.
Marquand, David (2008) *Britain since 1918: The Strange Career of British Democracy*, Weidenfeld & Nicolson.
Marr, Andrew (2007) *A History of Modern Britain*, Pan Macmillan.
Morgan, Kenneth O. (1987) *Labour People: Leaders and Lieutenants, Hardie to Kinnock*, Oxford University Press.
O'Hara, Glen and Helen Parr eds. (2006) *The Wilson Governments 1964-1970 Reconsidered*, Routledge.
Pimlott, Ben (1992) *Harold Wilson*, HarperCollins Publishers.
Routledge, Paul (2006) *Wilson*, Haus Publishing.
Shaw, Eric (1996) *The Labour Party since 1945: Old Labour: New Labour*, Blackwell.
Shonfield, Andrew (1956) *British Economic Policy since the War*, Penguin Books.
Tomlinson, Jim (2004) *The Labour Governments 1964-1970, vol. 3: Economic Policy*, Manchester University Press.
Wilson, Harold (1971) *The Labour Government 1964-1970: A Personal Record*, Weidenfeld and Nicolson and Michael Joseph.
Wilson, Harold (1986) *Memoirs: The Making of a Prime Minister 1916-1964*, Weidenfeld and Nicolson and Michael Joseph.
Ziegler, Philip (1993) *Wilson: The Authorised Life*, HarperCollins Publishers.

第5章 「Uターン」
――ヒース政権 一九七〇～七四年――

成廣 孝

エドワード・ヒース（共同通信社提供）

イギリスは他の先進工業諸国同様に高度成長を経験したものの、その将来については多くの懸念材料があった。製造業を中心に衰退の兆しが顕著となり、植民地の独立など、イギリスの世界的地位も凋落の一途をたどっていた。ヒース政権はこのような状況を覆し、新たなアプローチに基づいて再びイギリスを成長の軌道に戻すことを目指す。しかしながら、国内外の経済状況は大きく変化しつつあった。ヒースは戦闘性を増す一方の労働組合運動と、オイルショックによって生じた経済危機に翻弄されることになるのである。この政権の経験は、保守党ひいてはイギリスにとっての重大な転換点となる。

1 首相就任以前のヒース

エドワード・ヒースは一九一六年、英仏海峡にほど近い、ケントのブロードステアズに生を享けた。保守党の強い地域である。父は大工（のち工務店を経営）であった。イギリスの首相としては稀なことに、彼は一生独身を貫いたため、下院議員になってからも、長い間実家に住んでいた。奨学金を得てグラマー・スクールに進み、監督生を務めるなど優秀な学生であった。オルガンの演奏に優れていた彼は、音楽の道に進むことを志すが果たせず、進学したオックスフォード大学ベイリオル・カレッジでは政治・哲学・経済を学ぶこととなる。当時ベイリオルはオックスフォードの中でも比較的広い階層から学生を集めるカレッジであり、一九三〇年代においては幾分左翼的な雰囲気に包まれていた。下の学年にはデニス・ヒーリー、さらにその下にはロイ・ジェンキンズら同時代のライバル達がいた。ヒースはオックスフォード・ユニオン（Oxford Union; 弁論部）およびオックスフォード保守党協会に所属し、前者では会長を務めている。歴代の会長経験者には、上の年代にウィリアム・グラッドストーン、ハーバート・アスキス、下の年代にはトニー・クロスランド、トニー・ベン、ジェレミー・ソープ、マイケル・ヘゼルタインらがおり、多士済々である。

ヒースは社会主義に惹かれることはなかったものの、三〇年代の不況・失業の時代の中で育ち、大学では資本主義経済システムの改革を求める広範な主張に触れることとなった。なかでも、ジョン・メイナード・ケインズ『一般理論』や、ハロルド・マクミランの『中道』に強い影響を受けたと語っている。さらに、彼が強い関心を持ったのは、危機を迎えつつあるヨーロッパ情勢だった。彼は弁論部代表として外国をめぐる中で、ナチス支配下のドイツやスペイン内戦の様子を見聞する機会に恵まれ、ひいてはファシズム勢力の台頭を黙認するイギリス挙国一致政府の宥和政策に反発を覚えていた。第二次世界大戦においては、陸軍砲兵として従軍している。

ヒースが政界に進出したのは、一九五〇年のことである。ロンドン東部のベクスレー選挙区（Bexley; のち八三年からオールド・ベクスレー&シドカップ選挙区）から下院議員に立候補した彼は、見事初当選を果たす。この選挙ではのちにヒース政権の閣僚、ついには宿敵となったマーガレット・サッチャーも立候補していたが、落選の憂き目にあっている。ヒースの初演説は、ちょうどその頃チャーチルのヨーロッパ合衆国構想に感銘を受けていたこともあり、ヨーロッパ情勢に関するものであった。のち同期当選の議員達に誘われて「ワン・ネーション・グループ」（One Nation Group）に参加、その創立メンバーのひとりとなっている。参加者にはレジナルド・モードリング、イアン・マクラウド、イーノック・パウエル、アンガス・モード、ロバート・カーら、一九六〇年代から七〇年代にかけての保守党政治の主役となる議員達がいた。のちネオリベラリズムや反移民ナショナリズムに傾斜したパウエルを除けば、おおむね戦後コンセンサスに沿った穏健派の集まりといってよかろう。

ヒースは五一年からは院内幹事となり、勤勉な働きをみせた。イーデン政権時の五五年からは院内幹事長に就任している。イーデンの後を襲って首相の座に着いたマクミランのもと、スエズ危機後の党内の混乱を収めるために奔走したヒースは、マクミランの信頼を得て重要な政治的案件について首相にアドヴァイスするような関係となった。ヒースが五八年に労働相として初入閣したのもマクミランの下である。こののち国璽詔書、商務相（ヒューム政権）と順調にキャリアを重ねた。マクミランのEEC加盟申請の際には、交渉役を務めている。

2　継承戦争から「セルズドン・マン」へ

野党党首としてのヒース

一九六四年総選挙において敗れたダグラス=ヒュームは、その後もひきつづき党首の座に留まったが、選挙区組織などからは、若者や新婚世帯、ホワイトカラー技術者など、保守党が失った有権者層に対してヒュームではアピールできないという不満の声が上がっていたものの、近く選挙が行われることが予想されていたため、当面党首は交代せず、影の内閣の改造に留めることになった。ここで課題となったのがヒース、モードリング二人の若手実力者の処遇であった。結局前者が影の蔵相、後者が影の外相に選ばれた。結果的にこの人選はあたりであったといえる。ヒースは政府の財政法案に対する攻撃の成功などで成果をあげ、大きく株をあげることになる。次の選挙にむけた基本政策の見直しを中心的に進めたのもヒースである。彼は保守党政策諮問委員会の委員長を務めるとともに、リチャード・A・バトラーから保守党調査局長の地位を引き継いだ。ヒースのスタイルは実務的で、基本的哲学――戦後コンセンサス――の共有を前提にして、具体的・詳細を検討するというものであった。

予測されていた総選挙が先延ばしされたことにより党首交代を求める声が強まってくると、ヒュームは近代的な党首選出手続きの導入を進めた。六五年に公表された新制度は、下院議員による公開選挙方式で、バックベンチャーも首相経験者も同等として扱うものであった。そして六五年七月ヒュームの辞任表明に伴い、保守党は一九一一年以来、久方ぶりに野党時の新党首を得ることになった。党首選挙第一回投票の開票結果は、ヒース一五〇票、モードリング一三三票、パウエル一五票。規定では第一回投票で勝利するには、二位の候補に対して一五％の差をつけねばならず、ヒースはこの規定を満たせなかったが、第二回投票に対立候補が立候補しなかったことから、新党首としての地位が確定した。ヒュームという大貴族から、グラマー・スクール出身の近代化論者へ、という新しい保守党を感じさせる党首交代であった。この党首選ではヒース、モードリングという戦後コンセンサス派（ともにワン・ネーション・グループ創設者である）の候補が九〇％の支持を集め、市場中心型の経済自由主義を前面に打ち出したパウエルへの支持はわずかに終わった。

当選後のヒースは主要な政策分野における見直しを継続した。これは、一九六五年党大会において、『イギリスを正しい方向へ前進させる』としてまとめられ、六六年総選挙におけるマニフェスト『言葉ではなく行動を』、さらには七〇年マニフェスト『よりよい明日へ』の基礎となった。ヒースやその側近たちの多くはワン・ネーション・グループやボウ・グループのメンバーであり、国家を手段として用いることで、産業の両翼（ビジネス、労働）の現代化を進めることが可能であるという考え方をもっていた。これは業績主義的になっていく社会への対応であり、若い経営者層にアピールすることを目指すものでもあった。

その一方で、党首就任後のヒースの党運営は、必ずしもスムーズなものにはならなかった。当時最大の問題が、南部アフリカの植民地であったローデシア（現・ジンバブエ）において一九六五年に行われた、人種差別的なイアン・スミス少数派白人政権による一方的独立宣言をめぐるものであった。六五年一二月の下院における票決では、ヒースら党執行部の方針に対して、左派右派双方から多数の叛乱が見られた。

脱植民地の問題は、イギリスにとっては同時に移民問題でもあったが、これも保守党内に分裂をもたらすポテンシャルを有していた。イギリスでも経済成長による低賃金労働者需要の高まりやコモンウェルスからの移民増加に伴い、特に大都市では非白人の姿が目立つようになっていた。労働党政府は移民規制を強める一方、人種差別についても立法を強化するという方針で臨んだが、保守党はこの政府方針への対応にあたって意思統一することに苦慮したのである。さらに、この問題は、野党時の保守党における最大のスキャンダルにつながった。影の防衛相パウエルは、そもそも防衛問題においてヒースと意見の一致を見ていなかったばかりか、自らの職務を越えた広範な問題について過激な発言を繰り返し、ヒースを悩ませた。これが頂点に達したのは、ケニアから追放されたインド系住民（「アジア人」）が、大量にイギリスに入国してくるかもしれないという問題をめぐってであった。パウエルは、六八年四月バーミンガムで開かれたある会合において、差別的な言葉を用いて聴衆をたきつけながら、移民の急速な増加を非難するスピーチを行った。俗に「血の河演説」として知られるこの演説の内容はメディアを通じて明らかにされ、パウエルの影の内閣からの更迭をもたらすことになった。厄介なことに、保守党の下部党員や西ミッドランド地方の住民はパウエルを支持し、彼を更迭した執行部を批判する意見が多数寄せられたのである。パウエルと同様の意見をもつ党内右派グループであるマンデー・クラブも着実に会員を増やしつつあった。

ヒースの党首としてのスタイルに対しても批判の声があがっていた。ヒースの、データに基づいて良い政策をつくりさえすれば、国民は理性的に考えて受け入れてくれるはずという「野党にあって政権運営をしている」かのようなスタイルは、悪く言えば事務的・官僚的なものであり、野党の党首として党を盛りたてるような迫力に欠けていたからである。これは、ヒースの政治家としての最大の問題だったといえよう。また、ヒースのコミュニケーション能力の不足は、バックベンチャーと心理的なズレを生み、メディアとの関係も良好ではなかった。こうした問題は広報担当にジェフリー・タッカーを迎えてのちいくらか改善されたとはいえ、ウィルソン首相ほどの人気は望むべくもなかった。

ヒースの党首としての緒戦は一九六六年総選挙であった。世論調査では与党労働党が順調にリードを保っており、勝利が当然視される状況であった。ヒースは選挙戦において、税制改革やEC加盟、労働組合対策などと並んで政府の経済運営の失敗を訴えたものの、労働党に傾いた流れを覆すことはできなかった。ヒースの党首としての人気も、ウィルソンのそれには遠く及ばなかった。結果は労働党の三六四議席（得票率四八・〇％）に対し二四二議席（得票率四〇・五％、三・五％のスイング）となり、これは保守党にとって四五年選挙に次ぐ規模の敗北であった。

一九七〇年選挙と「セルズドン・マン」

選挙後のヒースは、影の閣僚の世代交代を推進した。新たに影の内閣に加わったピーター・ウォーカー、トニー・バーバー、そしてサッチャーらは、伝統的な保守党の支配層と異なる出自を持ち、メリトクラシーの時代の政治家という点で共通していた。彼らはしかし、政策的にも一様であったわけではない。モンペルラン協会や経済問題研究所（Institute of Economic Affairs : IEA）の活動などもあって、パウエルをはじめ、後にヒース政権の閣僚となるキース・ジョゼフ、サッチャーらは、フリードリヒ・A・ハイエクやミルトン・フリードマンら経済学者の主張するネオリベラリズムに傾倒するようになっていった。保守党内における基本政策見直しの過程でも、公式に採用こそされなかったものの、のちサッチャー政権で活躍するニコラス・リドリーが、産業政策の検討のなかで国営産業の広範な民営化を提案していた。メディアにおいても、『デイリー・テレグラフ』や『フィナンシャル・タイムズ』などがネオリベラルの論調を示すようになりつつあった。それでも、六四年党首選においてパウエルがほとんど支持を集められなかったことに見られるように、保守党全体にネオリベラリズムの影響力が浸透するまでには、まだまだ時間と、そしてヒースの挫折が必要だった。

一九七〇年一月、南ロンドンにあるセルズドン・パーク・ホテルにおいて、影の内閣を中心とした会合が開かれた。これはもともと保守党調査局を中心に策定されてきた政策の摺り合わせを行うことを目的とするものであり、報道会見の場こそ用意されていたものの、練り上げた政策を準備万端の上、大々的にお披露目するといった類のものではなかった。しかし、メディアやウィルソン首相は保守党の新たな市場中心型自由主義のアジェンダ登場――ウィルソンはこれを「セルズドン・マン」と呼んだ――ととらえ、過剰反応を見せた。もっとも、ヒースら保守党執行部の側も、選挙を控えて党の連帯を維持する必要もあり、労働党の政策との断絶をレトリックとして強調した節がなかったわけではない。実際のところ、六六年総選挙時と比べて党の公式の政策において明白な大きな断絶があったわけではなかった。当時の保守党内ではコンセンサス派と経済自由主義派が混在していたが、後者はまだ主流というには程遠かったのである。それでも、実像をどれくらい反映していたかは別にして、保守党の政策転換イメージが流布したことは、思わぬ副産物であった。

保守党にとって選挙の展望は決して明るいものではなかった。幾度も経済危機に見舞われたウィルソン労働党は、世論調査において保守党の後塵を拝してきたが、六九年に入ると、ジェンキンズ蔵相のもと国際収支の問題等経済状況が好転するといった好材料もあり（ただし、それに伴う賃金上昇がインフレを招き始めてもいたが）、七〇年に入る頃には保守党のリードはあらかた失われていた。五月の地方政府選挙で勝利を手にしたウィルソンは、好機を逃すまいと任期を一年残しながらの早期選挙に打って出たのである。自信に溢れたウィルソンに対して、ヒースはいかにも地味で、労働党勝利は火を見るより明らかである、そんな空気が政界やマスコミを支配していた。実際のところ、労働党の優位はそこまで盤石のものではなかったのであるが。

選挙戦における主題は、専ら経済問題であった。ＥＥＣ加盟再交渉問題については主要政党の指導部に一定の合意があり、ローデシアなど外交問題や、事態が悪化しつつある北アイルランド問題は、ほとんど議論されることがなかった。投票三日前には国際収支の推計が公表され、わずかな赤字であったが、保守党はこれを最大限利用することに努めた。ウィルソンは勝ちを確信しており、ヒースや同僚たちは敗北を覚悟していた。しかし、結果は予想を覆すものであった。保守党は四六・四％の得票で三三〇議席を獲得し、四三・一％で二八七議席に留まった労働党から政権を奪還することに成功する。

3 苦難に満ちた政権運営とコンセンサスの崩壊

ヒースにとって痛手だったのは、政権成立後ほどなくして、リベラルな指向を持つ同志であり、ライバルでもあったマクラウド蔵相が急逝したことである。彼は経済の専門家であるとともに、ヒースに欠けているコミュニケーション能力の持ち主であった。後任にはバーバーが昇格したが、他省庁の要求を抑えるだけの力強さに欠けていた。こののち七二年、モードリング内相がスキャンダルを機に辞任すると、閣内にはヒースと並ぶ地位や経験を持つ者はいなくなり、ヒースは専ら高級官僚や側近に頼る傾向を強めていく。

政権の座についてからのヒースは、内外の危機に翻弄されることになる。それを象徴するのが、「Uターン」という言葉である。「セルズドン・パーク・ホテルで打ち出された」市場主義への転換、戦後コンセンサスからの離別が、ヒースの意志の弱さによって結局うやむやになってしまったという批判である。これは特にヒース以後保守党を、そしてイギリスを席巻することになるネオリベラリズムの信奉者によって語られるヒース政権の姿である。ただし、そもそもどれくらいヒース、そしてヒース政権の閣僚達がイデオロギー的にネオリベラリズムを指向していたのかということが問われなくてはならない。ここでは、ヒース政権はむしろ戦後コンセンサスのなかの、国民の福祉・生活条件の向上に政府・国家が責任を持つということ、労働組合との対立を回避することといった要素と、経済成長を両立させることについては、発展的に継承する立場であったという立場をとる。市場中心の自由主義が右派との団結の必要もあってレトリック的に強調されていた面があったにしても、それは明白なイデオロギーに基づいた絶対のものと位置づけられていたわけではなく、それゆえに状況の変化に応じてプラグマティックに政策変更を行うことはヒースにとっては特に問題ではなかったため、ゆえに「Uターン」が生じたように見えたということである。

EEC加盟に向けて

ヒースは政権成立後、時を措かずしてEEC加盟交渉を再開する。マクミラン政権時の加盟申請において交渉役を務めたヒースにとって、EEC加盟はまさに悲願であった。彼はイギリスが経済成長を続けていくために、またヨーロッパが連帯して米ソに互していくことで世界的な発言力を維持するという点でも、EEC加盟を喫緊の課題ととらえていたのである。幸いにして、マクミランやウィルソンの加盟申請を拒絶したシャルル・ド・ゴール大統領の引退・死去に伴い、EEC諸国の側の受け入れ環境が整いつつあった。EEC予算への拠出金の規模や、コモンウェルスとの関係にからむ域外共通関税、そしてイギリスにとってメリットの少ない共通農業政策（CAP）の取り扱いなど難しい問題があり交渉は難航したものの、ヒースは七一年五月、フランス大統領ジョルジュ・ポンピドゥーとの頂上会談に臨み、一一時間にわたる長丁場の交渉の末、妥協点に到達することに成功する。引き続き下院で進められたEEC加盟法案の審議においては、パウエルをはじめとする四〇名程度の保守党議員の叛乱にあったものの、ジェンキンズら労働党内親ヨーロッパ派と自由党の賛成によって無事通過させることができた。

その後の関連法案の審議は難航を極めた。審議を長期化させないために法案は熟考を経て至極単純なものになっていたが、それでも反対派が条項ごとに反対・修正を試みたために長い時間を要することになった。これを乗り切るためには、長い時間と院内幹事フランシス・ピムの辣腕が必要だった。政府側はここでもジェンキンズ派や自由党による賛成や棄権に助けられた。最終的に七二年一〇月ヨーロッパ共同体法が成立、翌年一月の加盟実現を迎えることになる。

しかしながら、国民のEEC加盟への支持はいっこうに盛り上がりを見せなかった。交渉時から加盟実現に向け国内的支持を高めるべく、宣伝活動も進められてはいたが、食料価格の上昇、関税収入の減少や外国製品との競争など、CAPのもと生産物の価格上昇の恩恵をうけた農業関係者を除けば、むしろ短期的にはイギリス経済に負担をかけることにもなり、欧州統合の理念より経済的損得に基づいて加盟支持に転じていた人々には失望をもたらす結果となったのである。これは政党や議員、官僚たちにしても同様であった。イギリス経済はEEC加盟を機会として充分に生かせる状況にはなかったのである。イギリスは、加盟に先立つ七二年四月に成立していた通貨安定機構（「スネーク」）に参加していたが、通貨価値安定を支えるために必要な準備通貨を持たなかったために、わずか六週間で離脱するという失態を演じた。のちの七四年二月総選挙では、反EEC派の急先鋒となったパウエルが、反EEC派に向けて、加盟条件の再交渉を謳う労働党への投票を訴えるというハプニングも起こった。以後、保守党の中では欧州統合の進展にどういう立場をとるかという問題が、現在に至るまでくすぶり続けることになる。

苦難に満ちた経済運営

インフレーションを抑制して、大陸ヨーロッパ諸国に比べ停滞気味の経済を浮揚させること、それがヒース政権に課せられた使命であった。EECへの加盟も、労働組合の過剰な賃上げ要求やストライキ多発を防止して近代的な労使関係へ再構築しようとするのも、この目的のためであった。

政権を引き継いだ時点では内外の経済状況は良好であり、労働党政権が悩まされ続けた国際収支も黒字に転じていた。蔵相バーバーはマニフェスト通り貯蓄や投資を増やすことを目指して、所得税や法人税の減税を推進する。失業率が上昇の兆しを見せ始めたのは懸念材料だったが、景気刺激策はとられなかった。果たして七二年に入ると、思ったような生産の増加が見られない反面、失業率は戦後最悪となる四％を超え一〇〇万人に迫った。これは政府の過剰反応を呼び起こし、「成長への突進」と呼ばれる拡張的マクロ経済政策への転換をもたらす。生産を増大させ成長率を加速させることを目的に、七二年三月予算は社会保障費増額などの財政支出増と各種の減税措置を盛り込んだ拡張的なものとなったのである。これは政府が約束していた平均五％成長を実現するためにも必要とされた。これをうけて、七二年から翌年にかけてイギリスの成長率は急速な上昇を見せ、失業率も低下した。世に言う「バーバー・ブーム」である。

しかし、このような政策は、タイミングの上では最悪だった。この時期世界の先進工業諸国が同時に生産を増大させたことで、一次産品の価格が上昇傾向にあったからである。失業率は低下したものの経済は過熱気味となり、モノや労働力の逼迫が賃金上昇率を高め、インフレを加速させた。これはインフレ抑制を最大の目標とするという当初の主張に反するものだったため、他になんらかのインフレ抑制策を導入せねばならないことは必然であった。

ことになる。

後述のように、自発的枠組で目的が果たせなかったことで、一旦は否定したはずの物価・所得政策が再導入されることになる。

一方、国際収支は七二年後半頃から再び赤字に転じたが、これは、オイルショックによる原油価格上昇が始まる前の話であった。さらにオイルショックの影響が本格化した七三年後半になると、国際収支赤字および経済成長率の劇的な低下が予測されるようになる。あわてた政府は七三年一二月、緊急措置として大規模な支出削減に転じた。結果、七四年の経済成長率はマイナスにまで転落することになる。このようなマクロ経済の乱高下は、他の多くの政策分野に強い影響を与え、いくつもの「Uターン」を誘発することになる。

産業政策におけるUターン

ヒース政権の産業政策面での取り組みは、労働党政権時につくられた産業再編公社や価格・所得庁の廃止や、企業への補助金を減らし税控除などに代えるなどの措置から開始された。減税とならんで国家介入を減らすことによって、企業家の創意工夫が十全に発揮され、投資を増大させることで、経済成長を再加速させるというシナリオが書かれていたのである。

新たに通商産業省を率いることになったジョン・デイヴィスはイギリス産業連盟（CBI）の会長職にあった人物であり、経営不振に陥った企業の救済は税金の無駄遣いであるという見解を披瀝していた。一方で、党内自由経済派が望んでいた国有企業の脱国有化は、ブリティッシュ・レイルからトマス・クック旅行代理店が分離・民営化された程度で、きわめて限定的にしか行われなかった。コンコルドや海峡トンネル事業などの大規模プロジェクトも生き延びた。ヒース政権はむしろ公企業の存在を前提に、公共サービスの価格抑制政策を展開することになる。これは民間セクターの成長を阻害しないためであったが、反面これはむしろ国家介入の増大ともいえるものであり、公企業の財政を悪化させ結局は政府の補助金を増やすことにつながった。

いわゆる「Uターン」が最も早く始まったのは、産業政策分野においてである。七〇年一一月、経営危機に陥ったロールス・ロイス社を救済する方針が航空大臣コーフィールドから発表された。ロールス・ロイスは世界的に有名な自動車メーカーだったが、飛行機エンジン製造においてもイギリスを代表する企業であった。しかし、アメリカのロッキード社の新しい航空機に供給するために開発されていた新エンジンＲＢ２１１が多額の開発費を要したことを契機に、破産の淵に追い込まれたのである。ロールス・ロイスは翌年国有化されている。これに続いて問題になったのが、スコットランドのアッパー・クライド造船の救済である。破産状態に陥ったこの会社について、当初政府は救済の手をさしのべることを拒んだ。すると急進派に率いられた造船労働者たちは、ヤードの閉鎖に反対して会社を占拠し、操業を継続した。これに同情したスコットランドの労働者たちは、グラスゴーで大規模なデモ行進を行った。結局政府は、造船所の部分的存続を認めることになる。

こうした一連の救済劇は、「レームダックを救済しない」という宣言を裏切るものであった。ロールス・ロイスに関しては、国防に関連がある上、世界的に見ても高い技術力を有する企業を救済するという意味で国益にも適うという説明が一応可能であったかもしれないが、アッパー・クライド造船については、労働組合の職場占拠による産業不安や失業増加、そしてスコットランド・ナショナリズムを刺激することをおそれた後ろ向きの措置であるということから、党内からも不満が噴出することになった。

その後、政府はさらに産業への介入方針を強めていった。七二年に発表された白書『産業と地域の発展』をうけて成立した七二年産業法（Industry Act）は、イギリス経済や雇用に資する産業、開発地域における個別産業の選別的援助など、国家による選別的産業政策に回帰するものであった。民間企業の効率化・競争力強化に向けた努力が進まない中、しびれを切らした政府がＥＥＣ加盟を前にして梃子《てこ》入れをする必要を感じたことから導入されたものであるが、これも当初の方針を大きく裏切るものであった。次の労働党政権がこの法律を積極的に用いて国有化を拡大することになったのは皮肉と言うしかない。

労使関係および物価・所得政策の「Uターン」

保守党は、野党時の一九六八年にウィルソン政権末期のドノヴァン報告に対抗する形で政策文書『労働のフェア・ディール』を準備し、政権獲得後に備えていた。労働組合の登録制度、法的拘束力を持つ労使協約制度、労使関係裁判所の導入に加え、国益を損なうような産業でのストライキ決行にあたっては冷却期間と組合員による投票を義務化するといった新しい法的枠組みを設けることで、労使関係を「近代化」することを目指すものであり、政権成立後の労使関係法に直結するものであった。また、労働党政権時の法的な物価・賃金抑制政策は否定された。それでもヒースは労働組合や戦後労使関係に敵対しようとしたわけではない。労使関係の現代化は、賃金要求の穏健化を通じてコストプッシュ型インフレを抑制する役割を期待されるとともに、ドイツや北欧のように労使協調のもとで高い生産性を可能にすることが期待されていた。そこには労働組合の側が合理的に行動してくれるという期待あるいは楽観があった。

しかしながら、ヒースは組閣後二週間ほどで電力労働者のストに冷や水を浴びせられる形となる。政府は二十年非常事態法に基づく非常事態宣言を発令して対応したが、この後政権にある間計五回この措置をとらねばならなくなるとこの時点で予想していただろうか。しかし、早くも同年末にはゴミ収集や電力業でのストにより、再び非常事態宣言が発令されている。

ヒースは民間企業の賃金決定については自由交渉にまかせる方針をとったが、公共セクターの賃金については政府が責任を負うべきとしており、民間に模範を示す意味もあって七〇年秋に「Nマイナス一」政策を導入している。これは、公共セクター労働者の賃上げ交渉においては、前年度の上げ幅マイナス一％しか認めない方針で、所得政策に近い間接的介入であった。

一方、七一年に満を持して導入された労使関係法は早くから大きな壁に突き当たる。かねてから懸念されていたように、法的規制に反対する労働組合は組合登録制をボイコットすることによって、新設された労使関係裁判所の介入をすり抜けることができた。TUCにおいても、左派勢力が、TUC全体の方針として登録をボイコットさせ従わない組合は追放処分すべきという強硬な主張を展開しており、これがのち実際に公式の方針となった。企業側も労働組合のとの対立をおそれ、あえて労使関係法の趣旨に従おうとはしなかった。結局のところ、労使関係法は過度な賃金要求や争議行為の抑制にほとんど役に立たなかったのである。

賃金への圧力は七〇年秋頃から高まりつつあった。労働党政権時に実施されていた所得政策の反動や、インフレーションの進行、ポンド切り下げによる物価上昇に影響されたものである。なかでもヒース政権を最後まで苦しめることになる、炭鉱労働者の全国ストが勃発するのは七二年一月のことであった。全国炭鉱労組（National Union of Mineworkers: NUM）は戦間期の二七年以来ストライキを行っていなかったが、六〇年代以降閉山が続いたことから雇用喪失への危機感が強く、賃金も抑制気味であったことで不満を蓄積させていた。また、のちサッチャーと対決したことで悪名高いアーサー・スカーギルら、新たな急進派が主導権を握りつつあった。炭鉱労働者は多人数のピケ要員によって貯蔵石炭へのアクセスを妨害し、発電所の操業を麻痺させることに成功した。日頃過酷な労働に従事する炭鉱労働者の果敢な争議行為に同情が集まり、鉄道労働者も予備の石炭を運搬することを拒むなどの支援を展開した。危機の長期化をおそれたヒース政府は、ウィルバーフォース卿を長とする調停委員会にNUMの賃金要求に関する調査を委ね、結果として大幅な賃上げに加えて有給休暇や年金などを認めることになった。このNUMへの屈服は、党内で一種のトラウマとなる。

前述の通り、ヒースは労働党政権下の法的手段による所得政策を否定していたが、労使関係法による以外にインフレ抑制の手段を見出せずにいた。NEDCなど三者協議の場を用いてインフレ抑制のための自発的枠組み形成への努力が続けられていたが、インフレの進行と賃上げ要求の高まりに直面した政府は、七二年九月、年率五％の成長と物価・賃金の抑制に低賃金労働者や年金労働者への配慮をもりこんだパッケージをTUC、CBIなどの代表に提示した。しかし、この提案はTUCの支持を得られなかったため、ヒースはついに法的規制に乗り出さざるを得なくなる。七二年一一月、九〇日間の賃金、物価、配当、家賃の凍結が発表され、引き続いて「カウンター・インフレーション（一時的措置）法」が導入されている。これがいわゆる物価・所得政策の「ステージⅠ」である。保守党内でもパウエルなど、このUターンに不満の声がなかったわけではなかったが、プラグマティックな対応であると評価する声が大勢であった。これらの措置に対し、労働組合は価格凍結の不備による不公平を訴えたが、表だっての対決は回避された。ステージⅠのもとで好景気が維持されたことに自信を得たヒースは、時限的措置の終了後、これをさらに六〇日間延長し、個別の賃金要求ケースを検討するため、賃金委員会を設けるなどしている（「ステージⅡ」）。

しかしながら、ここで再びNUMの賃上げ要求がヒースを苦しめることになる。ヒースは物価・所得政策のステージIIIへの再延長を目指していたが、七三年七月TUC幹部との会合の中で、NUMの賃金要求を抑制できるかどうかについて見通しを尋ねている。ステージIIIには時間外労働への支払い増などが盛り込まれ、一一月上旬には新たな法案が下院を通過している。

折悪しく、中東ではヨム・キプル戦争（第四次中東戦争）が勃発していた。のちOPECは石油の供給量を削減し、価格を四倍につり上げることで、イスラエルを支持する西洋諸国に圧力をかけた。このことは、燃料としての石炭の需要および炭鉱労働者の戦闘力を著しく増大させることになる。NUMの賃上げ要求は、ステージIIIに真っ向から対立するものであり、ステージIIIの枠組の中で、炭鉱労働者の要求を「特別ケース」として承認できるかが焦点となった。炭鉱労働者の賃上げを認めることで、相対的賃金差を重視する他の労組の賃上げ要求を誘発することが懸念されたのである。

一一月一二日、全国石炭庁の賃上げ案を拒否した炭鉱労働者たちが時間外労働を停止した。これを受けて、翌日には非常事態宣言が発令されている。石油不足に対して、石油会社等への供給削減やドライバーへの速度制限要請など、必死の対策が続けられるが、一二月に入ると、さらに電力を供給するのに十分な石炭が調達できない恐れが生じてきた。鉄道労働者がNUMに協力して石炭輸送列車の徐行運転を開始するなど、労働組合側の攻勢が続く。電力不足もあり、年末には週三日労働が導入されている。党内では七二年の轍を踏みNUMに屈しかねないヒースに対する不満が蓄積されていく。

NUMとの対決

保守党内部では、調査局を中心に選挙の時期およびマニフェストについて、検討が進められていた。当初は経済が危機状態にある中で早期解散・選挙に踏み出すことに慎重な意見が強かったが、次第に経済回復の見通しがたたなくなってきたこともあり、時間が推移するほど与党に不利になるという危機感が拡大していった。そして、さらに時間が進むにつれて、閣僚、党幹部、政治顧問らのほとんどが早期選挙を訴えるようになっていった。それでもヒースは、NUMとの交渉に最後まで期待し続ける。労働組合との全面対決は彼の望むところではなかったのである。しかし、七四年一月に入って、NUMの賃上げを例外と位置づけ他の労働組合はこれを賃金上昇の理由にしないようにする旨のTUCからの申し出が数度にわたってあったにもかかわらず、TUC執行部が参加組織を統制できるという保証がないと考えたヒースは、この提案を受け入れることができなかった。

一月三〇日、相対的賃金格差の検討に基づく賃金委員会の賃上げ案が報告され、二月四日ヒースはこれに基づいて最後の交渉に臨むが、NUMはこの提案を拒絶する。結局、翌日NUMがスト決行を問うた投票において組合員の八〇％強の支持を得たことを知ったヒースは、二月七日に女王に下院の解散を申し出る。解散理由は、選挙での勝利によって国民の明確な委任を再確認することで、NUMとの交渉妥結を進める権威を確立するというものであった。

しかし、この選挙は展望のある選挙ではなかった。まだ政権ができて三年と八カ月、任期は一年余り残っており、選挙に向けた十分な準備があるとはいえなかった。加えて、議員達は七〇年選挙で否定されていたはずの所得政策を守るために闘わなければならなかった。さらにいえば、選挙で勝利したとして、それが労働組合との関係において本当に優位を獲得することになるのかという究極の問題も残されていたのである。ヒースはこのような大勝負に打って出ながら、労働組合と正面切って対峙することはできれば回避したいと考えており、労働組合が忌避する労使関係法の見直しすら匂わせていたからである。

所得政策に拘ったヒースを責めることはできまい。当時の経済理論の状況ではコストプッシュ・インフレの抑制策として自然な政策であり、ちょうど同時期にアメリカのニクソン大統領が採用していた政策でもあったからである。前言を翻して必要と考える政策転換を行ったヒースのプラグマティズムはそれとして評価できるだろう。ただし、政策の合理性に信を置きすぎるところのあるヒースには、政治的な計算やマヌーバーをよしとしないところがあった。これは彼が置かれることになった危機的な状況における政治的決断の遅さにつながったことは否めない。

北アイルランド紛争

北アイルランド紛争が始まったのはウィルソン政権期であるが、事態を収拾するためのイギリス政府による本格的な努力が開始されたのは、ヒース政権でのことである。七一年七

コラム5-1　北アイルランド問題

ボグサイドのアパート壁面に描かれた火炎瓶を持つ少年（力久昌幸撮影）

アイルランドが自治・独立した際，人口比においてプロテスタントが多数派となっていたアイルランド島北部アルスター地方（正確にはアルスター9州のうちプロテスタントの割合の高かった6州）がイギリスに残留し，その中で自治権を獲得した。北アイルランドのプロテスタント（イギリスとの連合体制を維持することを主張するため，「ユニオニスト」と呼ばれる。一方，暴力の行使も辞さない急進派は「ロイヤリスト」と呼ばれる）は，自らに有利な選挙制度（財産に基づく投票数，小選挙区制の導入，ゲリマンダリング）により北アイルランド議会の多数を握り，警察や義勇軍により治安を維持した。これに対してカトリックは，社会的経済的に様々な差別を受け続けることになる。イギリス政府はこうした厄介ごとをすべて現地の政権に委ねた。

この状況に変化が生じるのは，アメリカのマイノリティたちの公民権運動に刺激され，アルスターにおいてカトリックによる公民権運動が開始される1960年代後半のことである。時の北アイルランド首相テレンス・オニールは宗派間の融和を目指す改革に着手するが，この動きを裏切りと見たプロテスタントは暴力による解決を目指す。「トラブル」(the Troubles) の到来である。69年にはアルスター警察や自警団組織によるカトリック運動家の弾圧が進められたが，力による抑圧はさらなる反発を呼び，同年八月デリー市（ロンドンデリー市）ボグサイドにおいて大規模な暴動が発生したのを機に，イギリス政府も介入に踏み切らざるをえなくなる。

南北アイルランドの統一を目指す急進的なカトリック（＝「リパブリカン」。より穏健なカトリック勢力は「ナショナリスト」と呼ばれる）の悪名高い準軍事組織「アイルランド共和軍」(IRA) は六九年頃西ベルファストで復活している。さらに翌年には内部分裂からより急進的な「IRA 暫定派」（アイルランド共和国への統合が実現するまでの体制はすべて暫定的なものであるという意味）が分離し，主導権を握った。カトリックもプロテスタントも，自らの仲間を守るためと言いつつ，テロを繰り返した。ヒース政権時の72年にはイギリスによる直接統治が開始されている。新たに権力分有政府という枠組に基づく自治を回復させようという努力がなされたものの，ユニオニストの抵抗の前にその試みは破綻した（本文参照）。

その後も政治的暴力は止まず，イギリス本土においても爆弾テロにより多くの犠牲者が出た。特にIRAは「投票箱と機関銃」政策の下，テロと政治的手段を使い分けながら活発な活動を繰り広げた。79年のマウントバッテン卿暗殺事件など，多数の政治家も標的となった。84年ブライトンで開催された保守党大会では自動車爆弾が炸裂し，サッチャーは辛くも難を逃れている。北アイルランド双方における政治的暴力による死者は，現在までで3500人を超えている。

80年代に入っても北アイルランド各派の協力はいっこうに進まなかったが，間接的に和平につながるような，国境を越えた取り組みが進み始める。南北アイルランドの穏健派カトリック（ナショナリスト）勢力は，「新アイルランド・フォーラム」を設置して将来の統一に向けた話し合いを開始した。保守党政府も和平に向けた取り組みを進めていた。サッチャーはテロに対しては厳しい態度をとり続けたが，85年に「イギリス・アイルランド協定」を結び，イギリス・アイルランド間の政府間協力の基盤を築いた。メイジャー政権期の93年にはアイルランドとの共同で「ダウニング街宣言」が公表され，イギリス・アイルランドが共同で問題解決を行う意思が再確認され，95年には自治回復後の北アイルランドの政治体制についての案が「枠組み文書」として発表されている。

その後，ブレア政権成立後，イギリス，アイルランド両政府代表にIRA代表を含む北アイルランドの各派の代表が参加した円卓会議が開催され，和平交渉が進められた。これを受けて98年4月に成立した「ベルファスト合意」(「聖金曜日合意」)では，北アイルランドの帰属は住民の意思に基づいて決せられること，カトリック・プロテスタント双方の武装勢力が武装解除すること，権力分有原理に基づく北アイルランド地域議会と自治政府が設置されることなどが定められた。和平案の是非を問う住民投票では，71.1％が賛成票を投じた。武装勢力の武装解除や諸勢力の意見の食い違いから，自治政府は幾度も機能停止に陥ったが，07年には地域議会選挙が実施され，自治政府も動き始めた。権力分有原理に基づく地域政府では，民主アルスター党，シン・フェイン党，社会民主労働党，アルスター・ユニオニスト党の主要四党が，選挙結果に応じた閣僚ポストを配分されている。北アイルランドの将来の帰属は未だ明らかではないが，政治的暴力は少しずつ収束に向かいつつある。

月、ＩＲＡを抑え込むためにアルスター六州にインターンメント（裁判なしの拘禁制度）が宣言された。しかしながら紛争は収まる気配を見せず、翌七二年は爆弾テロが頻発する最悪の年となった。最も有名なものは、一月三〇日のイギリス軍がカトリックデモ隊に発砲して一三名を死亡させた「血の日曜日事件」である。アルスター住民の反英感情は高まる一方であり、イギリス軍兵士の犠牲も増えていった。

北アイルランド自治政府が事態を収拾できないとみたヒースは、三月に北アイルランド自治を停止し、直接統治に乗り出す決断を下し、ウィリアム・ホワイトローを北アイルランド担当相に任命する。こののち六月ＩＲＡとの間で一時停戦が実現され、ホワイトローがジェリー・アダムズ（のちのシン・フェイン党指導者）らＩＲＡ幹部と秘密交渉を行っているが、ＩＲＡ側がイギリス軍の撤退を求めたため合意にはいたらなかった。その後もホワイトローは自治を回復するための新しい枠組みを模索し、ウェストミンスター型の多数派支配とは異なる、プロテスタントとカトリックの権力分有に基づく新たな議会（名称は Northern Ireland Assembly）が七三年七月に設置され、プロテスタント、カトリックの穏健派諸政党が参加している。この議会によって選ばれる政府代表（Executive）が総督の指導の下で自治を行うものとされた。

七三年一二月、イギリス政府とアイルランド政府、北アイルランド政府代表との間で、サニングデール協定（権力分有型の北アイルランド自治政府、「南北アイルランド協議会」の設置）が結ばれた。これは、紛争解決を純粋な国内問題とせず、アイルランド共和国の紛争解決のスキームに導き入れようとした点など、後のイギリス・アイルランド協定につながる発想が含まれていた。しかし、この枠組は、支配体制を復活させたいユニオニストにとって、容易に受け入れられるものではなかった。協定に基づいて翌七四年一月には権力分有型の北アイルランド自治政府が設立されたものの、アイルランド協議会の設置は即座に拒否され、さらに三月になるとロイヤリストはアルスター労働者協会（Ulster Workers' Council）主導によるゼネストを展開して、サニングデール協定を一気に葬る挙に出る。これにより北アイルランド自治政府首相ブライアン・ファルコナーは辞任、サニングデール協定は事実上崩壊してしまう。

4 一九七四年の二つの選挙

宙づり

七四年二月総選挙は、どの政党も過半数を獲得できない、いわゆる「宙づり議会」(hung parliament) を生み出した。保守党は二九七議席（三七・九％）となり、三〇一議席（得票率三七・二％）を得た労働党が議席数では第一党となったが、いずれも過半数に達しなかった。第二次大戦後戦後平均して九〇％を超えていた二大政党の得票率が七五％まで激減し、これ以後この傾向が続いていくことになる。

宙づり議会となったこともあり、一四議席を獲得した自由党（得票率一九・五％）や地域政党の進出（スコットランド国民党は域内で二一％を獲得）が注目を浴びることになった。自由党は、ヒース政権に失望したミドル・クラスや、新しい有権者の支持を集めていた。自治・分権を求めるスコットランド国民党への支持が増加したことも、イギリスの一体性を重視する保守党にとっては難題であった。北アイルランド問題の余波も大きかった。サニングデール協定に基づく権力分有政府の設置に反対するウィリアム・クレイグやイアン・ペイズリーら強硬なユニオニスト（ロイヤリスト）らが拠る「連合アルスター・ユニオニスト会議」が、過半数の支持を集めて一一議席を獲得したからである。それまでながらく北アイルランドの議席を独占してきたアルスター・ユニオニスト党（UUP）はウェストミンスター議会においては事実上保守党議員として行動してきたが、反サニングデール派にその役割を望むことはできなかった。

ヒースはすぐには敗北を受け入れなかった。過半数を獲得できなかったとはいえ、それは労働党も同じである。ヒースは恥を忍んで自由党党首ジェレミー・ソープと会談し、連立政権形成を呼びかける（ただし、自由党と組んだとしても過半数には達しなかった）。しかしヒースは対価として、閣僚ポスト一つと選挙制度改革のための議長委員会（Speaker's Conference）の開催しか提示することができなかった。保守党の議員たちが自由党の望む比例代表制の導入を支持することは到底考えられなかったからである。ソープは関心を持ったようであるが、比例代表制導入の導入が確約されなかったことで、自党の支持を得ることができなかった。ここでヒースは観念し、女王に辞任の意思を伝え、了承される。

野党となった保守党内にはヒースへの不満がくすぶっていた。政権の座にいた時に多くの政策で「Uターン」に追いこまれ、インフレーションや労働組合に対して断固とした措置をとれなかったことで、党執行部と党員の心理的な距離が拡大していたのである。それでも、与党労働党も過半数を得られない状況の下で、程なくして選挙が行われることが確実視されていた。これは党首交代も大規模な政策の変更もできないという手詰まり状況を生み出したのである。

経済政策における異論も拡大していた。既に政権時から、党内には「セルズドン・グループ」というネオリベラリズムを信奉する議員達の活動が始まっていた。下野後には前社会保障相ジョゼフが影の内閣を離れ、経済政策の抜本的な改革を指向するようになった。彼は保守党中央事務局とは独立したシンクタンク「政策研究センター」(Centre for Policy Studies : CPS) を立ち上げ、その所長となった。副所長の地位にはサッチャーが就いた。CPSではマネタリズムを基軸に据えた経済政策の刷新を党内に浸透させていくことが目指された。しかし、選挙を前にして行われた経済政策の再検討のなかで、ジョゼフの考え方が受け入れられることはなかった。サッチャーを除く当時の保守党の幹部達にとって、完全雇用よりインフレ抑制を優先するジョゼフのアイディアは、政治的にも道徳的にも受け入れがたいものと感じられたのである。しかし、次第に影響力を強めていた保守党のネオリベラル派は、その後もヒースとその経済政策に対する批判を繰り返した。

結局ヒースは次期総選挙に向けて政策の基本線を変更することはなく、むしろ労使関係法（労働党政権によって廃棄されていた）を再導入しないことを表明したり、経済危機克服のための挙国一致連合政権形成を提示して国民全体が一致団結することを訴えるなど、微温的な態度をとり続けた。

敗北

この年二度目の選挙は一〇月に実施された。選挙結果は与党労働党が三一九議席（三九・三％）、保守党は二七七議席（三五・八％）、自由党一三議席（一八・三％）となり、労働党は他党の合計よりわずか三議席多かっただけであったが、辛うじて単独過半数を獲得することに成功している。ヒースは党首として一〇年以内に四回総選挙を戦い、三回の敗北を喫したことになる。選挙戦は盛り上がりに欠けるものだった。攻守は変われど二大政党の党首の組み合わせが変わらない選挙が四度も続いたのは初めてであった。

明白な敗北を喫したことで、保守党内の関心はヒースの去就に集中することになった。ヒースはおよそ一年の間辞任を拒み続けるが、党内の批判の高まりを受けて、党首選挙規定の改正を余儀なくされる。規定の改正を主導したヒュームは、党首選の毎年実施、（投票数ではなく）全下院議員の過半数プラス一五％の得票差という勝利条件の変更に加え、第二回投票以降の参入を可能にするという事実上〝ヒースを降ろしやすくする〟改正を行った。これを受けて七五年に実施された党首選で、ヒースはサッチャーの挑戦を受けることになる。影の閣僚や年配の議員、そして党内左派の多くはヒースを支持したが、バックベンチャーやEEC加盟反対派、党内右派の議員たちはサッチャー支持にまわった。結果はヒース一一九票、サッチャー一三〇票となり、勝負は一回では決しなかったが、もはや自らの支持が失われたことを知ったヒースは、第二回投票への出馬をあきらめた。彼は選挙による党首選で初めて勝つとともに、初めて敗北した党首となったのである。

一介のバックベンチャーに戻ったヒースは、ウィルソン政権で実施されたEEC残留を問うレファレンダムにおいて、自らのほぼ唯一の成果であるEEC加盟を守るために奔走した。それ以後も、不人気をかこち続けたサッチャーに比べ相対的に高い支持を得続けたものの、影の閣僚への復帰を求める声については、これを固辞し続けた。サッチャー政権成立後、新首相からアメリカ大使の地位を提示された彼は、これを拒絶している。この地位は名誉なものではあるが、事実上お払い箱にされることを意味していたからである。彼は二〇〇一年に引退するまで、イギリスを席捲することになったサッチャリズムに対する反対の立場を取り続けた。

私生活

ヒースの政治生活は苦い終わり方をしたかもしれないが、その私生活は多彩であった。もともと彼は多趣味な政治家で、セーリングやアマチュア音楽家など、幅広い活躍を見せた。セーリングにおいてはヨット「モーニング・クラウド号」を駆り、七〇年代にシドニー・ホバートやアドミラルズ・カップなどいくつかの国際レースを制している。音楽ではオルガンを愛し、首相官邸にピアノなどを持ち込んだ。引退後はアマチュア指揮者として時にロンドン交響楽団などのオーケストラを指揮した。彼には政治家としての回顧録に加えて、旅行、音楽、セーリングそれぞれについて著作があり、国民に広く親しまれている。

参考文献

細谷雄一編（二〇〇九）『イギリスとヨーロッパ――孤立と統合の二百年』勁草書房。

毛利健三編著（一九九九）『現代イギリス社会政策史　一九四五～一九九〇』ミネルヴァ書房。

Ball, Stuart and Anthony Seldon eds. (1996) *The Heath Government 1970–1974: Reappraisal*, Addison Wesley Longman.

Ball, Stuart and Anthony Seldon eds. (2005) *Recovering Power: The Conservatives in Opposition Since 1867*, Palgrave.

Beckett, Andy (2009) *When the Light Went Out: Britain in the Seventies*. Faber and Faber.

Butler, David and Pinto Duschinsky eds. (1971) *The British General Election of 1970*, Macmillan.

Butler, David and Dennis Kavanagh eds. (1974) *The British General Election of February 1974*, Macmillan.

Butler, David and Dennis Kavanagh eds. (1975) *The British General Election of October 1974*, Macmillan.

Campbell, John (1993) *Edward Heath: A Biography*, Jonathan Cape.

Cockett, Richard (1994) *Thinking the Unthinkable: Think-Tanks and the Economic Counter-Revolution, 1931–1983*, Harper Collins.

Dixon, Paul (2008) *Northern Ireland: The Politics of War and Peace, 2nd edn.*, Palgrave.

Heath, Edward (1998) *The Course of My Life*, Hodder and Stoughton.

Holmes, Martin (1997) *The Failure of the Heath Government, 2nd edn.*, Macmillan.

Macshane, Denis (2006) *Heath*, Haus Publishing.

Ramsden, John (1996) *Wind of Change: Macmillan to Heath, 1957–1975*, Longman.

第6章　労働組合の時代
——第二次ウィルソン・キャラハン政権　一九七四〜七九年——

梅川正美

ハロルド・ウィルソン，ジェームズ・キャラハン（共同通信社提供）

本章は一九七〇年代後半のウィルソン第二次内閣とキャラハン内閣を扱う。本章の題を「労働組合の時代」としたが、これは二つの内閣が労働組合の力で形成され破壊されるからである。この時代は組合が非常に強い力をもっており、両政権は組合に振り回される。第1節と第2節がウィルソン政権である。同政権の政治基盤は弱かったので、組合の力に依存して選挙に勝ち、政権を維持する。第3節と第4節はキャラハン政権を扱う。キャラハンは協調の人である。しかしこの協調の精神はもっぱら労働組合に対して発揮される。当時のイギリスが直面していた経済危機を首相は組合の協力で乗り切ろうとするが失敗する。その悲劇的な様子を見る。

本章で論じるウィルソン第二次内閣とキャラハン内閣は、一九七〇年代後半における約六年間の労働党政権である。通常の政権であれば、下院における多数派議員を基礎とする。ところが両政権を支える労働党の下院議員数は、わずか九ヵ月間をのぞいて、下院議員総数の過半数に達しない。その困難な状況を、両首相は労働組合の支持と、独特の政治手法でのりきる。この章ではその内容について触れる。

1　労働組合に支えられたウィルソン

ウィルソンの政治家としての特徴については第4章において述べた。そこでさっそく首相の政治について語るが、この政権は、前に述べたように、少数政権であった。総選挙の直後には、どの党が多数党で、誰が首相になるべきか、よくわからない状態である。

首相は誰なのか

一九七四年二月二八日、それまでの首相であり保守党の党首であったエドワード・ヒースにとっては運命的な総選挙が行われた。その結果は、労働党が三〇一議席、保守党が二九七議席、自由党が一四議席、その他が二三議席である。労働党の議席は最大であり、保守党議席を四議席超えるが、総議席の過半数である三一八議席には一七議席不足する。ところが得票率では保守党が三八・一％で労働党が三七・二％であり、得票率では保守党が労働党をわずかに超過する。

保守党は第一党になることができなかった。しかし、保守党のヒース首相は、他の小政党と連立することができれば、政権の維持が可能であった。ヒースは三月一日から連立工作をくりひろげる。第一のターゲットは自由党であった。連立の条件は、自由党から大臣を登用すること、さらに選挙制度改正やヨーロッパ経済共同体への関係改善および地域分権について自由党の意見を取り入れることであった。

自由党が獲得したのは一四議席にすぎなかったが、得票率は一九・三％である。もし選挙制度が得票率を議席率に正確に反映する制度であれば、自由党は一二二議席を獲得したはずである。だから選挙制度を改正して比例代表制度を導入することは自由党の悲願であった。さらに彼らはヨーロッパに対して否定的であり、分権には熱心であった。保守党は、いずれの政策でも自由党とは対立していた。しかしヒースは三月三日の夜、自由党の政策に配慮すると述べて連立を申し込む。

三月四日の午前、自由党は主要な議員を集めて会議を行い、ヒースの提案を検討する。しかし自由党議員たちの保守党への不信を拭い去ることはできなかった。二月二八日の総選挙でも自由党議員は保守党候補者から激しく攻撃されたばかりである。自由党の党首であったジェレミー・ソープは連立拒否を決断し、同日午後五時頃ヒースに伝達する。ヒースはアイルランドのユニオニストにも連立を呼びかける。たしかにユニオニストは一九六〇年代まで保守党と連立していた。しかし一九六〇年代末から北アイルランドは内戦状態になる。これ以降、保守党とユニオニストの関係は切断されており、ヒースの連立工作は失敗する。

三月四日午後六時半、ヒースはエリザベス女王と会って辞任し、ウィルソンを首相に任命するよう助言する。午後七時半、ウィルソンがバッキンガム宮殿に呼ばれて首相の任命を受ける。こうしてウィルソンは首相になるのだが、この一連の経過が示すように、議会で過半数を持たないウィルソンの首相としての力は弱いものである。

一般の世論では、即座に次の総選挙を行う必要があるというムードが強かった。ウィルソンは同年一〇月に総選挙を行い、労働党は過半数をわずか一議席超えるだけの三一九議席を得る。これは二月選挙の時よりも多い議席であるが、一九七五年六月には過半数を失う。労働党政府は、その後一貫して少数与党となり、困難な議会運営をしいられる。労働党の内部でも、左派との協調を余儀なくされウィルソンやキャラハンに反対ばかりしているトニー・ベンなども閣僚として抱えこむ。外部では労働組合の力に依存する。そのために所得政策を実行することができなかった。さらに自由党や「スコットランド国民党」（SNP）などの協力を得るために自由党などの政策に気を使い、自分の政策を実行する政府にはなれなかった。

社会契約

ウィルソンとキャラハンの政権の特徴は、少数与党であることだと前に述べた。これを第一の特徴とすれば、第二の特徴は政権と組合の緊密な関係である。ウィルソンはこれで選挙に、辛うじて勝利す

コラム6-1　TUC（労働組合会議）

多くの労働組合をまとめるために結成された総括的な組織である。1868年に結成され，すでに1914年の組合員は250万人を数える。その後，組合員は増加し1974年は約1000万人を超え1979年は約1200万人となる。TUC 執行部の委員会は「総評議会」であり，主要な組合の幹部が委員になる。TUC の代表者は総書記であり，本章が対象にしている1970年代後半の総書記はライオネル・マリーである。労働党は，その結成当初から労働組合を団体会員としており，労働組合によって支えられている。労働党と労働党政府に対する TUC の影響力は大きい。キャラハン政権時代は，その発言力がやや大きくなりすぎた時である。

る。一九七四年二月、労働党は総選挙での選挙公約で「社会契約」を強調する。ウィルソンの労働党が社会契約をしたとなると、あたかも同党が、イギリスのすべての人々すなわち国民と契約をむすび、これを選挙公約として政権を握ったかのように思える。しかし実際はちがう。ウィルソンは一般市民の意見を公平に聴取したのではなく、労働組合の幹部と話し合ったにすぎない。当時イギリスのほとんどの組合をまとめていた全国組織が「労働組合会議」（ＴＵＣ）（コラム6－1参照）である。労働党はこのＴＵＣの幹部と契約をむすび、これを「社会契約」と称して、あたかも国民と契約したかのようなイメージを持たせた。

このようなやり方がウィルソン・キャラハン政権の成功と失敗の原因である。労働党は、労働組合を一つの重要な組織的基礎としてはいるが、もともと組合以外の労働者階級の人々も重要な支持者としており、中産階級にも多くの支持者を持っている。労働組合は、かならずしも労働者階級の代表ではないし、ましてや中産階級の代表でもなく国民の代表でもない。だから労働党が、その支持基盤として、労働組合だけを尊重するなら、これは、党の基盤を自ら狭くする自殺行為である。

しかし支持者が少なくなっていた当時の労働党にとって組合の支持は貴重であった。そこでウィルソンは組合を頼りにする。その結果、組合をあたかも人民の代表であるかのように扱い、組合との契約にすぎないものを社会契約と呼んだ。これは労働組合の指導者に、彼らが内閣を左右できるという意識を抱かせた。その結果、政府は組合の了解を得なければ政策を実行することが困難であるような状況に陥る。

社会契約の内容を簡単に言えば、以前の保守党ヒース政権が立法した組合規制の制度である労使関係法を廃止して組合の行動を自由にすること、さらにインフレを解決するためには賃金の規制ではなく商品の価格上昇を規制することをうたっている。ウィルソンは一九七四年の政権奪回ののち、ヒースの労使関係法を廃止して組合を自由にする。この点では社会契約を実行した。しかし他方で、インフレを撃退するために所得政策を打ち出す。所得政策は賃金を規制するものであり労使交渉を拘束し、組合の行動を規制する。この政策は社会契約とは矛盾する。

政府の側からすれば、インフレの解決のためには商品価格規制だけでは不足であり賃金の上昇も規制しなければならなかった。特に、財政支出削減のためにも公務員の賃金抑制は不可避であり、そのためには民間の賃金の抑制も必要であった。これが労働党政府と労働組合の継続的な紛争をひきおこす。

しかし一九七四年と一九七五年の時期には、TUCの幹部は、政府の政策に対して、まだ協調的であり、賃上げが物価上昇を超えないように指示を出している。これに対して全国炭鉱労組などが反発し二五％の賃上げをかちとっているが、組合の反発は、このころはまだ少なかった。一九七五年のTUCの大会では、TUC指導部のジャック・ジョーンズは全労働者に同一額の賃上げを提案している。

大会はこの提案を了承し「週六ポンドの一律引き上げ」を決める。この「週六ポンド」原則は政府側とTUC側で合意されたものであり八月一日から実施される。このようなTUCの自主規制は、当然にも諸組合の反発を招き、TUCの幹部の指導力は衰退していき、TUC内部の意見対立が表面化する。

TUCの意見の分裂はイギリスの外交政策に関しても起きる。特に当時の最も重要な外交問題は、イギリスが「ヨーロッパ経済共同体」（EEC）とどのような関係を結ぶべきかという点にあった。イギリスは一九七三年にヒース首相の時EECに加盟した。しかし、これは間違いだったと考える人は、労働組合ばかりでなく、保守党の中にも、労働党の中にも、ウィルソン内閣の中にもいた。このように分裂した状態で、ヨーロッパに対する外交方針を決定することは首相にとって容易なことではなかった。そこでウィルソンはEECに残留するか脱退するかについて一九七五年に国民投票を行うことにする。

2　EEC国民投票とウィルソンの辞任

罵倒されるウィルソン首相　EECについての国民投票は六月五日に予定されていた。その二日前になる六月三日の夜、首相ウィルソンはロンドンのセントパンクラスの公会堂で演説をしようとする。テーマはEEC残留の是非である。ウィルソンの聴衆は労働組合の関係者であり労働党員である。だからウィルソンにとっては支持者のはずだった。ところがウィルソンが演説を始めた瞬間から聴衆が騒ぎ始めて罵声をあびせる。

「帰れ、帰れ、帰れ、
裏切り者、
われわれはトニー・ベンを待っているのだ」。

聴衆とウィルソンは約四〇分の押し問答を行う。結局、首相は準備した演説原稿を投げ捨てて帰る。しかし、なぜこのようなことになったのか。聴衆は労働党と敵対する保守党の党員でもないし極右でもない。ウィルソンを最も強く支えるはずの労働党関係者である。ところがウィルソンはEEC残留派であるのに対して、ここに登場する労働組合員は脱退派であった。聴衆が請求した政治家であるトニー・ベンは脱退派の指導者であった。

では両派の考えは、どのように違っていたのか。まず残留賛成派組織であった「ヨーロッパにおけるイギリス」（BIE）が行った宣伝は、第一に平和であり、第二次世界大戦のような戦争をさけるためにはEECが必要であるという。第二が繁栄である。イギリスがヨーロッパ諸国と貿易を行うに際しても、イギリスの経済的繁栄や雇用や食糧供給などにとっても、ヨーロッパとの協力は重要であると強調する。

残留反対論は、反対派組織の「全国レファレンダム運動」（NRC）によって宣伝された。第一に、イギリスの経済的繁栄については、むしろヨーロッパから独立することが有利であると主張する。たとえば子供のミルクの価格を比較して、ドイツやフランスの高価格がイギリスに強制されるのを拒否せよと述べる。第二がイギリスの自立性の主張である。イギリスの政治についても経済政策についても、ＥＥＣにとどまったのではヨーロッパに拘束されるので、これから脱退してイギリスの自立性を取り戻したいと述べる。

労働党の首相であるウィルソンは、ＥＥＣには、むしろ肯定的である。しかし労働党大会は概してヨーロッパに否定的であり、イギリスがＥＥＣに加盟してきたことについても不快感を持っていた。労働組合の全国組織であるＴＵＣも一九七四年九月の大会でＥＥＣ脱退を決め、一九七五年には、その表現をやや緩和しながらも否定的な態度を維持していた。

大きないくつかの組合の間にも意見の違いがある。ＥＥＣから脱退するべきだと考えるのは運輸一般労働組合、科学・技術・管理者組合などである。ＥＥＣに残留してヨーロッパと協調した方がいいと考えるのは、一般・自治体労働組合、商店・流通関係労働組合、全国鉄道労働組合などである。

労働党の議員の間にも、内閣の中にも、残留賛成者と反対者がいる。本来なら内閣は首相の指揮下で一致団結して議会に連帯責任をとらなければならない。しかしウィルソンはこの責任を放棄して、賛成と反対のいずれの立場で発言してもよいという自由を、すべての大臣に与えた。主な賛成派は、首相ウィルソン、大蔵大臣のデニス・ヒーリー、外務大臣のジェイムズ・キャラハン、環境大臣のトニー・クロスランドらである。主な反対派は産業大臣のトニー・ベン、健康社会保障大臣のバーバラ・カースル、雇用大臣のマイケル・フットらである。

ところが首相は、自分の意見でリーダーシップを発揮して内閣と議会を統括する力をもたない。そこで首相がとった狡猾な方法は、国民の意見を使って内閣と労働党を抑え込むという戦術である。ウィルソンは、国民に投票してもらえば賛成派が勝利して内閣も労働党も自分の指導に従うだろうと考えて、国民投票を行うことにする。

保守党も残留賛成派と反対派に分裂していた。保守党における賛成派は党首のマーガレット・サッチャー、前党首のエドワード・ヒース、保守党で最も権威をもっていた議員のホワイトローらである。反対派は北アイルランドの戦闘的なユニオニストであるイーノック・パウエル、重鎮の議員であるエドワード・デュ・カンらである。賛成派も反対派も、保守党や労働党の枠を越えて協力した。

国民投票にむけて、社会的には賛成派と反対派の運動組織がつくられる。賛成派組織と反対派組織は、前に紹介したように、それぞれ「ヨーロッパにおけるブリトゥン」と「全国レファレンダム運動」である。経済界は圧倒的に賛成派だったので、両組織の財政規模は、一四八万ポンドと一三万ポンドというふうに、賛成派が一〇倍以上の力をもっていた。

一九七五年六月五日の投票における投票率は六五％である。投票者の六七％が賛成し三三％が反対する。このように得票率において賛成派は反対派の約二倍という圧倒的な強さを示す。この結果に対してタイムズ紙の社説は、国民の団結が示されたとして祝福する。ウィルソンの戦術は成功し、彼は反対派の首領であるトニー・ベンを左遷し、その発言力を抑制する。しかし、このような戦術をとるウィルソンは、すでに国民を自ら指導しようとする理論も気力も失っており、やがて彼は突然、辞任する。

ウィルソン突然の辞任

一九七五年当時、キャラハンはウィルソン内閣の外務大臣であった。一九七五年のクリスマスが終わった翌日の一二月二六日、ランカスター領大臣であったハロルド・リーヴァが突然キャラハンに電話してくる。リーヴァは、ウィルソンが翌年の一九七六年三月の六〇歳の誕生日に辞任するかもしれないので、キャラハンは次の党首になる準備をするべきだと言う。

この情報のあまりの唐突さにキャラハンは驚愕する。さらに彼はすでに六四歳であり、ウィルソン内閣で周囲から浮いているような気分を味わっており、首相が務まるかどうか自信がもてない。キャラハンは、最も親しい友人の北アイルランド大臣メルリン・リーズに相談する。この時リーズはキャラハンが党首選挙に出るべきであると断言する。

翌年の一九七六年三月一一日、ジョージ・ワイデンフィールドの自宅でウィルソン六〇歳の誕生祝いが行われキャラハンも参加する。キャラハンとウィルソンは議会での投票に出席するため議場に戻る車に同乗した。その車の中でウィルソンは辞任計画を述べ、キャラハンに労働党の党首選挙に出てほしいと頼む。

その五日後になるが、ウィルソンは三月一六日の閣議で辞任を発表する。大臣たちは息をのんで驚き、しばらく沈黙が続く。ウィルソンは一三年間も党首として党を指導してきており八年間も首相をやってきたので六〇歳の誕生日を機会に身を引くと言う。しかし後継者にはこの六〇歳の制限はしないと述べる。キャラハンは不安にかられたが、党首選挙に立候補する。

党首選挙の第一回投票は三月二五日に行われ、キャラハン、フット、ヒーリー、ジェンキンズ、ベン、クロスランドの六人が立候補する。三月三〇日の第二回投票はキャラハン、フット、ヒーリーの三人で行われ、四月五日の第三回投票はキャラハンとフットで行われる。一七六票と一三七票でキャラハンが勝利する。同日、キャラハンは女王に謁見して首相に任命される。

3　話し合いの政治家キャラハン

一九七六年四月五日に六四歳で首相になったキャラハンは組合の支援を受けながら政治をし、最後には組合に反抗されて苦しむ。下院において多数を持たない政権であるがゆえに、自由党やナショナリストの党の協力を得なければならなかった。キャラハンは、この困難な状況を、話し合いと協調で乗り切ろうとする。その政治を説明するために、まず彼の人となりを見る。

ジムおじさん

ジェイムズ・キャラハンは「ジムおじさん」の愛称で親しまれる政治家である。彼の政治家としてのスタイルは、子供のころの家庭環境や青年時代の職業の中で作られる。労働党の指導者には、戦後最初の首相であるアトリーのように、裕福な家庭で育ちオックスフォード大学を出た者も多い。しかしキャラハンは高等学校にすら行くことができない貧しい家庭で育つ。貧困な家庭の出身であることはマーガレット・サッチャーと同じであるが、サッチャーが厳しい個人主義者になるのに対して、キャラハンは協調の人として成長する。

ジム少年（ジェイムズ・キャラハン）の母は非常に信仰心の篤い人である。貧しさの中で、やがて主が降臨してきてすべての人を救済し天国に導くとかたく信じ、その日を待ち望んで生活する。ジムは日曜学校に通い、教会でバイブルを教科書として勉強するまじめな少年であった。

父はジムが七歳になる一九一九年まで海軍の兵士として海で生活する。だから、ジムにはこの時までの父の記憶がほとんどない。海軍を除隊した父は沿岸警備の仕事をもらい、家族は海岸の警備小屋で暮らす。父のいる家庭、これを少年は初めて経験する。父の仕事は船を見張ることである。少年は学校のない日は朝早く起き、喜び勇んで父と共に海岸に行き、見張りの仕事を手伝う。しかしこのような幸せな生活も長くは続かなかった。父は二年後、ジムが九歳の時、病気で死亡する。

その後は母が一人で家族を支える。一家は食事も満足にできない。当時の小学校には給食がなく子供は昼食時に学校から家に帰る。ジムは週に二回、学校の帰りに魚屋に寄り、魚をもらう。この日の昼食には魚が出るが、その他の日はパンをココアに浸して食べる。ジムは奨学金の試験に合格して中学校に行くが一九二九年に卒業したのち、すぐに税務署（内国歳入庁）の職員になる。息子を年金のある仕事に就かせることを夢見てきた母にとって、公務員のジムを見ることは深い喜びであった。

ジムはメイドストンの税務署に配属され、ここで政治に目覚める。社会主義者として重要な理論家であるバーナード・ショーやハロルド・ラスキなどの書物を読み始める。彼は社会主義の魅力を発見するが、キリスト教との矛盾を感じ、バプティストの牧師に相談する。しかし牧師は、キリスト教の信仰の多くの部分は社会主義と調和すると助言する。キャラハンは教会に残るが、この時から社会主義が第一の関心になる。教会は第二の関心に後退するが、彼はキリスト教の信仰を生涯にわたって持ち続ける。

当時の税務署においては、中学卒業者は一般職員になり、高校卒業者は中間管理職を務め、大学卒業者は管理職として君臨する。高等教育は普及しておらず、多くの者が一般職員として生涯を終える。しかしキャラハンは税務職員の組合に参加して活動家になる。一九三三年二一歳の時、税務署職員組合の委員になりロンドンに移る。

キャラハンは委員になって三年後の一九三六年、組合幹部に見込まれて専従書記に選ばれ税務署を退職する。その後、キャラハンにとって組合書記の職業は人生の中軸になる。彼は、労働党の政治家になったのちも、一九七〇年代末に首相を務めた時も、政治の中心に組合をおいて考える。

キャラハンが青年であった一九三〇年代においては、国内では失業者があふれ、国外では民主主義が崩壊しファシズムが猛威をふるう。イギリスがヒトラーとの戦争を始めて一カ月たった一九三九年の一〇月に、キャラハンは個人としての生涯の目的を決める。その目的には、ナチスとの戦いに勝利することだけでなく、二〇〇万人の失業者問題を解決すること、イングランド銀行の管理をし、投資銀行を設立し、炭鉱などを国の利益にそって計画すること、イギリスの植民地を国際機関の管理下に移すこと、などが含まれていた。

キャラハンの決意には戦後の福祉国家と混合経済の青写真があり、このような考え方は彼の生涯を貫く。しかし皮肉にも、彼が首相を務める一九七〇年代末は、戦後の福祉国家と混合経済が崩壊するころであり、キャラハンの政治理念とイギリス政治の現実が食い違う。これが彼の政権の構造的な問題となる。

話を戦中にもどすが、第二次世界大戦が終わるころ、キャラハンはラスキに勧められて下院議員に立候補しようと決意する。一九四五年七月二六日に総選挙があり、キャラハンはカーディフで立候補し、三三歳で新人議員となる。キャラハンは一九四七年、三五歳の若さで戦後アトリー内閣の運輸政務官になって以来、一九七九年に六七歳で首相を辞めるまで、三〇年を超える長い期間、内閣と「影の内閣」の中心を歩く。二〇世紀においては、大蔵大臣、外務大臣、内務大臣、総理大臣という主要閣僚をすべて経験したのはキャラハン一人である。

三人の客

キャラハンは、一九七六年四月五日に首相になってすぐに官邸に三人の客をまねく。最初の客が大蔵大臣であり、次の客がイングランド銀行総裁であり、三人目の客がＴＵＣの議長である。これはキャラハン政府の直面した課題と、彼の政治手法をよく示している。

最初の客である大蔵大臣のデニス・ヒーリーは、それまでのポンド下落対策で使った金額の大きさを報告する。キャラハンは驚き、今後の資金計画をきく。ヒーリーは、政府には資金がないので「国際通貨基金」（ＩＭＦ）からの借款が必要であると言う。この借款をするかどうか、この点が首相のきわめて重要な問題になる。次に、イングランド銀行総裁のゴードン・リチャードソンが官邸によばれる。彼もまたポンド下落が危機的であることを強調する。以前は二ドルの価値があったポンドが、当日は一・八ドルである。イギリスは破産国家だという論調がアメリカ合衆国に生まれていると総裁は述べ、危機の大きさを強調する。

ポンド下落を押し返すためには、イギリスが経済的に不安定であるというムードを吹き飛ばす必要があった。そのためには物価を安定させインフレを抑制し、賃金の上昇を抑える必要があった。しかしキャラハンは、賃金を抑制するために法令的な規制ではなく、組合の自主規制に期待した。だから三人目の客は、TUC幹部のジャック・ジョーンズである。彼は組合と政府の間で見解の相違があっても労働党政府の維持が必要だと述べる。ジョーンズは政府に協力して賃金上昇基準を決めて自主規制することに同意した。しかしその基準の程度は政府と違っていた。キャラハンは三％を望んだが、ジョーンズは五％を提案し、両者は粘り強い話し合いを続ける。

この話し合いこそキャラハンの政治手法であった。彼が首相として最初にラジオ演説をした時も、話し合いの政治が強調されている。彼は自分の政治は「人々に話し、人々を信頼し、人々に相談する」スタイルだと述べる。彼は、自分の若いころは、これを「フェローシップ」とか「ソリダリティ」とか呼んだし、これが社会主義の倫理的基礎であるという。

だからキャラハンは、政治的には敵になる人々とも協調しようとする。党首選挙で戦ったマイケル・フットも入閣させる。フットは労働党左派に影響力があったので、議会の審議過程で左派の協力をとりつけるために下院の院内総務職を与える。こうしてキャラハン内閣は労働党の主流派も左派も合わせて包含したものとなるが、まとまりという点では常に問題を抱える。特に最大の問題は経済政策であった。従来の混合経済と福祉政策を続けるか、それともこれをやめて緊縮財政に移行するか。これが根本的な問題であった。キャラハンは緊縮財政への転換を必要だと考え、これを労働党大会で述べる。

4　危機に直面するキャラハン

もはや快適な時代は過ぎ去った　キャラハンが首相になって最初の労働党大会は一九七六年の九月下旬に開催される。この大会で九月二八日に首相は次のような歴史的な演説を行う。

「私達の快適な生活は永遠に続くと言われてきた。完全雇用は大蔵大臣のペンと減税と赤字の支出で保障されてきた。しかしその快適な生活は過ぎ去ってしまった。きわめて単純にいえば、私たちは生産する以上に消費してきた。混合経済についても同様である。不景気の時も、減税をして雇用を増やし、政府支出を増やして、生活の資金を獲得することは可能だと思うことに慣れてきた。しかしそのような選択肢はもうない。われわれは基本に帰らなければならない」。

ここでキャラハンが言おうとしたことは、それまでの保守党と労働党のコンセンサスを形成してきた戦後ケインズ主義を終了させることである。ケインズ主義では政府の支出によって公共事業や福祉事業を行い、これを基礎に形成された需要で経済を活性化しようとする政策をとってきた。これによって高賃金と高福祉の経済が維持できると思われていた。しかしキャラハンはこれをやめると述べた。

もちろん労働組合は一斉に反発した。労働党政府が一九七四年の選挙で勝利したのは労働組合と社会契約を結んだ結果であったことは前に述べた。この社会契約は労働組合の自由と高賃金によって経済を牽引しようとするものであり、キャラハンの演説は社会契約を否定するものである。労働組合は敏感にそれを感じる。この演説原稿は労働組合と話し合って書かれたものではない。

戦後ケインズ主義からの脱却は、キャラハン自身が期待してきたことでもあったが、大会演説に大きな影響を与えた一人は首相官邸の秘書官であるバーナード・ドナヒューである。大会演説は官邸でつくられており、内閣の審議を経ていなかった。内閣の大臣たちはかならずしもキャラハンに賛成してはいない。内閣には、伝統的なケインズ主義を維持しようとする大臣もおり、さらに強固な社会主義を実行しようとする大臣もいた。このような反対派もやがて理解してくれると思って、キャラハンは「話し合い」によって路線転換をはかろうとした。特に財政緊縮への路線転換はイギリスの威信を示す通貨であるポンドが下落するという危機に直面して、ますます緊急のものとなる。

莫大な借金

一九七七年一月三日、イギリス政府はIMFから二三億ポンドの借款をする。世界に冠たる大英帝国であったイギリスが、外から借金するところまで落ちぶれた。どうしてこのようなことになったのか。実はこの資金は、主にはポンドを買い支えてイギリスの通貨下落を押しとどめるための資金であった。ではそのポンドの下落はどのようなものなのか。ポンド危機は、既にウィルソン政権のころに発生している。ポンドは一九七五年の年頭では一ポンド二ドルの価値を持っていた。しかし急速にその価値が低下する。一九七五年の三月一〇日には一・九ドルにまで下がる。イングランド銀行は、ポンドの買い支えのために毎日五億ドルを使うが、この一・九ドルを支えることは無理だった。ウィルソンの最後の時期である一九七六年の三月と四月でイギリスの外貨準備金の三分の一が使い果たされる。

キャラハンは一九七六年の四月に首相になるが、一九七六年の三月以来の大規模な介入にもかかわらず、五月には一ポンド一・七ドルまで落ちる。大蔵大臣は一九七七年には財政赤字が三〇億ポンドに達するので、国庫からの資金注入も無理だと述べた。六月には、首相官邸の政策研究所であるポリシー・ユニットは、ポンド危機は深刻であり、もし賃金規制が五％で行われなければ、IMFからの資金借款はまぬがれないと警告した。一ポンドは、九月初旬には一・七七ドルであったが、九月二五日には一・六三ドルまで下がる。九月二八日に、前に述べたように、キャラハンは労働党大会で財政緊縮の演説をし、確かな通貨管理が必要であると述べている。

イングランド銀行は、毎日一セント下落すると見ていた。しかし、もはや外貨準備金は底をついており、内閣はIMFに借款を申し込むことを本格的に検討せざるをえなかった。一九七六年一一月一八日に閣議が開かれるが、内閣には二つの懐疑的なグループがあった。最初のグループは外務大臣トニー・クロスランドらであった。このグループは、教育予算や社会保障の支出を維持しようとしており、IMFから借款をすることによってイギリスの歳出が制限されることを恐れていた。もう一つのグループはトニー・ベンらであった。彼らは資本主義に対する統制を強めれば、イギリス経済は復興すると思っていた。しかしキャラハンはIMFに借款を申し込むと決心しており、これを実行しようとしていた大蔵大臣を擁護し、前の二つのグループを説得しようと苦労する。

一九七六年一一月三〇日、キャラハンはヨーロッパ・カウンシルでシュミットと会談した帰りの飛行機の中で外務大臣であるクロスランドと話し合う。クロスランドは納得しなかったが、首相は、次の閣議では結論に達する必要があることを強調する。首相はロンドンに帰ってフットとも会談して協力を取り付け、フットにベンを説得させようとする。

翌日一二月一日、キャラハンはTUCの総書記であるライオネル・マリーと幹部の一人であるジョーンズと会談して、自己の見解を説明し、IMFとの交渉の進展具合を示した。マリーはキャラハンに協力的であったが、ジョーンズはIMFがイギリスの支出構造を制御することによって社会契約が悪影響を受けると警告する。キャラハンは一二月二日に閣議を開く。大蔵大臣が、政府の借款は減らすべきであり、財政支出を一〇億ポンド削減すると提案する。これでIMFと交渉する計画を示す。

首相は、各大臣に意見を求めた。閣僚の中には異論も残ったが、キャラハン・グループの忍耐強い説得の結果、多数が賛成する。問題は、大蔵大臣のデニス・ヒーリーがIMFを説得できるかどうかであった。IMFからの要請は、歳出を一九七七年度は二〇億ポンド削減し、一九七八年度は三〇億ポンド削減することであった。一二月四日の閣議で、この要請を受けて議論する。イギリスとしては、一九七七年度一〇億ポンドを削減し、一九七八年度にさらに一〇億ポンドを削減するとして逆提案し、IMFもこの案を了承し、一九七七年の一月三日に二三億ポンドの借款が行われる。これでポンドはある程度の安定をとりもどす。

政府と組合の決裂

労働者の賃金はどのようにして決めるのか、この点について一九七七年から一九七八年にかけて、政府と組合の対立が強まる。前に述べたように、一九七四年の総選挙の時の「社会契約」では賃金は経営者と労働組合の自由な交渉で決めるという方向を打ち出した。しかしウィルソンは政府がガイドラインを決めてこれを組合に守らせようとする。話し合いを旨とするキャラハンは、組合を信頼し、組合の自主規制で賃金の上昇を抑制しようとする。しかし経済状況が悪化していく一九七七年の夏以降は、労働組合の協力も困難になっていく。ＴＵＣは自主規制をやめて、各組合は自由な労使交渉をするべきだという意見が一般組合員に多くなる。

結局キャラハンは、賃金に関するＴＵＣの自主規制に期待がもてなくなり、政府が自らガイドラインを決定し、これを労働者と経営者の両者に守らせることにする。首相は、一九七七年のクリスマス直前の一二月二二日の閣議で一九七八年八月から次年度へ向けた賃上げ上限を五％にすると決定する。彼は一九七八年一月一日の年頭のラジオ放送で、賃金上昇の限界を五％にするという方針を表明し、インフレも五％に抑えると述べる。これにＴＵＣは強く反発する。

しかしキャラハンは組合を説得することができると思っており、労働組合の指導者と何度も協議を行い、政府の五％方針を実行するように要請している。以前より、ＴＵＣの幹部とは月一回の定期的な夕食会を行っていたが、一九七八年四月の夕食会で、キャラハンは政府の政策への協力を訴える。しかし運輸労組総書記モス・エヴァンズは、賃金問題から政府は引き下がれと強硬に主張し、話し合いは成立しない。

さらに九月一日にキャラハンはサセックスの彼の別邸に労働運動指導者を招きディナーを提供している。招待客にはＴＵＣ総書記マリーをはじめ機械労組委員長をすでにやめていたヒュー・スキャンロン、前述のエヴァンズ、全国地方政府職員労働組合総書記のジェフリ・ドレイン、一般・自治体労働組合総書記で、ＴＵＣ議長であったデイヴィド・バズニットらが含まれていた。しかし組合指導者は、キャラハンを支えなければならないという気持ちを、すでに持っていなかった。ＴＵＣ総書記のマリーですら、労働運動を指導しようとする意欲を失っていた。

一九七八年九月にＴＵＣの大会が行われ、一〇月に労働党の大会が行われる。いずれの大会でも政府の五％方針が拒否されてしまう。キャラハンのトップ会談の作戦は、もはや機能していない。大蔵大臣のヒーリーは五％を七

%に引き上げることをキャラハンに提案する。しかしキャラハンは、それでも組合の了解は得られないと考える。

キャラハンは労働党大会で敗北してのちも、一〇月一〇日にマリーをはじめ組合の主要幹部を官邸に呼び夕食を提供し説得を試みる。首相は、賃金の自由化を認めるわけにはいかないと論じた。しかしTUCの代表はインフレ抑制を優先することを主張して賃金抑制には消極的であった。一部の組合指導者は政府と協調すると述べるが、多くの指導者はキャラハンに批判的であり、賃金は各組合の自由な交渉に任せるという意見も述べられている。

その後もキャラハン政府はTUCとの交渉を続け、所得政策とも賃金引き上げとも受け取れる玉虫色の声明を、一一月に発表する。この声明の作成にはTUCの中心的な幹部が関与していたわけであるから、TUCは一一月一四日の「総評議会」で、それを支持するという議案を審議するが、この議案は否決される。結局、政府と組合幹部の協力が仮にできても、これは組合運動をコントロールする力を失っていることが明らかになる。

大蔵大臣のヒーリーはTUCの幹部と交渉を続け、TUCは「ガイドラインを守ることは、インフレを抑制することになる」と発表する。しかし、これに全国の各組合は従わなかった。運輸労働者は二〇%から三〇%の賃上げ要求を出し、エンジニアは三三%を要求し、地方自治体と炭鉱労働者は四〇%を要求した。

キャラハンのガイドラインに対する最後の打撃はフォード自動車の紛争であった。一一月からのフォード自動車の争議に対しても、政府は賃金の引き上げを五%以下に抑えることを要請していた。しかし、この争議は、結局一一月二二日に一七%の賃上げで妥結し、政府の権威は完全に地に落ちる。こうして政府と組合の協力は崩壊し、決裂状態のまま、一九七八年の年末から翌年の年始にかけての「不満の冬」に突入する。不満の冬の象徴はロンドンのゴミの山である。

ゴミの都ロンドン

一九七九年一月下旬、ロンドンの街路には、いたるところで黒いゴミ袋が人の背丈ほどまで山積みにされる。レスター・スクエアやバークリー・スクエアなどの美しいはずの公園も黒いゴミ袋の山となり、従来の伝統のある古都はゴミの都となる。

病院も閉鎖される。医師や看護師も急患以外は診療しない。どの患者が急患であるか、これは病院の玄関で看護

コラム6-2　リチャード3世

シェイクスピアの演劇『リチャード三世』の冒頭に次のセリフがある。のちに国王リチャード3世となるグロスター公は「今やわれらが不満の冬は去り，ヨーク家の太陽，わが兄エドワード王の輝く夏」になったと独白する。ここで言われている「不満の冬」は，ヘンリー4世，5世，6世のランカスター家が王位をにぎっていた1461年までの時代を指す。王位をめぐってランカスター家と争い「バラ戦争」をするヨーク家は，ヘンリー統治下においては野に下り忍従を強いられた。しかし1461年から政権を奪い，エドワード4世と5世を経てリチャード3世の王朝をつくりあげる。

師が決める。まだあどけない顔をした若い看護師が、病気の子供を追い払う。救急車の運転士も救急車を出さない。墓を掘る労働者もストをして遺体の入った棺を放置する。このような情景はイギリス国民を震撼させる。労働者のストは前年である一九七八年の秋から深刻になる。そこで一九七八年から一九七九年にかけての冬が、通常「不満の冬」と呼ばれる。

「不満の冬」という用語はシェイクスピアの演劇から取ったものである。『リチャード三世』（コラム6－2参照）の冒頭のセリフにある「不満の冬」という表現が、一九七八年の年末からの紛争を「バラ戦争」にたとえるために使われた。ではそれが可能になるのはなぜか。二点の理由がある。第一は、労働者のストライキが、中世の内戦にあたるほど国を二分したこと。第二は、ストライキが、まさに王位をめぐる戦争のように、政治権力を問題にし、最終的に政権を打倒したことである。

第一の点から述べる。まずストライキは、どのような意味で国を二分したのか。一九七八年以前にもストはあった。しかし同年の秋から急速に増える。九月からフォード自動車工場の労働者がストをして、キャラハンの五％ガイドラインを破壊したことは前に述べた。その後、一九七九年の一月からトラック労働者などの運輸関係労働者がストに突入する。生産に必要な原料や燃料の輸送を止め、小売店への商品の配達をしない。工場には生産に不可欠な燃料も届かず、小売店では食品や牛乳や肉などの生活必需品が不足する。店には、子供のミルクやパンを求める母親たちが列をつくる。

キャラハンは、このストをやめさせようとして、運輸労組の総書記のモス・エヴァンズと、一月一一日に会って説得を試みる。しかし、エヴァンズは労働者の賃金要求は理解できるとして首相と対立し、結局ストを公認する。ストを直接指導していたハリー・アーウィンは大蔵大臣と会って、政府が労働者の要求を認めないなら、内閣を打倒すると脅迫する。キャラハンは、一月一七日にもエヴァンズやマリーと三時間にわたる会談を持つ。政府は非常事態宣言をして軍隊を使うと迫る。その後エヴァンズはスト収拾に動くが、結局、労働組合は政府のガイドラインである五％の四倍にあたる二一％の賃上げで妥結し、キャラハンは敗北する。

「不満の冬」における最大の紛争は公務員のストである。これは市民の生活に深刻な打撃を与える。まず一月二二日に、公務員労働者を中心とした一五〇万人がデモ行進をする。これは、イギリスの歴史では一九二六年のゼネラル・ストライキ以来の規模であった。清掃職員のストでロンドンのゴミが放置され、医師や看護師が病院を閉鎖し、救急車の運転士が救急車を動かさず、墓掘職人が棺を放置する。このような状況については前に述べた。

このようなストは、ストをやる側では、自分達の労働条件の改善のために必要である。公務員労働者の賃金は、毎年繰り返されるインフレによって目減りした上に、民間労働者の賃金上昇に比べて、思うようには上がらなかった。公務員の賃金を決定するのは政府であるから、政府の態度を変えるためにストをする。しかし一般市民の側からすれば、たとえ公務員の賃金引上げが必要だとしても、市民が被害を受けることは理解できなかった。

一九世紀の特定工場のストライキなら、これは雇用者を相手とするものとして理解することもできた。しかし「不満の冬」のストは、まず一般市民に被害を与え、市民を人質として政府を追いつめる。人質になった一般市民は、ストの権力をふるう労働者にやさしいキャラハン政府は、人質を解放する能力をもたない。まさにバラ戦争の時のように、国民はストをする側と、される側に分裂し対立する。

バラ戦争との第二の類似は、ストが政治権力をめぐる闘争だという点にある。キャラハン政府は所得政策を宣言して民間の企業でも賃上げを五％以下に抑えるよう要望する。民間の賃金上昇を抑えるためにも、政府は公務員の賃金を抑えようとする。だから政府は、民間の労働者からも、公務員からも敵視される。

労働党政権は、一九四〇年代から一九六〇年代までなら、労働者と対立しても、アーネスト・ベヴィンなどの組合運動の幹部を通じて労働者を管理する能力を持っていた。しかし一九七〇年代末の労働組合運動は、既に変質しており、マリーをはじめとするTUCの幹部が統括できるものではない。労働運動の主導権は、各職場の活動家に握られている。

各職場の活動家は全国各地に分散しているので、労働運動のまとまりがつかない。キャラハンはTUCの指導者にストを収束させろと迫るが、この指導者たちも指導力を持たず、結局ストを追認する。各地の労働運動活動家はTUCにも、労働党政府にも従わない。ストをする労働者は、ストによって社会と政治権力に影響を与える自己の力に酔い、自己の行為がもたらす政治的結果を考える力を失う。

ハリー・アーウィンが、大蔵大臣に対して、自分の言うことをきかなければ政権を打倒すると述べたことは前述した。しかし民主主義社会においては、政権の打倒は国民がする仕事であり、一部の部分的利益しか代表しない特定労働組合のすることではない。これはイギリス議会制民主主義への重大な挑戦である。まさに、ストの破壊力に酔った労働者たちは、バラ戦争の時のヨーク家やランカスター家のように政権を左右する欲望にとりつかれる。こうして組合の圧迫で瀕死の重病人になったキャラハン政権は、スコットランドとウェールズの分権住民投票の失敗という、最終的な打撃を受ける。

呪われたスコットランド　スコットランド南部に位置するスターリング郊外のバノックバーン（コラム6－3参照）には今も記念碑が残り、次の碑文が刻まれている。

「われらが戦いは栄華や富や名誉のためではなく
ただ自由のための戦いである
われらは命をかけて自由を守る」。

バノックバーンは一四世紀の一三一四年にスコットランド軍がイングランド軍を打ち破った記念すべき地である。この記念碑はスコットランド兵士の誇りを示す。しかしスコットランドは一七〇七年にイングランドに併合され、近代以降は屈辱の地位にあまんじる。祖国スコットランドを独立させようとする誇り高き運動は一九七〇年代からさかんになり、キャラハン政府はスコットランド自治を問う住民投票を、一九七九年三月一日に実施する。

コラム6-3　バノックバーンの戦い

1314年6月23日から2日間，スコットランド軍とイングランド軍がバノックバーンで死闘をくりひろげる。本文に登場する記念碑はスコットランド軍の戦いの精神を伝える。スコットランドはそれまでイングランドによる侵略を許していた。国王ロバート・ザ・ブルースは必死の抵抗戦をくりひろげる。

イングランド国王エドワード2世はスコットランド征服のために2万を超える大軍を送る。歩兵と騎馬兵はスターリング城まであと1マイルの地点に迫る。スコットランド軍は歩兵のみであり，その数は1万にも満たなかった。しかしロバート・ザ・ブルースはイングランド軍をバノックバーンとフォース川に挟まれた狭い地域に追い込み，イングランド軍を破る。スコットランドはノーサンプトン条約を結び独立を確立してロバート・ザ・ブルースはブルース一世となる。

バノックバーン古戦場のロバート・ザ・ブルース乗馬像（力久昌幸撮影）

バノックバーン小学校も、住民投票の投票所になる。投票日の朝は雪が降る。小学校を出てきた老婦人がニューヨーク・タイムズの記者に話す。「私は自治賛成の投票をしました。呪われたスコットランドのための投票です」。この婦人の「呪われたスコットランド」という言葉にどのような意味が込められているか、この点について私の方で敷衍する。

イギリスの正式名称（The United Kingdom of Great Britain and Northern Ireland）は連合王国であり（ブリテンに含まれる）スコットランドとイングランドが対等に連合しているかのような印象がある。しかし実際には、人口も経済力もイングランドが圧倒している。国の首都はロンドンであり、議会制はイングランド伝統に立脚する。君主はイングランドからしか出ないし、政党の指導権もイングランドに握られ、イギリスの法制度も主要にはイングランド法である。スコットランドにも、ある程度の自治は認められているが、外交方針や基本経済政策などをスコットランドが独自に決めることはできない。もともと誇り高い独立国であったスコットランドにとっては、まさに呪われた歴史である。

祖国の独立を回復したいという世論は一九七〇年代から目立つようになる。「スコットランド国民党」（SNP）は、一九七〇年の選挙では一人を当選させ、次の総選挙である一九七四年二月には七人を、同年一〇月には一一人を当選させている。こうしてスコットランドの独立あるいは自治の論点はもはや無視できなくなる。

保守党や労働党はもともとイングランドの政党である。イギリスの国の基本的な骨組みである連合王国の「連合」（ユニオン）を維持することを第一の課題としている。二大政党はいずれも、スコットランドはイングランドとの協調によって繁栄がもたらされると考えた。しかし一九七〇年代から、労働党の中でも、スコットランドの独立や自治という意見が強くなる。

キャラハンは、政権を維持するためには自由党やSNPのような小政党との連携が必要であり、これらの政党が支持する政策を掲げなければならなかった。その一つがスコットランドとウェールズへの地域分権である。一九七七年三月二二日に、キャラハンは自由党の党首であるデイヴィド・スティールと協議して協定を結ぶ。この協定に地域分権が含まれている。スコットランドでは一九七六年一二月に世論調査が行われたが、完全に独立したスコットランド議会創設を二二％が支持し、連合王国の一部としてのスコットランド協議会創設を五二％が支持する。現状の保存という意見は二〇％にすぎなかった。このように地域分権はスコットランドの世論でもあった。

キャラハンは一九七六年の「クイーン・スピーチ」（政府の所信表明演説）で、政府の方針を表明し、住民投票を行うという提案をした。しかし最初の分権法案は一九七七年二月二二日に廃案となる。法案を一部修正して、もう一度提出したほうがいいという自由党の党首スティールの提案を受けて、キャラハンは一九七七年の秋に再提案する。新法案は、前の法案と違ってスコットランド法案とウェールズ法案に分けられており一九七八年の七月に成立する。

七カ月後の一九七九年三月一日に住民投票が行われることは前述した。スコットランド住民投票におけるバノックバーン選挙区の婦人が分権に賛成したことも紹介した。この婦人のように、スコットランドでは投票者の約五二

%および有権者の約三三%が分権を支持するが、法律が要請した有権者の四〇%の支持というハードルを越えることはできなかった。ウェールズでは投票者の約二〇%の賛成しか得ることができず、ここでも住民投票は失敗した。

二つの分権住民投票における政府の失敗は、政府の命運にとって決定的であった。三月二八日、保守党の党首サッチャーが提出した不信任案が可決される。政府は三一一対三一〇の一票差で負ける。キャラハンは総選挙を宣言し、バッキンガム・パレスに行き、下院の解散と五月三日の総選挙を告げる。政府が不信任決議に負けたのは一九二四年以来初めてのことである。もちろん戦後においても初めての敗北である。

参考文献

池本大輔（二〇〇九）「イギリス・キャラハン労働党政権と欧州通貨統合——IMF危機から欧州通貨制度の成立まで一九七六年～七九年」『国際政治』第一五六号。
梅川正美（二〇〇一）『サッチャーと英国政治』第二巻、成文堂。
力久昌幸（一九九六）『イギリスの選択——欧州統合と政党政治』木鐸社。
Callaghan, James (1987) *Time and Chance*, London, William Collins.
Crosland, Susan (1982) *Tony Crosland*, London Jonathan Cape.
Donoughue, Bernard (2005) *Downing Street Diary: With Harold Wilson in No. 10*, London, Jonathan Cape.
Donoughue, Bernard (2008) *Downing Street Diary: With James Callaghan in No. 10*, London, Jonathan Cape.
O. Morgan, Kenneth (1997) *Callaghan: A Life*, Oxford Oxford University Press.
Pimlott, Ben (1992) *Harold Wilson*, London, Harper Collins.

第III部　復活への挑戦

多数の金融機関が集中する国際的金融センターであるシティ全景（小堀眞裕撮影）

第Ⅲ部は一九七九年から二〇一五年までの期間である。この期間の政権担当者は、保守党のサッチャーとメイジャーおよび労働党のブレアとブラウン、そして保守党のキャメロンである。サッチャーはイギリスの国際的威信の回復を政治課題とし、そのため戦後の「国の形」を見直し、まずは経済的復活を行おうとした。この課題は他の首相にも引き継がれる。

《首相のリーダーシップ》 第Ⅲ部の時期に首相の政治スタイルが分裂する。サッチャーとブレアは閣議よりも首相官邸を重視し、自ら統治する大統領的な傾向を強める。しかしメイジャーは話し合いを尊重し、ブラウンもブレア的官邸政治から脱却したいと述べる。さらにキャメロンは、連立政権という戦後歴代の首相が経験したことのない政権運営を迫られる。

《国内政治》 第Ⅰ部概要で述べた「国の形」において重要な柱であった混合経済や福祉国家は、サッチャー以降の市場主義によって修正される。戦後国有化された企業の多くが民営化され、経営が困難な重工業に対する政府救済も行われない。この点は労働党政権も同じである。しかし保守党政権が否定的であった福祉は、ブレア政権の貧困者支援や就労支援政策で一部復活する。混合経済や福祉国家を支えた官僚機構については、その大部分をエイジェンシー化する方針をサッチャーが打ち出し、これをメイジャーが実行する。さらにキャメロン政権下においては、選挙制度改革やスコットランド独立をめぐるレファレンダムなど、イギリスの憲法体制という、もう一つの「国の形」に関わる問題が新に争点化されてくる。

《国際政治》 ヨーロッパは通貨統合や政治統合を目指して結合を強める。これにイギリスはどう対処するべきか、この問題は、両党を分裂させながら、イギリス現代政治史の最重要争点の一つであり続けている。キャメロン首相によるEU加盟継続をめぐる国民投票の実施とその結果は、大きな分岐点となりうる。さらに対テロ戦争において、ブレアはアメリカとヨーロッパを架橋することによってイギリスの国際的威信を復活させようとする。しかし最後にはブッシュの単独行動主義に協力してイラク戦争を行う。ブレアが直面したディレンマも、今後の政権が解決しなければならない問題である。

第7章　「戦後コンセンサス」の破壊
――サッチャー政権　一九七九～九〇年――

小堀眞裕

マーガレット・サッチャー
（共同通信社提供）

「鉄の女」と称され、イギリス最初の女性首相となるマーガレット・サッチャーであるが、彼女の政権がイギリス政治の画期を成すのは、彼女が女性だったからであるという主張はむしろ非常に少ない。というよりも、無いに等しい。むしろ、戦後イギリス政治におけるサッチャー政権の意義は、第二次大戦後、「コンセンサス」と言われてきた「ケインズ主義的福祉国家」の枠組みの相当部分を破壊してきたことにある。もちろん、破壊の規模と深刻さには論争がある。ただ、いずれにせよ、そのような転換をつくり出すために、彼女が「確信の政治」と言われるほどのイデオロギー的信念を持って政治に臨んだことは明らかであり、最後は、その信念ゆえに、人頭税問題やヨーロッパ問題で、落とし所さえも見つけられなかったことが、政権の命取りとなった。

1　サッチャーの生い立ちと思想

グランサムのマーガレット・ロバーツ

後にイギリス初の女性首相になるマーガレット・ロバーツは、一九二五年一〇月一三日、イングランド東部リンカンシャーにあるグランサムという小さな町で、小さな雑貨屋を経営するアルフレッド・ロバーツの家に生まれた。アルフレッドは、敬虔なクリスチャンであるとともに、後に町長となる地域の政治家でもあった。もっとも、家は決して裕福とは言えず、マーガレットは店番をすることも多かった。マーガレットは、地元のグラマー・スクール（日本の中高にあたる進学校）に進み、そこから奨学金を得て、オックスフォード大学サマーヴィル・カレッジに進学し、そこで化学を学んだ。大学では積極的に保守党の活動を行い、オックスフォード大学保守党協会の会長も務めた。

卒業して以後は、エセックスのコルチェスターで化学関係の仕事をする一方で、保守党からの下院議院選挙への出馬を模索した。一九四九年には、ケントのダートフォードの保守党候補者となり、一九五〇年・五一年総選挙に立候補するが、ダートフォードは労働党安全区であったこともあり、落選した。その後、党活動を通じて知り合ったデニス・サッチャーと知り合い、一九五一年に結婚し、二児をもうけた。また、その間、弁護士資格も得た。会社経営で忙しかったデニスであるが、マーガレットが政治家を志したことを、経済的にも精神的にも全面的に支援した。一方、保守党の安全区を求めてマーガレットは、サッチャー夫人となってからも、オーピントン、ベッケナム、ヘーメル・ヘムステッド、メイドストーンなど安全区の候補として指名を受けようとしたが、次々に落とされ、一九五五年総選挙は立候補することができなかった。サッチャーの自伝『私の半生』でも触れられているが、サッチャーが子供のいる女性であり、下院議員になったら子供の養育は誰がするのかという点を、保守党の女性党員たちから執拗に問いただされることが多かった。しかし、ついに、一九五八年、ロンドン北部の安全区フィンチリーから指名を得た。このフィンチリー選挙区保守党の下院議員候補者選考会の時、夫はアフリカに出張中で、サッチャーは一人で選考会に出席しなければならなかった。またも、子供を持つ母には政治家は不可能というレッテルを貼られやすい、不利な状況にあったが、最終的には、信頼をかちえて、フィンチリーの候補者となった。もっとも、下院議員候補者は、最終的手続きとしては全会一致で選ばれることが多かったが、この時は、最終投票において僅差でサッチャーの指名が決まった後も、全会一致とはならなかった。やはり、子を持つ女性が政治家になるには、厳しい時代であった。その後、サッチャーは、一九五九年総選挙でフィンチリーから下院議員として当選した。

サッチャーが政治の道を志すようになり、また、いわゆるサッチャリズムと呼ばれるイデオロギー的に見て顕著な傾向を示すようになった理由としては、彼女の生い立ちに負うところが大きいという指摘が多く見られる。その生い立ちのなかでも、とくに、父親アルフレッドとキリスト教の影響が大きいと指摘されている。

サッチャーの父親、アルフレッドは、決して裕福ではない出自ながら、努力して、いくつかの雑貨屋を経営することになった。また、敬虔なクリスチャンで、メソジストでもあった。マーガレット・サッチャーが、神学者ウェスリーの影響を受けるようになるのも、このような父の影響によるものであった。いわゆるサッチャリズムの一部となる自助自立の精神は、彼女のこのような過程で形成されてきたと言われる。

グランサムのサッチャー生家（小堀眞裕撮影）

ヴィクトリア的価値

こうしたサッチャリズムの考え方は、一九八七年に話題となった次のような発言に典型的に現れている。以下は、雑誌『ウーマンズ・オウン』のインタビューに答えたものである。

「私たちが生きてきた時代には、あまりに多くの子供や人々が、こう理解するように言われてきました。『私には困難がある、だから、それに対処するために政府が仕事を与えてくれる』、あるいは、『私には困難がある。だから助成金を得られるだろう』、『私はホームレスです、だから、政府は私に住居を与えなくてはならない』。このように、彼らは社会に問題を投げかけていますけど、社会とは誰ですか？社会などというものはないのです。個人の男性と女性がいて、家族があるだけです。政府は人々を通じて以外は、何もできません。人々は、最初に自分自身の面倒をみなくてはなりません。自分自身の面倒を見ることは、私たちの義務です。そして、次に、私たちの隣人の面倒を見ることが義務となります。生活は、相互的なビジネスです。人々は、義務なしに、あまりに多くの権利を持っていると思い込んでいます。誰かが最初に義務を負わない限り、権利のようなものはありません」。

サッチャーは、このような自分の考え方の土台となったのは、「ヴィクトリア的価値」であるともいう。ヴィクトリア女王の時代は、イギリスが強大な植民地を統治し、日の沈まない帝国と言われた時代であるが、とくに、サッチャーがこの「ヴィクトリア的価値」として称揚するのは、その時代においては、自助自立精神によって社会が、政府の手助けなしに安定的に運営されてきたと考えたからである。

2　政権獲得とインフレとの闘い

マネタリズムと「小さな政府」、他方での格差増大　一九五九年総選挙で下院議員に当選したサッチャーは、その後、マクミラン政権の下で、年金保険担当の政務官として政府チームの一員となり、一九七〇年に教育科学相となった。このヒース政権下では、全体の支出カット政策のなかで、公立学校の給食ミルク代カットを批判され、「サッチャー、ミルクスナッチャー（泥棒）」と揶揄された。

そのヒース政権は、一九七四年二月の総選挙で敗北し、労働党ウィルソン政権が誕生した。ウィルソン政権は、その年一〇月に総選挙に打って出た。ヒースはその総選挙でも負け、一九七五年に党首選挙で、サッチャーはヒースに挑むことになった。この時、サッチャー以外にも有力候補がいたが、立候補前に様々な事情で脱落していった。

サッチャーとイデオロギー的に近かったキース・ジョゼフは、貧困者に出生抑制を求めた趣旨の発言をし、候補から脱落していた。第一回投票でサッチャーはヒースを破り、ヒースは辞任を表明した。サッチャーは、その後、ヒースが推したウィリアム・ホワイトローを破り、党首選挙に勝利した。保守党としては、初めての女性党首であった。

一九七八年から七九年にかけて、公務員ストによってガス・電気・ごみ処理などの公的サービスが停止したことで有名な「不満の冬」が起こり、三月一日には、スコットランド議会（Assembly）開設をめぐって行われたレファレンダムで労働党が敗北した。その後、スコットランド国民党が、スコットランド議会に関する方針の違いをめぐって、政権協力から離脱し、労働党キャラハン内閣に対する不信任決議案が三月二八日に可決され、総選挙となった。その総選挙において、保守党は三三九議席を獲得し、政権を奪還した。労働党は二六九議席で、全体の投票率は七六％であった。

政権に就いて、まず最初にサッチャーが取り組まなければならなかったのが、インフレ抑制であった。サッチャーが政権に就いた一九七九年には、イラン革命後、第二次石油ショックが起こり、四月には小売物価上昇率が一〇％を突破していた。

サッチャー政権の経済政策のなかの一つの特徴は、前労働党政権が行っていた所得政策（インフレ抑制のための労組との協議）という方法は取らなかったことである。あくまで、貨幣の供給量を減らすということに、サッチャー政権は力点を置いた。当時、インフレ抑制として純粋に貨幣供給量の抑制が効果的であると指摘する経済学理論として「マネタリズム」が強まっていたこともあり、こうしたサッチャーの手法は、「マネタリズム」と呼ばれた。

しかし、インフレ抑制は、必ずしも順調に進んだわけではなかった。第二次石油ショックのあおりを受けて、小売物価上昇率は、図7-1にあるように、八〇年には一八％に達した。サッチャー政権は、当初、より広範囲の定義であるM3でのマネーサプライを抑制しようとしたが、うまくいかず、M0（流通ないしは預金されている通貨、イングランド銀行にある一般銀行の預金）での統制に事実上シフトした。しかし、その後、インフレは徐々に終熄に

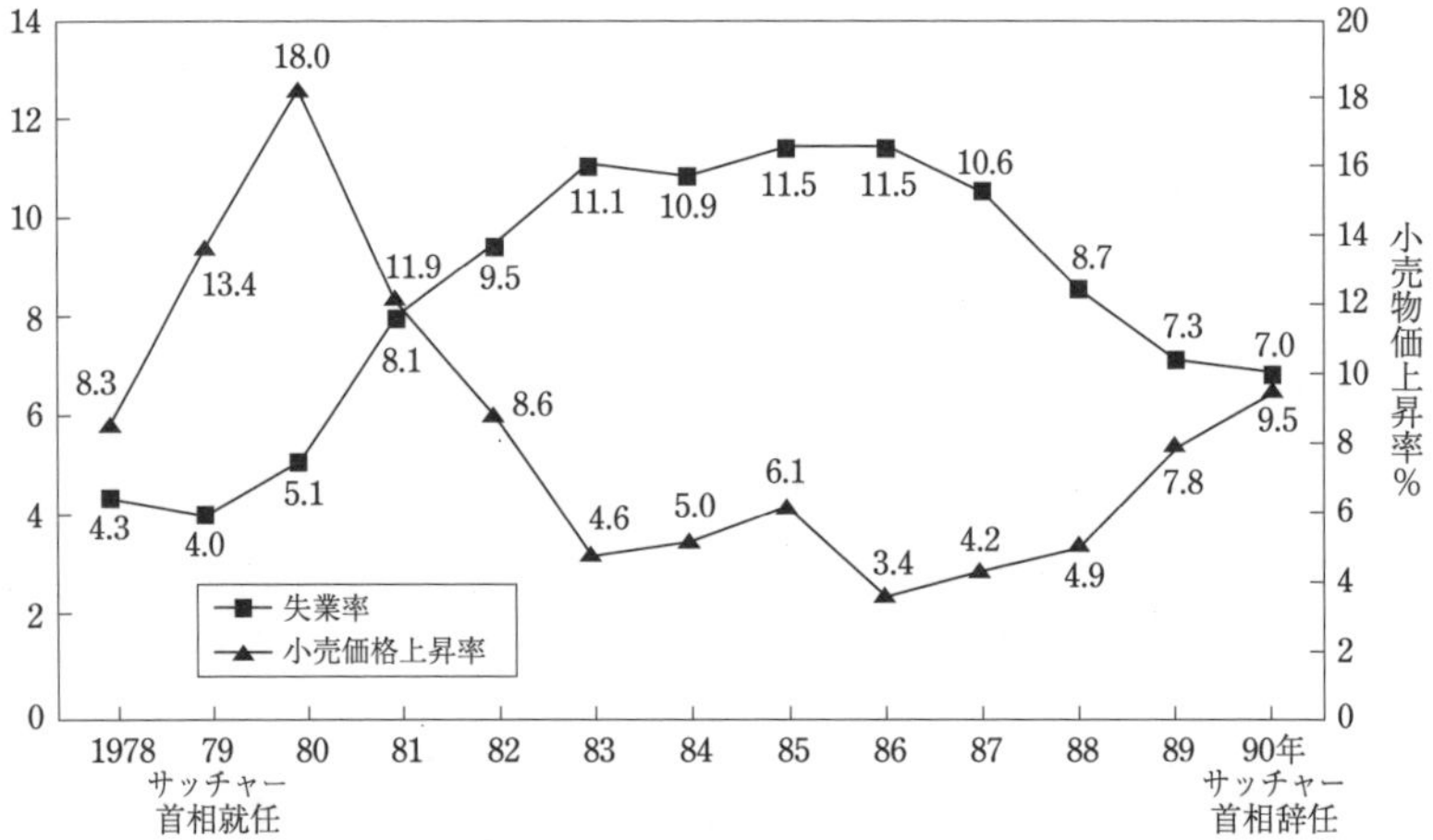

図 7-1　失業率と小売物価上昇率

（出典）The Office for National Statistics (ONS).

向かい、一九八三年には、約五％を切る水準にまで抑制されるようになった。

サッチャー政権のもう一つの特徴は、公的支出のカットや政府債務の削減に努めたことだった。サッチャーは、政権に就く以前から、「国家の境界線を巻き戻す」ことが、消費者の選択を増し、政府の債務を減らし、経済を活性化させると主張してきた。こうした彼女の考え方は、いわゆる「小さな政府」を理想としたものであると考えられた。政府債務の指標の一つに、公共セクター借入必要額（Public Sector Borrowing Requirement：PSBR）があったが、サッチャーが政権に就いた一九七九年には、PSBRが、GDP比で七・二％、八〇年には五・八％と一旦は、高水準になるが、その後は、徐々に下がり続け、八七年からは、マイナスとなり、借入金は減少に転じた。GDP比での公的支出でも同じことが言える。サッチャーが政権に就いた以降、公的支出は、イギリスの国家統計局によると、一九八〇年代前半GDP比四八％台で推移し、前労働党政権と比べても高かったが、八八年には四〇％代を切るようになった。

いわゆる「小さな政府」論の代表として言及されるサッチャー政権であるが、社会保障、医療、教育などの分野では、支出は削減というより、ほぼ横這いで、当時のインフレ傾向もあり、実額としては大きく増えた。とくに、社会保障支出は、彼女の政権当

コラム7-1 戦後コンセンサス

イギリスは二大政党政治の国として有名であったが，同時に，その二大政党による政権交代が行われても，基本的な政策においては継続している，という理解があった。古くは，アトリー政権の蔵相ゲイツケルとチャーチル政権の蔵相バトラーの間での経済政策に共通した部分も多かったことから，「バツケリズム」という言葉も使われた。このコンセンサスは，第2次大戦中の戦時内閣での各党の共同や，包括的社会保障のプランをまとめた「ベヴァリッジ報告」の中から生まれたと言われ，アトリー政権による大規模な国有化やNHSのような医療・福祉の充実を通じて具体化された。アトリー政権で作られた基本的な政策は，その後の保守党政権においても大部分が引き継がれ，これらは次第に「戦後コンセンサス」と呼ばれるようになった。

初から大幅に伸びた。これは、失業者増加により、失業手当給付の増加や、補助給付（生活保護に相当）の急増によって、大幅な支出増になったためであると指摘されている。GDP比で見た場合、社会保障支出が政府支出に占める割合は、結局、サッチャー政権が終わる一九九〇年の時点でも、政権就任時と比べて増加した水準であった。逆に、大幅に削られたのが、住宅関係支出であった。公営住宅払い下げは、保守党の年来の政策であったが、サッチャー政権下では、大幅に進められた。サッチャー政権の独自の取り組みは、住宅を〝買う権利〟を定め、公営住宅払い下げの大規模な展開を可能としたことであった。その結果、サッチャー政権の最初の年の一九七九年で五四％の持ち家居住率を達成していたが、一九九〇年には六七％にまでその数字は伸びていくことになった。

サッチャー政権の経済政策の第三の特徴は、非常に多くの国営企業の民営化であった。イギリスでは、戦後直後のアトリー政権時に大規模な国営化が行われたが、それ以後、鉄鋼などの一部産業が民営化された以外はアトリー政権時の状態がほぼ維持されてきた。サッチャー政権は、そのような「戦後コンセンサス」の破壊を、少なくとも、国営企業の破壊という点では断行したと言える。サッチャー政権下では、ほとんどの国営企業は民営化・売却され、後のメイジャー政権での民営化とあわせて、「売るべきものは何も残らなかった」と後に言われたほどである。

このようなサッチャー政権の政策の中で、イギリスは経済危機を脱して、回復することができたと言われている。たしかに、国民一人当たりの実質GDP

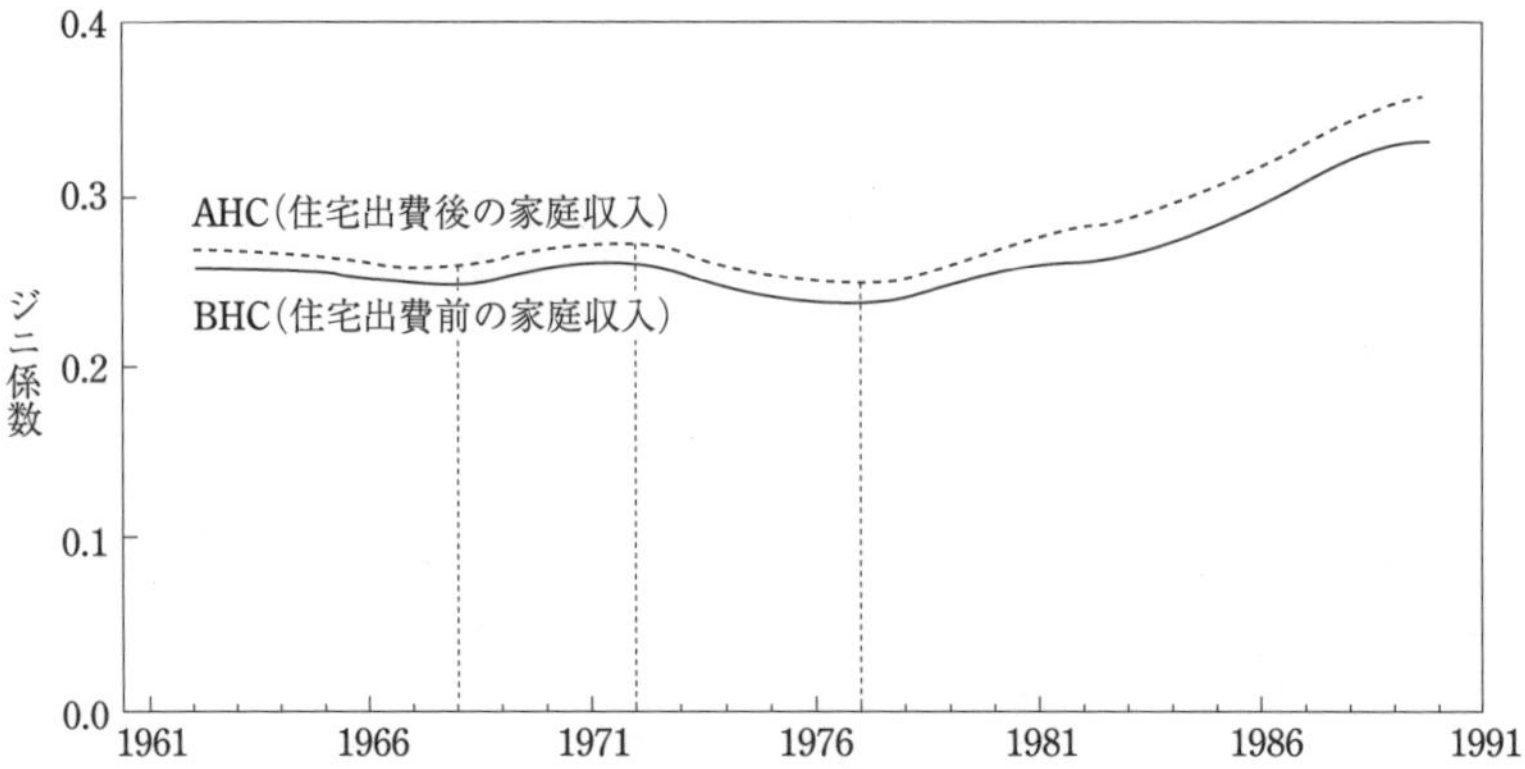

図7-2　サッチャー政権下での貧富の格差（ジニ係数）

（出典）Alissa Goodman & Steven Webb, "For Richer, For Poorer: The Changing Distribution of Incomes in the UK, 1961-91", in *Fiscal Studies*, Vol. 15, No. 4, Nov. 1994.

は、一九八一年、八二年に落ち込むが、その後、徐々に成長し、一九八九年には、一九七〇年比で一五〇%を超える水準となった。ただし、ポンド高の下で製造業は低迷し、代わって、金融・サービス業が拡大していくことでGDPを支えた。

サッチャーのこのようなインフレ抑制策は、副作用も生んだ。前掲図7-1に明らかなように、インフレ抑制の効果が現れるのと反比例する形で、失業者が急増した。失業率は、一九八三年には一〇%を超え、八七年まで一〇数%の水準が続いた。その後、失業率は七%程度まで低下したが、それでも、サッチャーが政権に就任した時の水準と比べて、最後まで高水準が続いた。とくに、この時代、製造業が集中するイングランド中北部、スコットランド、ウェールズに失業者が集中した。また、図7-2で明らかなように、サッチャー政権では、一貫してジニ係数が増大した。ジニ係数は、1に近くなるほど貧富の格差の増大が強まっていることを示す。

サッチャリズムと「確信の政治」　サッチャーによる「マネタリズム」や「小さな政府」の追求は、当時の閣僚たちの中においても、当初から十分に受け入れられたものではなかった。むしろ、サッチャーは、自らの任命した閣僚たちと対立する場面もしばしばであった。その理由は二つある。一つは、サッチャーが保守党内においては、傍流とも言える存在であったからである。女性で、パブリック・スクールではなく、グラマー・スクールあがりで、小規模な

コラム7-2 パブリック・スクール

字義どおりであれば，日本語では公立学校と訳すべきであるが，イギリスでは，パブリック・スクールとは，歴史もあり，かつては貴族の子弟たちが学んだ私立学校である。近隣だけでなく，広い地域からの生徒を受け入れることで，パブリック・スクールと呼ばれるようになった。もっとも，そこで学ぶためには，相当の学費を支払うことができる資力が必要である。この点は，サッチャーが学んだグラマー・スクールとは異なる。グラマー・スクールは公立であり，学費を払う必要はない。

パブリック・スクールとしては，イートン，ハロウ，ラグビーなどが有名である。イートン校は，多くの首相や政治家を生み出している。近年，有名になった映画『ハリー・ポッター』に登場する魔術学校は，その着想をパブリック・スクールから得ている。集団での寄宿生活，教師が一段高い食堂での全員の食事，食堂にかかる校長たちの肖像画，歴史ある建築物，こうしたものは，全てパブリック・スクールの特徴である。

雑貨店の経営者が親であるという出自は，それまでの首相を務めてきた政治家とは，ほとんど重なり合いを持つものではなかった。もう一つは，公共支出カットなど「小さな政府」の徹底した追求であった。それまでも，保守党・労働党に関わりなく，経済情勢が悪化すると，公的支出のカットによってインフレと闘う政権はあったが，経済情勢が悪化すると，軌道修正することが多かった。しかし，サッチャーは，失業者が増えても，いかに主要な経済学者が反対しても，インフレ抑制のために公的支出のカットを行った。七〇年代の保守党ヒース政権が当初，公的支出の削減をいいながら，結局「Uターン」したことに，サッチャーは非常に批判的であった。こうした彼女の姿勢は，「確信の政治」と言われた。また，彼女が閣僚たちと対立した時に常に使った言葉は，「対案はない」There is no alternative. であったが，サッチャーには，これを略してティナ（Tina）というあだ名さえつけられた。

また，サッチャーは，持論を通すためには，自らの考えに近い政治家を「ドライ」と呼び，重用する一方，妥協的な，それまでの伝統的な政治スタイルを好む政治家を「ウェット」と呼んで遠ざけた。さらに，閣僚よりも，自らの信任の厚い側近やアドバイザーを重用した。経済問題におけるアラン・ウォルターズ，主席報道秘書官のバーナード・インガム，チャールズ・パウエルらが，その例である。こうした側近重視の官邸主導の政治スタイルは，当然，閣僚とたびたび衝突を起こし、その結果、サッチャーと対立して内閣を去っていく政治家も多かった。サッチャーの政治路線を評してサッチャリズムという表現が定着したが、それは、「マネタリズム」や「小さな政府」など彼女のイデオロギーによってだけではなく、このような統治スタイルによっても、区別されるものである。

3　フォークランド戦争と一九八三年総選挙

フォークランド戦争における勝利

一九八二年の段階では、サッチャーは、ギャラップやMORIの調査によれば、戦後最も不人気な首相であった。一〇%を超えるインフレが進行し、失業者と政府債務が急増するのであれば、ある意味、当然であったといってよいかもしれない。しかし、そのサッチャー政権に転機が訪れる。それが、フォークランド戦争であった。フォークランド諸島は、南米アルゼンチン沖にあり、イギリスの植民地としての歴史を持つものであった。しかし、一八一六年以来、アルゼンチンも領有権を主張しており、アルゼンチン側は、それらの諸島をマルヴィナスと呼んでいた。一九八〇年代、アルゼンチンはガルティエリ将軍の軍政下にあったが、その経済的状況は芳しくなかった。そういうなか、フォークランドの領有の主張は、国内向けのアピールとしても意味があった。

一九八二年四月、そのフォークランドにアルゼンチン軍が上陸した。サッチャー政権は、その直前に、その兆候を捉えていたが、自国からあまりにも離れた場所であったので、有効な対処をすることもできず、アルゼンチン軍は簡単にフォークランド諸島を占領した。サッチャーは、当初、アルゼンチン軍の動きが具体的に明らかになるまでは、あまりフォークランド諸島に対する関心もなかったが、そこがアルゼンチン軍に占領されて以後は、住民の意向を盾に、強硬にアルゼンチン軍の撤退を要求し、ただちに、空母ハーミーズ、インヴィンシブルをはじめとしたイギリス軍を派遣した。このような軍事的解決もいとわないというメッセージを出しつつも、その一方で、アメリカ合衆国、ヨーロッパ諸国、国連に働きかけて、外交的解決の道も模索した。とくに、『回想録』でも触れられているが、米国への働きかけが重要であるという点を、サッチャーは強く認識していた。これは、第二次中東戦争に加担した際、米国の支持を得られず、国際的にも孤立したことがイギリスの戦後史における痛切な教訓になっていたからであった。二度と、スエズを繰り返してはならないとする思いは、サッチャーだけではなく、ノット防衛相やホワイトロー内務相たちにも、共通していた。

しかし、米国政権内の事情にも複雑な部分があった。当時のレーガン大統領や、ヘイグ国務長官は、イギリスの態度に理解を示しつつも、国連大使のカークパトリックはアルゼンチン側の立場に同情的であった。アルゼンチンのフォークランド占領は、明らかに国連憲章にも違反し、平和に対する敵対的行為であったが、同時に、アルゼンチンから見れば、フォークランドは、イギリスから遠く離れて植民地であることが明白な上に、一九世紀から領有を主張してきた係争地であった。また、イギリスにおいても、こうしたアルゼンチンのフォークランドに対する主権を認めた上で、同地に居住するイギリス国民のために、フォークランドをイギリスにリースバックする案を公然と提案する政治家たちもいた。こうした事情は、国連安保理におけるイギリスの支持に微妙な影響も与えた。しかし、最終的には、国連安保理は、アルゼンチンの侵略を非難し、即時撤退を求める決議五〇二を成立させた。また、米国も、一歩も譲らないサッチャーに押されて、アルゼンチンに対して次第に強硬な立場を取るようになった。

アルゼンチンのガルティエリ政権は依然としてフォークランドから撤退する気配を見せなかったが、サッチャーがこのような外交的努力をしたことで、軍事的解決を行った場合でも、国際的な理解を得られる環境整備がなされつつあった。そうしたなか、八二年四月二五日のサウス・ジョージア攻撃を経て、ついにイギリス軍は、五月に入り、フォークランドのアルゼンチン軍に攻撃を加えた。戦闘では、イギリス軍自身も軍艦シェフィールドを沈められるなど犠牲を出しながらも、アルゼンチン軍に多大な打撃を与えた。途中、安保理で停戦決議案が採決され、外交決着が図られようとしたが、これに対しては、イギリスとアメリカが拒否権を行使した。結局、イギリス軍の攻勢の前に、アルゼンチン軍は退却し、イギリスはフォークランドを取り戻した。

しかし、その過程で、後に重大な問題となるアルゼンチン軍艦ベルグラーノ撃沈事件が起こった。ベルグラーノは、イギリス軍の攻撃警告区域を航行していたとされていた。しかし、戦後、ベルグラーノは、攻撃警告区域の外をフォークランドから遠ざかる方向に航行していたのではないかという疑惑が持ち上がった。また、ちょうどベルグラーノ攻撃の時は、ペルーによる和解案が準備されていた時期で、イギリス軍の攻撃は和解案を挫折させる政治的な意図を持ったものではないかという指摘もあった。

その疑惑に対して、一九八四年になって、当時防衛省の官僚であったクライヴ・ポンティングが、ベルグラーノの位置に関する疑惑が事実である内容の文書を労働党議員にリークし、ポンティング自身が訴追される事態に陥った。この問題は、当時、公務員は守秘義務に徹するべきか、国民の利益に立って事実を述べるべきか、という点で、大きな論争を巻き起こした。判決に至る過程では、裁判官がポンティングの行為は犯罪に該当すると陪審員に示したが、陪審員たちは、ポンティングに無罪の評決を下した。

もっとも、このフォークランド戦争におけるイギリス軍の圧勝は、サッチャー政権に強い追い風をもたらしたと言われている。それまで、大量失業と景気低迷のなか、支持率も史上最低と言われていたサッチャー政権であったが、この勝利によって、支持率は大きく回復した。また、港に凱旋するイギリス軍の映像は、何度もテレビで流された。

一九八三年総選挙

その一方で、サッチャー保守党に相対する野党は、分裂の危機に陥っていた。一九七九年総選挙での敗北以後、労働党では左派が力を台頭させ、一九八〇年、マイケル・フットが党首に選ばれた。それに対して、デイヴィド・オーウェン、ロイ・ジェンキンズ、シャーリー・ウィリアムズ、ビル・ロジャーズのいわゆる『四人組』が、労働党から離れ、社会民主党を結成した。この社会民主党は、自由党と提携し、『連合』（Alliance）として、総選挙を戦うことになった。この連合は、結成当初、補欠選挙で連続して勝利し、大いに注目された。

フットの労働党は、左派の要求をいれ、一方的核軍縮、ＥＣ脱退、大規模国有化などからなるマニフェストで総選挙を戦ったが、そのマニフェストは同じ労働党右派のジェラルド・カフマンから「歴史上最も長い遺書」と呼ばれた。労働党は明らかに不振で、政権獲得の可能性はほとんどなかった。

結果は、保守党が得票率四二・九％ながらも、三九七議席を獲得して圧勝した。労働党は、戦後初めて、得票率三〇％台を割り込み、二七・六％、二〇九議席で惨敗した。連合は、二五・四％取りながら、二三議席にとどまった。労働党と連合の得票率は、ほとんど同じながらも、小選挙区の効果もあり、議席数は大きく異なった。労働党は、大票田のイングランド南部などでは惨敗した一方、スコットランドやウェールズなど失業の深刻な地域では圧倒的な勝利を得た。連合は、イギリス全体で比較的満遍なく得票したが、競り負けて議席にならなかった。

4 内外の闘い

一九八四年炭鉱ストライキ

一九八四年三月六日、国営石炭公社総裁、イアン・マクレガーは、八五年中に採算の合わない二〇の炭鉱を閉鎖し、二万人を合理化する案を組合側に提示した。これに対して、全国炭鉱労組（NUM）のアーサー・スカーギル委員長は、ただちに全国の炭鉱にストライキを呼びかけた。しかし、この事態を、サッチャーは周到な準備で待ち構えていた。

イギリスは石炭が豊富に取れる地域であったが、当時のイギリスの炭鉱は採算が取れず、外国からの輸入品に押されている状況であった。この事態に対して、サッチャーは、スコットランド出身ながらも米国で経営者として成功したマクレガーを国営石炭公社の総裁に据えた。マクレガーはすでに石炭公社の前に鉄鋼公社総裁として経営の合理化に成功もしていた。このマクレガーの起用で、石炭公社の経営合理化が進められることは、ある意味、必然であった。

また、サッチャーは、そうした合理化が全国炭鉱労組のストライキを呼び起こすことを十分に承知していた。この点、保守党政権としては、苦い教訓があった。一九七四年、当時の保守党ヒース政権は、「国を治めるのは、労働組合か政党か」と問いかけて、全国的なストライキの中、総選挙に打って出たが、労組と敵対した保守党は選挙に敗北した。また、一九八一年二月の段階でも、政府・公社側は、全国炭鉱労組と対立したが、その時は、政府の準備不足もあって、サッチャーは対決よりも妥協を選んだ。それだけに、一九八四年に労組との対決を選んだことは、周到な準備の裏返しでもあった。

サッチャーの準備は、まず、第一に、労働組合法の改正であった。一九八〇年には、ストライキ手当を労組から受け取った労働者の社会保障関係手当を削減する法案を通した。一九八四年には、労働組合に対して役員選出投票、ストライキを行うにあたっての事前投票、労働組合による政治資金の規制などを法制化した。これにより、長期にわたるストライキを可能にする財政的体力を奪い、投票手続きのないストライキを違法とした。もっとも、石炭公社および政府側は、このような労働組合関係立法を駆使して積極的にストライキ参加者を訴追することは控えた。これは、政府の容赦ない対応が、鉄道や港湾などの関連産業での同盟ストライキを引き起こし、電力などの供給などに影響することは、政府にとって命取りであったからである。

第二に、石炭の備蓄であった。労組との衝突を予想したサッチャーは、ヒース政権の三倍に相当する五七〇〇万トンの石炭を備蓄し、ストライキ開始から九カ月経過した一二月の段階でも「まだ、十分な備蓄があります」と言える状態にあった。第三に、加えて、海外から低価格の石炭を輸入する計画を作成しており、いざという時には、使えるようにしていた。第四に、鉄道、トラックなどの運輸労組の同盟ストに備えて、非組合員の輸送人員をあらかじめ確保していた。第五に、石炭から石油への発電などの分野での転換を進めていた。そして、最後に、一時に大量の警察官を確保するための体制を整備した。一九七四年のストライキでは、一箇所に大量の労組からの応援、いわゆる「フライング・ピケット」がやってきて、数百人の警官対数千人の労働者という事態が作り出されていたが、それに対しての警察官の動員体制を整備したのであった。

また、労働組合自身は、一九七四年の時と比べると、問題を抱えていた。スカーギルは、当時の組合の規約を無視して、全国ストに関する投票を行わず、各地でゲリラ的にストライキに入り、それが広範囲に広がることで、事実上の全国ストライキに突入しようとした。その前のいくつかの全国ストライキ投票で賛同が得られていなかったため行った苦肉の策であった。しかし、これには、労働者側からも反発があり、ノッティンガムのように大量のスト破りを出すケースを生み出した。さらに、このスト破りを止めるために、大規模なピケッティングが行われたが、就労しようとする労働者とそれを止めようとする組合側の間で暴力事件が多発した。

このような政府と全国炭鉱労組との間の抗争とストライキは一年にわたり続いた。炭鉱労組は、火力発電のための大量の石炭需要が発生する冬まで持ちこたえれば、政府の備蓄がそこをつき、停電が続発する事態になり、そうすれば、勝てると考えていた。しかし、ストライキのさなかでも、ストに反対する労働者たちによって石炭供給は労組の意図したように十分に止められず、政府は備蓄も多く、この危機を乗り切った。そして、一九八五年三月、全国炭鉱労組は、労働者に職場への復帰を認め、事実上の敗北宣言を出さざるをえなかった。

サッチャー政権は、それまで譲歩せずにはイギリスでは政治が行えないと言われていた労働組合、とくに全国炭鉱労組NUMと対決して勝利した。労組と正面から戦って政治はできないというコンセンサスを打ち破ったことも、「戦後コンセンサス」破壊の一環であった。また、この間の一九八四年一〇月、ブライトンでの保守党大会においてサッチャーの宿泊するホテルがIRAの爆弾テロで破壊され、閣僚や家族たちが死傷した。IRAは、北アイルランドのイギリスからの分離・アイルランド帰属を求めたテロ組織であった。サッチャリズムは、これら外の敵と絶えず戦わなければならなかった。

外である労働組合との戦いには勝利したサッチャーであったが、同時に閣僚たちとの衝突のなかでは、辞任の危機に瀕したこともあった。それが軍用ヘリコプター会社であるウェストランド社をめぐる、いわゆる「ウェストランド事件」であった。

ウェストランド事件

ウェストランド社は、イギリスの軍用ヘリコプターを製造する会社であったが、必ずしも大きな会社ではなかった。国営企業ではなかったが、ウェストランド社の利益は大きくイギリス政府に依存しており、それだけに、その存在は安全保障上の意味もあった。しかし、そのウェストランド社は、一九八五年当時、経営危機に瀕していて、何らかの経営支援が得られないと倒産する危険性があった。サッチャー政権はその経営支援先の選定に関与していた。

このウェストランド社の再建計画に関わっては、ヨーロッパの企業に支援を仰ぐか、米国の企業に支援を仰ぐかに関して、議論があった。ウェストランド社は、米国のシコースキー社との提携を模索していたが、当時の防衛相であったマイケル・ヘゼルタインはヨーロッパとの提携を主張していた。これは、ヨーロッパ共同開発のヘリコプター計画が当時進行しており、この計画にウェストランド社が残るためには、ヨーロッパ各国との提携しかないと考えていたからであった。一方で、サッチャーは、ウェストランド社の再建計画は、主として民間企業である同社が決めることであり、米国の企業によって再建されても問題はないし、ヨーロッパ共同開発のヘリコプター計画から必ずしも排除されないと考えていた。

そういうなか、一一月末に、ヘゼルタインは、自ら、フランス、イタリア、ドイツの責任者を集め、各国政府がヨーロッパで設計・製造されたもの以外のヘリコプターを買い控える旨の文書に同意させた。いわゆる国家軍備責任者会議（NAD）の勧告である。このとおりになされると、ウェストランド社はヨーロッパの主要ビジネスから締め出されることになるという点で死活問題であった。また、ウェストランド社は、この時までにシコースキー社だけでなく、そこにイタリアのフィアット社も入れることで、ヨーロッパ共同開発の体裁を整えようとしていた。一方、サッチャーは、ヘゼルタインやリーオン・ブリタン貿易産業相らを含む関係閣僚と断続的に会合を重ね、一二月九日には内閣委員会の小委員会を開き、そこにはウェストランド社のカクニー会長も参加した。カクニーはシコースキー、フィアットとの提携が最善のプランであることを説明し、サッチャーやリーオン・ブリタンもそれを支持し、政府はNADの勧告には拘束されないと結論づけた。

しかし、一二月一二日の閣議では、議題になかったにもかかわらず、突然、ヘゼルタインがウェストランド問題を持ち出し、発言し始めた。サッチャーは、議題にないことを理由に閣議を打ち切った。ヘゼルタインのウェストランド問題での異議は閣議議事録にも残されなかったため、ヘゼルタインはそれにも反発した。このころから、マスコミは、ブリタンとヘゼルタインの間での対立に注目し始めた。ウェストランド社は、一二月二一日の決算発表において、シコースキー、フィアットとの提携を正式に発表した。

翌一九八六年一月一日には、カクニーからの質問に答えて、サッチャーが書簡を出し、それは三日に『ザ・タイムズ』に掲載された。その内容によると、ウェストランド社のシコースキー・フィアットとの提携によって、同社がヨーロッパの会社でなくなるとは考えないし、したがって従来どおりの取引が損なわれることはないし、ヨーロッパ共同開発プロジェクトにおいても同社の役割に期待するという政府の見解を述べた。ところが、ヘゼルタインは、三日に、ウェストランド社のシコースキー・フィアットとの提携に懸念を表し、その提携はヨーロッパ共同開発プロジェクトとは「両立しない」という関係国の政府や企業の見解を伝え、それを公開した。

サッチャーは自分がお墨付きを与えたウェストランドの提携計画に、ヘゼルタインが公然と懸念を表面化させたことが、内閣の連帯責任に反するものとして、激怒した。また、サッチャーは、ヘゼルタイン書簡の問題点を明らかにするために、ブリタン貿易産業相を通じて法務副総裁のメイヒューに検討を依頼した。この依頼にこたえて、メイヒューは貿易産業相に書簡を送った。この書簡には、ヘゼルタイン書簡には「不正確なところ」がある旨が指摘されていた。同時に、この書簡には、機密であり、許可なく公開することは国の利益を侵害すると書かれていた。しかし、それにもかかわらず、この書簡の一部が報道された。

一月九日には、閣議を招集し、そこで、今後は内閣とは別の意見を明らかにする前には、内閣で同意を得なければいけないことを確認したが、そこで、その確認は将来の発言に関するだけではなく、過去の発言を繰り返すことも対象にされた。つまり、ヘゼルタインが過去の発言を繰り返すことも禁じられたのである。これに、ヘゼルタインは激怒し、「私はもはや、この内閣のメンバーでは、いられない」という言葉を残して、憤然と閣議を去り、直ちに記者会見で辞任を表明した。

一方、機密であるにもかかわらず報道されたメイヒュー書簡に関わっては、法務総裁であるヘイヴァーズが一九一一年公機密法に抵触するとして問題にした結果、下院で審議されることになった。漏洩は、貿易産業省の事務官コレット・バウによって行われたが、問題は、これがどういう指揮命令で行われたかであった。ここでの問題の対処の仕方によっては、サッチャーが辞任に追い込まれる可能性があった。焦点となった一月二三日の下院審議の直前には、「今晩六時には、私はもう首相ではないかもしれない」と嘆いたと言われるほど、サッチャーは追い詰められていた。結局、サッチャーは、漏洩の責任はブリタン貿易産業相にあると述べ、野党労働党党首キノックの追及の甘さにも助けられ、辞任の危機は回避できた。しかし、ブリタンは、責任を負わされ、貿易産業相を辞任した。

この漏洩事件は、結局のところ、ヘゼルタイン書簡の内容に対して、内容が不正確であると印象づけるために、法務副総裁の書簡を公表したところにポイントがあり、サッチャーが関与していたという指摘が多い。サッチャーらの目算によれば、このリーク自体は大きな問題にならないであろうと考えていたようであるが、ヘイヴァーズの問題視が誤算であったという指摘がある。サッチャー自身が『回顧録』で書いていることであるが、大きくもないヘリコプター会社の再建計画にヘゼルタインがこだわり続けたことは、合理的な理解という点では難しいところもあった。しかし、このような閣僚内の確執は、彼女の「確信の政治」の代償でもあった。実際、九〇年に、ヘゼルタインが党首選挙に立候補してきたことがきっかけで、サッチャーは辞任に追い込まれた。その因縁は、この時から続いていたといえる。

5　公的サービスの改革とヨーロッパでの挫折

一九八七年総選挙

サッチャー政権は、一九八四年から八五年の炭鉱ストライキで、七〇年代にイギリスを震撼させた全国炭鉱労組を敗北させただけではなく、ロンドンやリバプールにおいても、左派勢力と対決した。ロンドンにおいては、一九八五年地方自治法によって、大ロンドン議会（Greater London Council）を不効率な存在であるとして解体し、その権限はクワンゴや下部の自治体に移譲した。これは、労働党左派であったキャンペーン・グループの勢力がロンドンで強く、そのリーダーであったケン・リヴィングストンらの権力をつぶすという政治的な思惑もあったと言われている。大ロンドン議会は、テムズ川をはさんでウェストミンスタ

コラム7-3 クワンゴ（Quango）

クワンゴを日本語に訳すならば，最も近いのは特殊法人であろう。だが，クワンゴは，地方団体やNPOの一部も含む場合がある。定義に関する通説はないが，クワンゴ定義の最大公約数は，公的資金が使われ，政府の政策を事実上執行している省外の団体である。労働党政権末期の1970年代末と，保守党政権末期の90年代半ばに，クワンゴには公的資金が使われているのに実態が不透明，政権党関係者が役員を占め，高額の報酬が支払われているとの批判が強まり，95年のノーラン委員会報告で役員任命などに関して対策が勧告された。ブレア・ブラウン労働党政権の十数年でもクワンゴは増大したとの批判がある。日本における特殊法人と同じく，不透明にもかかわらず，長期政権化すると必ず肥大化するという点では，イギリスでも事情は共通している。

ー議会の対面に位置し、ケン・リヴィングストンらは、反対側の議会に対して巨大な横断幕などで圧力を加え続けていた。また、リバプールでは、労働党左派のミリタント・テンデンシーに属するデレク・ハットンが市議会の責任者を務めていたが、ハットンは地方固定資産税であったレイツを引き上げて地主や家主の負担を増す一方、自治体経営は放漫であった。これに対して、サッチャー政権は、レイツの上限を超えた場合にはペナルティーを課すことを断行し（レイト・キャッピング）、その後一転、ハットンらは市職員の大量解雇を予告せざるを得なかった。こうしたハットンの行為は、多くの批判を浴びた。

しかし、このような労働党左派への攻撃は、一方で、キノックらによる中道へのシフトを事実上支援することになった。キノックは、一九八五年の労働党大会で、ハットンらの行いを痛烈に批判し、翌年には、彼らを労働党から追放した。それでも、一九八七年総選挙マニフェストでは、依然として産業の「公的所有」などの表現で、国有化方針からの脱皮の不完全さを印象づけた。

一九八七年総選挙は、このような労働党の左派方針の修正が行われ、サッチャー政権が政権初期に行ってきたインフレ抑制策の効果が出始めた時期に行われた。インフレは五％を切り、ＰＳＢＲは減少に転じた。失業率は依然として高いものの、実質ＧＤＰにおいては安定的な成長軌道に乗った。一九八七年総選挙では、こうした実績の上に立って、教育や医療、住宅の分野の改革を進めることがサッチャー政権の重点であった。また、保守党総選挙マニフェストでは、冒頭にサッチャー政権の実績が並び、その後、多くの人々が住宅や株式などの資産を持ち、自立することを支援する財産所有民主主義が強調された。

この財産所有民主主義という考え方は、当時、大衆資本主義とも呼ばれた。ストライキなどの手段を通じて政府や会社などに対して生活の改善を要求する労働者に、財産を持たせることにより、彼らを、利率や株価を気にする資産家へと意識改革することで、労働者としての意識を掘り崩そうとしたものであった。

この総選挙では、保守党は三七六議席を獲得し、引き続き、政権を維持した。同一政権が総選挙を三連勝したのは、戦後初めてであり、サッチャーは、勝利が確定した開票日の夜、詰め掛けた支持者やマスコミに対して、スミス・スクウェアの保守党本部の窓から三本指を立てて、「三連勝」をアピールした。労働党は得票率を三〇・八％に回復させたが、二二九議席にとどまった。連合は、得票率二二・六％を獲得したが、やはり議席にはつながらず、二二議席にとどまった。サッチャー政権は絶頂期を迎え、翌一九八八年の保守党大会で、サッチャーは「さらに一〇年」と称賛を浴びた。

教育・医療・行政の改革

サッチャー政権の教育、医療、行政に対する改革は、意外なことに後半の、それも八七年総選挙以降の第三期目に集中した。それまでも、これらの分野に対する改革は、多少なされていたが、いずれも、三期目以降の抜本改革ほどではなかった。言い換えれば、サッチャー政権が、もし短命であったなら着手されなかった改革であると同時に、サッチャー政権にとって、初めの数年間はインフレ抑制が最優先課題であって、本格的に着手する余裕がなかったといえる。

サッチャーの教育改革に関しては、三期目の前にも、いくつかの試みがなされていた。しかし、大きな転換点となったのは、一九八八年教育改革法であった。改革は、教育の全体にわたるが、その最も中心となったのは、初等・中等教育の分野である。

その主なものをあげると、(1)ナショナル・カリキュラム、(2)目標達成度テストと結果の公表、(3)学校経営の自主性の強化、(4)親の選択の強化であった。

ナショナル・カリキュラムとは、全国統一のカリキュラムのことであるが、それまでの各地域の自主性を重んじるイギリスの教育においては、全国統一のカリキュラムは存在したことがなかった。そのナショナル・カリキュラムに基づき、目標達成度テストが行われ、その結果は全て公表されることになった。学校は、それまで地方教育委員会の管理の下におかれていて、人事と予算も握られていたが、一九八八年法以後は、人事と予算の自由度が学校に与えられ、右記の目標達成度テストでの成績の改善などに追われるようになった。また、この一九八八年法によって、学校ごとの定員充足が厳格化され、その結果、人気のある学校は周囲の地域以外からも生徒を受け入れることが可能になった。その一方で、目標達成度テストの成績が悪く、貧困地域にある学校は生徒が定員を大幅に割り込むこともあった。実質的に、親が学校を選び、学校間が競争するシステムが導入された。

さらに、親の選択と地方政府の権限縮小が目指された典型的な政策は、補助金維持学校（Grant Maintained School）の設立であった。この補助金維持学校とは、親の代表も入る学校の理事会の決定によって、地方教育委員会の管理から離脱し、国から直接補助金を得て学校運営ができるという制度であった。地位的には、公立学校ではないが、国から補助金を受け、学費はそれまでの公立学校の時と同じく無料であった。また、イギリスの他の多くの学校とは異なり、適正試験によって入学選考することが可能であった。イギリスの公立教育では、一九四四年以来、一二歳で成績によって進学校であるグラマー・スクールにいけない場合には、大学進学の道が事実上閉ざされていたが、六〇年代から、グラマー・スクールを廃止して、居住地域ごとの普通科学校であるコンプリヘンシヴに換える改革が、セカンダリー・スクール（日本の中高校にあたり、一二歳から一八歳が対象）において圧倒的に広がっていた。この方法は、成績の悪い生徒の進学機会を奪わない代わりに、成績の良い生徒の進学機会を損なっているという批判もあった。そこで、サッチャーは、地域の親の意向によって地方教育委員会の管理から抜け出せる補助金維持学校を作ったのであった。

医療に関しては、重要な改革は、一九八九年に行われた。サッチャー政権は、同年に『患者のための運営』（Working for Patients）という白書を発表した。当初、サッチャーは米国にならって民間医療中心のスタイルに全面的に改革することも視野に入れていたが、結局それについては断念した。改革は、⑴従来国営であったNHS病院を独立の法人（NHSトラスト）とし、NHSトラスト病院にサービスの提供者としての役割を、地域医療局

(District Health Authorities)とGP(地域登録のホームドクター)にサービスの購入者としての役割を与えた。(2)一方、GPたちには、多くの患者を集めた場合にだけ、政府から個別予算が与えられ、その予算をめぐってGPたちも競争することとなった。しかし、結局、サッチャーの改革によっても医療の患者負担無料というNHSの原則は守られた。

このような改革には、NHSに対して多くの予算が使われる割には、それが効率的に医療に使われていないというサッチャーの問題意識があった。NHSの場合、患者負担が無料であるということは、その舞台裏では、国が実質的には負担していることになるが、このような状態では、内部的なシステムを効率化する動機が乏しくなるとサッチャーは考えた。実際、患者が居住地域以外で医療を受けた場合、その費用が国によって支払われるためには、居住地域から医療を受けた地域へと予算が移されなければいけなかったが、その間に数年を要すると言われた。それが、サッチャーが改善したい非効率性の一例であった。

サッチャーは、このようなシステムに市場原理を導入することによって、効率化がもたらされると考えた。NHS病院を、従来の国営から独立の法人としたのは、サービスの提供者としての役割を与えて、コスト感覚を増そうと考えたからであった。また、多くのGPが個別の予算を持つことによって、NHS病院は、それらGPからの契約を競って、効率化されると考えたわけである。

行政改革の分野においても、改革が行われた。一九八八年二月のイブス報告に従って、ネクスト・ステップス・エージェンシーがつくられた。ネクスト・ステップス・エージェンシーとは、国の政策に基づいて、その執行のみを分離して担当する機関で、エージェンシーの長は、一定期間内の目標や予算、給与体系(能力給を含む)などについて省庁と契約を交わし、その後は、かなりの自由度を持って仕事に当たることができる。そして、契約の目標が達せられない場合には契約を更新できないこともあった。エージェンシーの長を含め、人事は民間人の登用・短期雇用など柔軟な運用を認められるが、構成員は公務員であった。イギリスの公務員は、その後、大半がエージェンシーの下で働くことになった。

サッチャー政権でのこれらの改革に特徴的であったのは、民営化という形は取らないし、生徒や親や患者たちから料金を取るという形ではないが、公的サービスを提供する側に市場原理を導入するという「内部市場」の手法であった。政府支出を削減するという意味での「小さな政府」は、政権につけば労働党さえ目指したことがあり、決してサッチャー政権に特有なものではなかった。また、民営化自体は、それまでのイギリスにおいても少数ながら実行されてきた。しかし、公的サービスに市場原理を持ち込むという改革は、それまでイギリス政治史上においても前例がなく、「戦後コンセンサス」の破壊という点でも、一つの画期を成すと言えるものであった。

もっとも、この「内部市場」は必ずしも一概に成功したとは言えない。NHSの手術の順番待ちは、その後一〇〇万人を突破した。教育・医療の改革の基本は、その後、九七年の政権交代以後も引き継がれたが、GP個別予算はブレア政権で廃止された。

レイツの廃止とコミュニティー・チャージの導入

イギリスでは、個々の住民が支払う住民税はなかったが、その一方で、地主や家主が支払わなければいけない固定資産税があり、これが事実上、住民税の役割を果たしてきた。この固定資産税は、レイツと呼ばれ、サッチャー政権までは、各自治体が自らの判断において税額を設定し、課税することができた。しかし、サッチャー政権下では、リバプールのような労働党支配の自治体において、レイツを著しく引き上げる例が見られた。労働党与党の自治体であれば、有権者は労働者階級が比較的多い場合が一般的であったので、資産所有者だけが払うレイツをいくら引き上げても、労働党与党自治体はあまり不利益を被らないからであった。また、八〇年代の労働党与党自治体の議員たちは左傾化し、彼らは「ルーニー・レフト」（狂信的左翼）と呼ばれた。

サッチャー政権は、こうした事態に対して、先述のように、レイツの上限を決めるレイト・キャッピングを行った。しかし、その一方で、このレイツの仕組みそのものを見直す作業を開始していた。その結果、レイツの廃止案と同時に提起されたのが、コミュニティー・チャージであった。

コミュニティー・チャージとは、収入に関わりなく地域ごと一律の住民税を成人居住者に対して課すという制度であった。こうした特徴により、コミュニティー・チャージは、別名、人頭税とも呼ばれた。これにより、それまで住民税を払ってこなかった人々も支払わなければならなくなるので、その部分の批判は予想された（もっとも、低所得者や学生には戻し税の措置がとられた）。しかし、その一方で、その地域ごとの一律の課税額は、自治体予算にそって決められるので、放漫経営の左翼自治体は高額の住民税を、レイツの時とは異なり、選挙民全員に課すことになるので、自治体経営の実態が暴露され、住民の批判にさらされると、サッチャーは考えていた。しかし、実際に批判にさらされたのは、サッチャーの方であった。

この構想は、一九八七年総選挙マニフェストのなかでも明らかにされていたが、スコットランドでは先行的に八九年から導入され、イングランドでは九〇年から導入された。先行的に導入されたスコットランドでは、批判の矛先は、自治体ではなく、制度を導入しようとしたサッチャー自身に向けられた。イングランドでも、当時の物価高や自治体の予算増の結果、コミュニティー・チャージにした場合、いくつかの自治体では、レイツの時よりも税額が高額になる可能性があることが分かった。また、レイツは不動産を持つ人々に課税したので、その徴収は比較的容易であったが、コミュニティー・チャージは頻繁に移動する人々を捕捉できず、徴税が著しく困難であることが次第に明るみになってきた（そもそも、イギリスには日本のような住民登録という制度自体がなく、移動を捕捉するシステムが未構築であった）。それを見た保守党平議員たちは、九〇年地方議会選挙や次期総選挙への影響を考え、浮き足立ち、次第にサッチャーに対する批判を強めるようになった。

また、世論も批判を強め、保守党は支持率で労働党に抜かれるようになった。さらに九〇年三月三一日、イングランドでのコミュニティー・チャージ導入を翌日に控えたロンドンでは、大規模な抗議デモが渦巻いた。首相官邸前のデモ隊に対して、警官隊が鎮圧に乗り出し、その近くのトラガルファー広場では、デモ隊と騎馬警官隊が激突し、女性が馬になぎ倒されるシーンがテレビで放映された。デモ隊の一部は建物に火を放つなどした。この騒乱は、コミュニティー・チャージに対する民衆の不満を印象づけた。

もっとも、五月に行われた地方議会選挙の結果では、自治体経営にお金のかからない豊かな農村地域では、コミュニティー・チャージの方がレイツに比べて低額で済み、保守党が勝利した。逆に、自治体経営に費用がかかる地域では、コミュニティー・チャージが高額になり、そういう地域では、労働党が勝利した。

ヨーロッパをめぐる対立とサッチャーの辞任

一九九〇年一一月に、サッチャーは辞任に追い込まれるが、その理由の一つは、右記のコミュニティー・チャージをめぐる国民的不人気と、それに動揺した保守党内の反乱であった。しかし、もう一つの理由は、外交、とくにヨーロッパ問題であった。

もっとも、サッチャー外交全体は、全体としては、多くの成果を収めたといえる。フォークランド戦争においては、軍事的勝利の一方で、外交的にも勝利していたといえるし、他のいくつかの分野においても十分な成果を挙げていた。米国のレーガン大統領とは個人的な信頼関係を醸成することに成功していた。一九八五年にソ連でゴルバチョフ政権が誕生すると、彼のペレストロイカを賞賛し、一九八七年にはサッチャーもソ連を訪問した。ソ連が柔軟な方向で改革されることを、サッチャーは歓迎し、ゴルバチョフに対する支持を隠そうとしなかった。ECにおいても、サッチャーは、EC農業補助金に関わって、割戻金を要求し、ヨーロッパ各国と対立してきたが、一方で、ミッテランをはじめとして各国のリーダーとの信頼関係も築き、一九八四年には、割戻金の獲得にも成功していた。一九九〇年八月には、イラクがクウェートに侵攻したが、この時、サッチャーは、一〇年にわたり培ってきた国際的関係を活かし、中東諸国にイラク非難を求めて電話外交を展開する一方、米国ブッシュ大統領と協力して軍事的解決の準備を行っていた。コミュニティー・チャージで低迷していたサッチャーの人気は、これによって回復する可能性もあった。

しかし、最終的に止めを刺したのが副首相であったジェフリー・ハウの辞任であり、それはヨーロッパ統合に端を発したものであった。ハウは、サッチャーと対立して内閣を去ったり、追い出されたりした閣僚が多い中で、政権当初から仕えてきた数少ない政治家であった。また、蔵相、外相をはじめとして、要職を歴任してきた。そのハウが、議会で公然とサッチャーを批判し、辞任した意味は大きかった。

八〇年代末、ECは、域内において関税などの様々な障壁を取り除くことで、単一市場を作り出し、単一通貨などの形で通貨統合を目指し、やがては、ヨーロッパ各国の政治統合を展望することが、議論されていた。その中で、為替相場メカニズム（ERM）は、各国通貨の変動幅を一定の範囲内にとどめ、通貨統合の環境整備を進めていくという役割を与えられていた。サッチャーは、ERMへの参加や、統合を進める議論に強硬に反対した。しかし、その一方で、自由貿易の観点から、ヨーロッパ単一市場に関しては、強固な支持を明らかにしていた。

一九八八年九月二〇日にブルージュで行ったサッチャーの演説は、そうした彼女の考え方を明らかにした代表的な演説とされている。その中で、サッチャーは、ECを「ヨーロッパ超国家」と表現した。ECは、まるでソヴィエト型の中央集権に向かうかのようであって、いくらイギリスにおいて国有化を駆逐しても、ブリュッセルからそれを押し付けられているようなものであると批判したのであった。この演説は、イギリス内外の統合推進派の反発を買った。そうした中で、ナイジェル・ローソン蔵相は、辞任した。ローソンは、サッチャーが側近アラン・ウォルターズを重用し、蔵相の役目をないがしろにしたと批判した。また、常にERMを拒否し続け、将来の加盟時期も明らかにしないサッチャーと、加盟賛成のローソンは、常々対立していた。後任には、後の首相となるジョン・メイジャーが充てられた。

八〇年代末、イギリスとしては、加速する通貨統合の流れの中で、単一通貨の実現ではなく、各国通貨を残し、ビジネスや旅行の際に中心的に使われる「ハード・エキュ」構想を主張していた。これは、通貨統合に完全に反対するだけでは、ヨーロッパ内部で孤立し、将来の通貨システム自体にイギリスの利害を反映させられない可能性に、危機感を持っていたからであった。関与することで、単一通貨を阻止するという意図であった。サッチャー政権内部では、通貨統合の流れを加速させないためにも、それへの関与が必要であるという認識を持つ閣僚たちも多かった。

ハウもまた、その一人であった。しかし、サッチャーは、実際のところ、エキュを含め、いかなる通貨統合の動きに反対であった。サッチャーは、八九年の内閣改造では、ハウを外相からはずし、副首相ながらも比較的軽い役職である下院院内総務に彼を充てた。それでも、ハウはヨーロッパ統合問題での落とし所を探っていた。そんな中、九〇年一〇月の議会では、サッチャーが欧州理事会の報告を行い、討論を行った。この中で、サッチャーは、いかなるヨーロッパ統合の動きに対しても、「ノー、ノー、ノー」と強い拒絶感を表明した。さらに、この時、サッチャーが「ハード・エキュは広くは使われるようにはならない」「そんなふうになるとは信じない」という発言をしたことに、ハウは衝撃を受けた。落とし所も見つけず、徹底的に拒絶するサッチャーを見て、ハウは、一一月一日辞任を発表した。

その後、一三日の辞任演説において、ハウは、内閣を挙げて進め、蔵相やイングランド銀行総裁などが実現に尽力してきた「ハード・エキュ」でさえ、自分のヨーロッパ嫌いで貶めるサッチャーの統治スタイルを痛烈に批判した。ハウは、サッチャーの統治スタイルを、クリケットに譬えて、次のように述べた。「最初の球が投げられる時、打席に入ろうとしてわかったことは、チームのキャプテンによって、試合前にバットがことごとく破壊されていたことだった」。ハウの演説は、サッチャーに代わる「他の人」の登場を示唆して終わった。

ハウの辞任演説の翌日、ヘゼルタインは党首選挙への立候補を表明した。二〇日の第一回投票では、サッチャーは二〇四票を集めて、ヘゼルタインの一五二票を圧倒した（棄権一六票）。しかし、第一回目で決着をつけるためには、全保守党下院議員の一五％の差を、二位候補に対してつけることが必要であったが、サッチャーは四票足りなかった。そこで、最終的決着は第二回投票に持ち越されることになった。第二回投票では、単純過半数を得た候補が勝利する規則になっていた。一回目の開票結果を、サッチャーは、全欧安保協力会議に出席していたパリで聞いた。第一回投票で決着がつかなかったことを知らされたサッチャーは、第二回目投票で勝つ方針を明言した。

しかし、ロンドンに戻ってきたサッチャーを待っていたのは、閣僚たちからの辞任勧告であった。サッチャーは、一人一人の閣僚と話したが、ほとんど異口同音に彼らが述べたのは、自分は支持するが第二回投票で勝てないと思う、ないしは、もし勝てたとしても、その後、党をまとめることは困難であるという中身だった。その時、各種世論調査における保守党の支持率は、労働党を下回っていた。サッチャーは、閣僚の意見を聞き、涙した。サッチャーは、一一月二二日、首相を辞任する旨を発表した。

こうしたサッチャーの辞任劇は、「鉄の女」とさえ言われた政治家も、結局、民衆や閣僚たちの支持なくしては持ちこたえられないことを示した。特に、コア・エグゼクティヴという用語を広めたロッド・ローズやマーティン・スミスら研究者たちは、この辞任劇を通じて、首相が彼らの同僚たちの支持に依拠し、首相と閣僚・議員たちは相互依存の関係にあることを強調した。コア・エグゼクティヴとは、「首相、内閣、内閣委員会、それらに対応する行政側、非公式的な閣僚間の会合、二者間協議、省庁間委員会等を包含する諸制度やネットワークや諸実践からなる複合的な網の目」（ロッド・ローズ）であり、サッチャーは、この時、コア・エグゼクティヴの支持を失ったということもできるだろう。

晩年のサッチャーは、認知症を患い、二〇一三年四月八日に死去した。四月一七日に行われた葬儀には、一〇〇〇万ポンド（当時の円レートに換算すると約一五億円）の巨費がかけられ、女王、首相の政府要人はもとより、各国からも首脳が集まった。公式の発表においては、それは国葬ではないとされたが、事実上の国葬であった。それでも、彼女の支持者らは、それが公式な国葬でなかったことを批判した。その一方で、サッチャー政権下での大量失業に苦しんだイングランド北部やスコットランドの都市では、サッチャー政権の時代を知らない若者たちも含めて、少なくない人々がサッチャーの死を喜ぶ姿が見られた。当時のシングル・ヒットチャートでは、「オズの魔法使い」の挿入曲「魔女が死んだ」が突如全英二位に進出し、スコットランドでは一位となった。こうした出来事は、サッチャーという政治家に対する熱狂的な支持と憎悪の両方が、英国内にあることを、改めて示すことになった。

参考文献

梅川正美（一九九七）『サッチャーと英国政治』1、成文堂。

梅川正美（二〇〇一）『サッチャーと英国政治』2、成文堂。

梅川正美（二〇〇九）『サッチャーと英国政治』3、成文堂。

小笠原欣幸（一九九三）『衰退国家の政治経済学』勁草書房。

小堀眞裕（二〇〇五）『サッチャリズムとブレア政治』晃洋書房。

高畑昭男（一九八九）『サッチャー革命』築地書館。
毛利健三（一九九〇）『イギリス福祉国家の研究——社会保障発達の諸画期』東京大学出版会。
マーガレット・サッチャー、石塚雅彦訳（一九九三）『サッチャー回顧録——ダウニング街での日々』上・下、日本経済新聞社。
マーガレット・サッチャー、石塚雅彦訳（一九九五）『私の半生』上・下、日本経済新聞社。
Dale, Iain (2000) *Conservative Party General Election Manifestos, 1900-1997*, Routledge.
Butler, David and Gareth Butler (2006) *British Political Facts since 1979*, Palgrave Macmillan.
Collins, Christopher (ed) (1999) *Margaret Thatcher: Complete Public Statements 1945-1990 on CD-ROM*, Oxford University Press.
Evans, Brendan (1999) *Thatcherism and British Politics 1975-1999*, Sutton Publishing.
Goodman, Alissa & Steven Webb (1994) 'For Richer, For Poorer: The Changing Distribution of Incomes in the UK, 1961-91', in *Fiscal Studies*, Vol. 15, No. 4, Nov. 1994.
House of Commons, *Hansard*, Stationery Office
Howe, Geoffrey (1994) *Conflict of Loyalty*, Macmillan.
Jenkins, Peter (1988) *Mrs. Thatcher's Revolution*, Harvard.
Minogue, Kenneth (1987) *Thatcherism: Personality and Politics*, Macmillan.
Rhodes, R. A. W. and Patrick Dunleavy eds. (1995) *Prime Minister, Cabinet and Core Executive*, Macmillan.
Skidelsky, Robert (ed) (1988) *Thatcherism*, Chatto & Windus.
Vinen, Richard (2009) *Thatcher's Britain*, Simon & Schuster.
Watkins, Alan (1991) *A Conservative Coup: The Fall of Margaret Thatcher*, Duckworth.
Wilks, Stephen (1993) 'Economic Policy,' Patrick Dunleavy et al (ed), *Developments in British Politics 4*, Macmillan.

第8章　分裂する保守党の自画像
――メイジャー政権　一九九〇～九七年――

阪野智一

ジョン・メイジャー（共同通信社提供）

メイジャー政権については、サッチャー、ブレアという強いリーダーシップを発揮した政治家に挟まれた、幕間劇のように理解されることが多い。ヨーロッパ問題をめぐって保守党内の対立は深刻化したが、それはメイジャーの政治スタイルによるものというより、ヨーロッパ統合をめぐる保守党自身の分裂した自画像の表れでもあった。国内政治においては、サッチャー以上のサッチャー改革がメイジャー政権下で展開された。二〇世紀最後の保守党政権としてイギリス政治に大きな影響を与えたメイジャー政権の政策実績を、ヨーロッパ統合問題と新自由主義的改革に焦点を当てて検討する。

1　メイジャー政権の誕生

一九九〇年保守党党首選挙

一九九〇年一一月に行われた保守党党首選挙で、七九年五月以来一一年半にわたって続いたサッチャー政権は意外なほどあっけなく倒れた。一一月二〇日に行われた第一回投票では、サッチャーは当選要件に四票足らず、党首選出は一週間後の第二回投票にもちこされた。当初サッチャーは出馬を表明していたが、大半の閣僚がサッチャーの勝利に否定的な見方を示したため、出馬辞退すなわち首相辞任を決断した。第二回投票には、第一回投票でサッチャーの対抗馬であったマイケル・ヘゼルタインに加え、外務大臣のダグラス・ハード、大蔵大臣のジョン・メイジャーが新たに立候補した。メイジャーは、第二回投票の当選要件である過半数にはわずか二票届かなかったが、ヘゼルタインとハードが第三回投票への出馬を辞退したため、メイジャーが党首、そして首相に就任することになった。時にメイジャー四七歳。その記録は後にブレアによって塗り替えられるが、当時としては二〇世紀イギリス史上最年少の首相の誕生であった。しかも、メイジャーは大学教育を受けていない。オックスブリッジと略称される、オックスフォード大学やケンブリッジ大学出身者がひしめく保守党のなかで、異例の首相と言えよう。

一般に党首の退陣は、総選挙での敗北かその可能性の高い場合である。サッチャーの場合も、このことは基本的に異ならない。保守党議員の多くは、選挙戦を戦う上でサッチャー首相では不利だと考えるようになっていた。そう判断したのは、選挙民の離反である。ギャラップ社の世論調査によると、一九八七年六月の総選挙当時四〇％を超えていた保守党支持率は、九〇年四月には二八％にまで低下し、労働党に二四ポイントも引き離されていた。

支持率低下の主な原因として、八八年以降のイギリス経済の悪化があげられるが、決定打となったのは、人頭税の導入である。所得や資産の多少にかかわらず、失業者も含め、一八歳以上のすべての住民に課される人頭税は、所得の低い、狭い部屋に住んでいる家庭に最もしわ寄せが行く。他方で、大邸宅に住む貴族は、膨大な固定資産税

コラム8-1　保守党党首選挙の仕組み

19世紀前半の結党以来，保守党は協議によって党首を選出してきた。慣例として，国王が党長老の意見を聞いて首相に任命した者を，党内の協議をへて党首に就任させていた。党首は選出されるものではなく，「出現」するものであるというのが，保守党の一般的な認識であった。ようやく1965年になって，下院議員の投票による党首選挙が導入されることになった。第１回投票において，過半数の票を獲得し，かつ次点の候補者に得票率で15％以上の差をつけていることが当選要件とされた。この要件を満たしていない場合，第２回投票に持ちこされる。1974年の改定で，現職党首に対して挑戦者が立候補した場合，年１回，党首選挙の実施が可能になった。この改定によって，1975年にサッチャーは党首に選出され，90年にはヘゼルタインの挑戦を受けることになった。さらに1998年には，党首選挙に全党員参加による１人１票制が導入された。下院議員の投票により党首候補者を２名に絞り込んだ後，一般党員の郵便投票によって決選投票が行われる。保守党が党首選挙の仕組みを変更しているのは，いずれも総選挙での敗北後である。選挙敗北という「外圧」が，現職党首への辞任圧力にとどまらず，選出制度自体の改革をもたらしたと言えよう。

の支払いを免れる。しかも、税額は各自治体で決定され、支出の多い自治体ほど高額の税額が課された。イングランドに施行される前日の九〇年三月三一日、ロンドンのトラファルガー広場では反人頭税の大規模なデモが繰り広げられた。警官隊とデモ隊が激しく衝突し、三四〇人もの逮捕者が出るほど、抗議運動は熾烈さを極めた。だが、サッチャーは自伝の中で、「最も広範囲に影響を及ぼす有益な改革の一つ」と記しているほど、修正する姿勢を全く見せなかった。

サッチャー退陣の引き金となったもう一つの争点があった。それは、ヨーロッパ統合問題で、これは党を二分する最も重要な争点となっていた。欧州懐疑派と親欧州派との対立である。前者は、ヨーロッパ統合の進展が国家主権を損なうと考える立場で、単一通貨の導入や政治的統合に反対の姿勢を示す。この勢力のリーダー的存在が、サッチャーであった。サッチャーは、九〇年一〇月三〇日、下院でローマ欧州理事会の報告を行った際、ドロール欧州委員会委員長が進めようとしている統合は、ヨーロッパ全体の連邦制化を目指すものであり、それに対する答えは、「ノー、ノー、ノー」であると、かたくなに拒否の姿勢をあらわにした。他方、後者は、ヨーロッパ統合の政治的・経済的メリットを高く評価し、必ずしも国家主権の脅威にならないばかりか、統合の動きに背を向けることは交渉過程におけるイギリスの発言力の低下・孤立化を招きかねないという考えに立っていた。ヘゼルタインや下院での辞任演説でサッチャーに激しい非難を浴びせ、サッチャー退陣の事実上の引き金を引いたジェフリー・ハウ元副首相が、その中心的な人物であった。

こうした対立の構図のなかで、メイジャーは旗幟を鮮明にしていない。後述するように、理念やイデオロギーを嫌悪する傾向の強いメイジャーは、ヨーロッパ問題についても実用的な手法を重視していた。サッチャー政権末期の大蔵大臣としてメイジャーは、消極的であったサッチャー首相をねばり強く説得して、一九九〇年一〇月、通貨統合の第一段階である為替相場メカニズム（ERM）にイギリスを加盟させた。しかし、それは経済通貨同盟の創設を理念的に支持していたからではなく、イギリス経済に財政的規律を課す上で必要であると考えたからであった。また、サッチャーのような攻撃的な外交手法は、イギリスにとって不利になると判断したのか、ヘゼルタインの党首選への出馬表明を受けて、メイジャーは「ヨーロッパの将来の発展においてイギリスが指導的役割を果たせるよう、建設的・実用的アプローチをとりたい」と述べている。

こうした言動は、親欧州派の人々にも、メイジャーは自分たちの一員であるとの印象を与えた。しかし他方で、党首選の第一回投票で、メイジャーはサッチャー支持を表明したことから、欧州懐疑派であるサッチャー派からも、自分たちの一員であると見られていた。イデオロギー的立場を鮮明にしない、こうした曖昧性が、党内対立を融和し、党の団結を維持する最有力候補としてメイジャーが支持を集めた大きな要因でもあった。

ブリクストンから首相官邸へ

では、メイジャーとはどのような政治家なのであろうか。メイジャーは、一九四三年、三人兄弟の末っ子として生まれた。父親は、かつては旅芸人として活躍していたが、メイジャーが生まれる一〇年前から庭の装飾用の置物づくりを始めていた。当初は順調であったが、事業失敗により、メイジャーが一二歳の時、一家は貧困層の多いロンドン南部のブリクストン地区に引っ越すことを余儀なくされた。公立の進学校に進学するものの、貧しい家庭の子弟であるという意識に悩まされ、メイジャーは学校生活にもとけ込めなかった。そのため成績も芳しくなく、一六歳で学校をやめてしまう。

ブリクストン市場（力久昌幸撮影）

その後、メイジャーは保険ブローカーの事務員を皮切りに、数回職をかえている。バスの車掌に応募しても採用されず、五カ月間の失業経験もある。一九六六年、二三歳の時に、メイジャーは銀行業務資格を取得し、スタンダード銀行に就職。すぐにナイジェリア駐在員となった。しかし、その五カ月後、自動車事故で瀕死の重傷を負い、イギリスに搬送されて入院生活を送っている。イギリス福祉国家の柱の一つである、国民保健サービス（NHS）の重要性を身をもって知ったメイジャーは、自伝のなかでこう回顧している。「ナイジェリアでの事故の後、重大な局面で受けたケアを忘れたことはなかった。こうした個人的体験から、公共サービスをほとんど利用したことのない、したがってその重要性もわかっていない政治家の高慢な考え方には我慢できない」と。

メイジャーと政治との関わりは、一九五九年、一六歳の時に保守党青年部に加入したことから始まった。社会的バックグラウンドから考えると、むしろ労働党に加入するのが相応しいように思われるが、選挙区活動家の勧誘を受けたこと、そして母親が保守党員であったことが、保守党に入党した理由であるという。保守党青年部での精力的な活動が実り、メイジャーは六八年に、ロンドン南部のランベス区議会議員選挙で初当選を果たす。その後、メイジャーの関心は国政に向けられていく。七四年総選挙での初挑戦・落選という経験を経て、サッチャーが政権を奪取した七九年総選挙で初当選を飾った。その後のメイジャーの政治的キャリアには目覚ましいものがある。八五年には社会保障省の政務次官、翌年には閣外相に抜擢された。八七年には、大蔵大臣に次ぐポストである大蔵主計大臣として初入閣を果たした。その二年後には外務大臣、さらにその三カ月後には大蔵大臣と、短期間の内に内閣の要職を歴任している。下院議員に初当選してから首相就任まで、およそ一一年半。首相就任までの下院在籍期間としては、歴代の首相のなかでは最も短い。

サッチャーの息子それとも伝統的保守主義者？

メイジャーの異例の昇進は、勤勉、誠実、優れた理解力といった本人の資質はさることながら、サッチャーの支援によるところも大きい。しかし、メイジャーは自分が「サッチャーの息子」と呼ばれることを嫌っていた。「自分はサッチャーではない」という点に、最も重要な政治的アピールがあると認識していたからである。はたしてメイジャーの首相就任は、サッチャー主義からの方向転換を意味しているのであろうか。サッチャー批判の矛先は、政策や政治的信条だけでなく、人頭税の断行に象徴されるような、その政治スタイルにも向けられていた。したがって、この問題を検討するには、政治スタイルと信条という二つの側面に注目する必要があろう。

敵対的・高圧的手法が際立つサッチャーの政治スタイルとは対照的に、メイジャーは合意形成を重視する政治スタイルを採った。それは、非常に温厚で、物腰の柔らかな彼自身の性格によるものであると同時に、サッチャーが失った党の求心力を回復し、党の団結を維持する役割を期待されたことによるところも多い。こうした政治スタイルの変化を顕著に示しているのが、集合的な審議・決定機関としての閣議の復活である。サッチャー政権の下では、閣議の招集回数・審議時間は減らされ、首相の意向に反論することが容易でないトップ・ダウン的な手法が採られていた。これに対してメイジャーは、決定作成に対する閣僚の参加を促し、責任を共有させることを重視した。

政治的信条やその内容を問題にする以前に、そもそもメイジャーは、理念やイデオロギーを嫌悪していた。「信念の政治家」と言われたサッチャーへの対抗意識があったことは見やすい。政権発足の際、首相官邸の政策スタッフが、前政権との違いを際立たせるために、サッチャー主義に代わる「メイジャー主義」という用語を広めようとした。しかし、メイジャーは「メイジャー主義」という用語を使用することを思いとどまらせた。自伝のなかで次のように述べている。「保守党は、特定の個人に属しているわけではない。私が推し進めたいと考えている『主義』は、多くのレベルで生活への理解と同情を備えた伝統的な保守主義である」と。

メイジャーのように合意形成を重視する調整型リーダーシップにとって、原理原則を前面に打ち出す姿勢は、交渉、妥協といったコミュニケーションの自然な経路をだめにし、党の団結に貢献するものでないどころか、危険にするものであった。もっとも、明確なビジョンがないという批判をメイジャーも意識していた。そこで打ち出されたのが、「階級なき社会」、「真に開かれた社会」といったフレーズである。まずは党首選の出馬表明に際して、次に首相就任後の最初の演説の中で、メイジャーはこのフレーズを掲げ、人々が能力と意志、努力に応じて社会的上昇を達成できる社会の建設を訴えた。しかし、「階級なき社会」の実現という目標は、単なるスローガンの域を出ず、実際に政権が動き出すと、ほとんど言及されなくなってしまう。

メイジャー自身がイデオロギーを嫌悪していたこと、他方で具体的成果を重視するプラグマティックな政治家であったことから、曖昧、理念の欠如といった評価が下されることが多い。たしかにそうした面があることは否定しがたい。しかし、ここで見落としてはならないのは、国内の経済・社会政策については、サッチャー主義者という側面を色濃くもっていたことである。

まずメイジャーは、イギリスは何よりも連合王国として維持されるべきだと考えるユニオニストであった。スコットランドやウェールズ等への権限委譲は、国家主権の再編という点で、ヨーロッパ統合問題と同じ方向性をもっている。だが、後者の問題に対しプラグマティックな手法を重視したメイジャーは、こと前者の問題については、彼自身の信念に関わる問題として、かたくなに反対の姿勢をとった。実際、九二年二月のグラスゴーで行った演説のなかで、「そうすることが常に我々にとって都合がよかったからではなく、それが常に正しいと思われてきたからである」と熱弁をふるうほど、連合王国の維持という点に関しては、メイジャーはサッチャー前首相に勝るとも劣らない「信念の政治家」ぶりを発揮した。

さらに、インフレ抑制を最優先し、公共支出の削減を経済政策の基調に置く点で、サッチャーと何ら異ならない。メイジャーは自由市場経済の信奉者である。しかも、市場原理に基づく新自由主義的改革路線は、行財政改革や労使関係・社会保障においても継承され、いっそうの定着が図られる。その意味において、サッチャー以上のサッチャー主義がメイジャー政権による現実の政策の中で展開されていく。

2　サッチャー退陣後の蜜月

ヨーロッパ問題への二面戦略　党首選の翌日、メイジャーは新閣僚を発表した。ハード外相をはじめ、サッチャー政権の閣僚二一名の内、一三名が留任した。蔵相には、党首選でメイジャーの選挙参謀を務めた大蔵主計大臣のノーマン・ラモントを昇格させた。四年ぶりの入閣となるヘゼルタインの環境相への就任は、メイジャーが人頭税の大幅な見直しを決断したことを意味した。

政権発足後の差し迫った課題は、外交問題であった。一九九〇年八月二日、イラクがクウェートに侵攻したことにより、湾岸危機が勃発した。メイジャーは、サッチャーとブッシュ大統領が設定した武力制裁の枠組みを引き継いだ。米英を中心とする多国籍軍は、九一年一月一七日、イラクへの進攻を開始する。三月三日に戦争は終結。湾岸戦争を通じて、英米間の特別な関係は強化されることになった。

最大の課題は、ヨーロッパ統合をめぐる問題であった。メイジャーは、ヨーロッパ諸国との関係改善について前向きな姿勢を示す一方、イギリスの国益のためにねばり強い交渉を続けるという二面戦略を採った。この戦略には、前者によって親欧州派を、後者によって欧州懐疑派を満足させ、そのことによって党の団結を図るという狙いもあった。

まず前者については、メイジャーは九一年三月にドイツで行った演説の中で、次のように述べ、サッチャーの敵対的な姿勢からの変化を印象づけた。すなわち、「私はイギリスがヨーロッパのまさに中心に位置することを望む。そして私たちのパートナーと一緒に将来の構築に携わりたい」と。また、国外での最初の演説をドイツで行ったことは、ドイツに対してきわめて警戒的であったサッチャーと異なり、ドイツとの関係強化を目指す姿勢の表れでもあった。

他方、後者の戦略を示しているのが、九一年一二月、オランダのマーストリヒトで開催された欧州理事会での条約をめぐる交渉である。メイジャーは、この会議において次の三つの妥協を獲得した。(1)条約草案の中に、EUは将来、連邦組織を目指すとの一文があったが、メイジャーが反発したため、その文言は削除された。さらに、国家レベルや地方レベルで実施することが望ましい分野については、EUの権限行使を抑制するという、「補完性の原理」が条約のなかに盛り込まれた。(2)通貨統合に関して、単一通貨の導入を留保する権利（オプト・アウト）がイギリスに与えられた。(3)共通社会政策についても、イギリスに対してオプト・アウト（適応除外）が認められた。労働条件や労使関係について、EUレベルの規制がイギリスに適応されることは、産業競争力にマイナスの影響を与えるとして、メイジャーは反対の姿勢を強く打ち出していた。

会議を終えて帰国したメイジャーは、下院でマーストリヒト条約の交渉結果について報告した。議場は拍手で迎えられ、まるで「ローマの勝利」のようであった、とメイジャーは、凱旋の様子を自伝に記している。

人頭税の廃止と市民憲章

国内政策においてメイジャー政権がまず取り組んだのが、人頭税の問題である。九一年三月、ヘゼルタイン環境相は人頭税を九三年三月で廃止し、これに代わる新たな地方税としてカウンシル・タックスを同年四月から導入すると発表した。

所得や資産の多少にかかわらず、失業者も含め、一八歳以上のすべての住民を課税対象とする人頭税は、その著しい逆進性から国民の激しい反発を招いていた。しかし、高額資産を所有する保守党支持者の存在を考えると、人頭税導入以前のレイツと呼ばれる固定資産税方式を単純に復活させるわけにもいかなかった。そこで考え出されたのが、人と資産の両方を課税対象とする税方式である。言いかえると、カウンシル・タックスは、レイツと人頭税を足して二で割ったような性格をもつ。ただし、人頭税の部分に関しては、成人二人の居住を基本とし、成人が一人しか居住していない場合は、二五％減額されることになった。逆に居住者が三人以上になった場合でも、税額は加算されない。

さらに、九一年七月、政府は白書『市民憲章』を発表し、医療や教育、交通機関等における公共サービスの質改善に取り組む姿勢を明らかにした。これは、市民を公共サービスの消費者と捉え、その発言権を拡大することによって、サービスの質向上を図ろうとするものである。すなわち、(1)行政が公共サービスの明確な基準を設定する。(2)その基準に見合うサービスが提供されているかどうか、消費者たる市民に判断してもらう。(3)判断するには、サービスの基準、実施方法やコスト等について、十分かつ正確な情報が市民に公開され、提供されなければならない。(4)提供されたサービスが基準以下のものである場合、市民は苦情を申し立てることができ、それに対して謝罪や説明等、行政は適切な対応をとらなければならない。こうした行政による基準の確立、市民によるチェック・システムによって、公共サービスの質向上を図ろうとする考え方である。

この白書を受けて、各省庁は、「患者憲章」、学校改革に関する「親憲章」、「乗客憲章」といった一連のミニ憲章を作成し、公共サービスの基準を示すことになった。たとえば、入院待ち期間は一八カ月以内にすべきである、学校は子供の学力到達度を年に一回は親に報告すべきである、地下鉄は毎日車内清掃をしなければならない、運転免許のテストを土日でも受けられるようにすべきである、といった内容が盛り込まれた。どちらかというと、生活のこまごまとした側面に関わるものも少なくない。この政策のねらいは、サッチャー政権がこれまで進めてきた民営化という方式を必ずしもとらず、公的部門はそのまま残しつつ、消費者主義を浸透させることによって、お役所意識と言われる職員の意識改革にあったと見てよいであろう。

石鹸箱に立つ首相

サッチャー退陣にいたる時期、世論調査で保守党の支持率は労働党のそれに二〇ポイント以上も離されていたが、メイジャー政権誕生後は、逆に保守党の支持率が労働党を数ポイント上回った。しかし、一九九一年春以降、保守党と労働党の支持率は互角となった。しかも、保守党は九一年五月に行われた地方選挙で大敗を喫した。

保守党支持率の低下の最大の原因は、景気後退にあった。八八年以降、バブルが弾けたように、イギリス経済は急速に悪化していく。実質経済成長率は八八年の四・八％から、九一年にはマイナス二・五％にまで落ち込んだ。失業率も九〇年の六％弱から九一年末には一〇％近くにまで達し、なお上昇傾向にあった。インフレ抑制のため、高金利政策を採ったことが、景気後退の大きな原因である。景気回復の兆候がほとんど見られないまま、任期満了直前の九二年四月に総選挙が行われることになった。

選挙戦の主な争点になったのが、景気対策と税金問題であった。ヨーロッパ統合問題はほとんど取り上げられず、争点にはならなかった。保守党は市場原理の維持強化を訴え、英国石炭公社の民営化を掲げるなど、民営化や規制緩和を継続するとした。また、法人税や所得税の減税による景気刺激策を景気対策の中心に置いた。これに対して労働党は、経済の競争力強化のために、技能の向上とそのための職業訓練やインフラの整備等、生産的投資を行う必要があるとし、高額所得者に対する増税をその財源とするとした。

実際の選挙戦は、政策内容よりも党や党首イメージを前面に押し出す展開となった。特に選挙戦の序盤から中盤は、相手候補の欠点や弱点を暴くネガティブ・キャンペーンの応酬となった。たとえば、保守党は「労働党のダブル・パンチ」と題するポスターを作成し、右手グローブに「増税」、左手グローブに「物価高騰」と書き込み、労働党の経済政策を攻撃した。他方で労働党は、簡単な耳の手術に一一カ月も病院で待たされた少女の話を党選挙用テレビ・コマーシャルとして放映し、保守党政権の国民医療保険政策を批判した。

ニール・キノック労働党党首は、支持者の集会を遊説して回り、選挙戦終盤では、労働党の地盤であるシェフィールドで、ポップ・コンサートさながらの大集会を開催するなど、アメリカ大統領型の選挙キャンペーンを展開した。これに対して同じく選挙戦終盤、支持率でリードを奪えない状況に、メイジャーは街頭に出て、メガフォンを手に石鹼箱の上に立ち、一般聴衆に訴えた。三〇年も前の選挙運動スタイルである。聴衆から卵を投げつけられるというハプニングもあったが、それでもメイジャーはこのスタイルを押し通した。

投票の結果は、大方の予想に反して、保守党の辛勝に終わった。保守党三三六議席、労働党二七一議席、自由党二〇議席、その他七議席であった。保守党は前回総選挙から三九議席減らしながらも、過半数を維持した。(1)首相適任者に関する世論調査では、一貫してメイジャーがキノックを大きくリードしていたこと、(2)高額所得者に対する労働党の増税政策が、「高負担・高支出」という党イメージを生んでしまったこと、(3)政権交代への不安を煽るなど、保守党系タブロイド紙による労働党への激しいネガティブ・キャンペーンの展開が、労働党の主な敗因としてあげられる。

今回の選挙での最大の敗北は世論調査機関であると言われたほど、事前の予想を覆す結果となった。その理由は、二割近い有権者が投票日当日まで投票態度が未定であったことによるところが大きい。保守党には不満をもつが、労働党にはまだ全幅の信頼を寄せることができない、最後までぎりぎりのところで迷っていた有権者が、最終的に次善の選択として保守党に投票したというのが、実状に近いと言えよう。

3　ERM離脱とヨーロッパ問題をめぐる党内対立

暗黒の水曜日

メイジャー政権は有権者の信任を得た。しかし、与野党の議席差は二一議席しかなく、確かな権力基盤を築いたとはおよそ言い難かった。そのため、とりわけヨーロッパ統合問題をめぐって、メイジャーは非常に困難な政権運営を強いられることになる。

一九九二年六月、デンマークで行われた国民投票において、僅差ではあったが（賛成四九・三％、反対五〇・七％）、マーストリヒト条約の批准が否決された。条約発効にはすべての加盟国の批准が必要なので、デンマークの国民投票の結果は、ヨーロッパ統合の動きを一時停止させた。デンマークの否決直後、フランスのミッテラン大統領は、フランスにおいても九月に国民投票を実施すると発表した。国民投票で批准が承認されれば、統合の動きに再び勢いを取り戻すことができるという思惑があった。しかし、国民投票の争点がミッテラン政権への信任と重なってしまったため、政権への不満を反映して、条約は僅差で承認されるにとどまった（賛成五一・〇％、反対四九・〇％）。

デンマークの結果は、通貨統合の実現可能性について悲観的な見方を広めることになった。その結果、イギリスのポンドやイタリアのリラといった、ERMにおいて比較的弱い通貨に対する売り圧力が活発になってきた。とくに、フランスの国民投票終盤戦において、批准が否決される可能性が取りざたされた九二年九月初旬には、ポンドは為替相場において売り圧力を受け、ＥＲＭの変動幅の下限にむけて下落しつつあった。

　ポンドの下落をもたらした要因は、これだけではない。ＥＲＭは、加盟国通貨間の為替相場の変動を抑制し、通貨安定の確保を目的とした制度である。イギリスは、基軸通貨であるドイツマルクに対して、一ポンド＝二・九五マルクという中心相場に上下六％の変動幅で、九〇年一〇月にＥＲＭに加盟した。だが、加盟当時およびその後のヨーロッパ経済は、イギリスにとって望ましい状況になかった。ドイツ統一に伴い、連邦政府支出が予想以上に拡大したことにより、ドイツではインフレ圧力が高まっていた。それへの対抗として、九二年七月、ドイツ連邦銀行は金利を八・〇％から八・七五％に引き上げた。ドイツの高金利政策は、為替相場において大幅なマルク高をもたらした。投機筋はマルク買いに走り、弱い通貨と見なされたポンドとリラに集中的な売りを浴びせたのである。

　九二年九月一六日水曜日、メイジャー首相とラモント蔵相は、為替相場の動きに目を凝らしていた。ポンドは投機筋の国際的圧力を受けて投げ売られていた。ポンドの下落を阻止するために、ラモント蔵相は、午前に一〇％から一二％へ、午後にはさらに一五％へと金利を引き上げた。それでもポンド売りの勢いは止まらず、ポンドはＥＲＭで認められていた変動幅の下限を割り込んでしまった。結局、一六日の夕刻、政府はポンドのＥＲＭ離脱を発表した。この日は、のちに「暗黒の水曜日」と呼ばれるようになった。

　メイジャーはサッチャー政権末期、ポンドのＥＲＭ加盟に最も重要な役割を果たした。さらにメイジャー政権は、ＥＲＭをインフレ抑制のアンカーとして経済政策の中心に置いてきた。それだけに、メイジャーの責任は大きかった。実際、メイジャーはこの日、辞任を覚悟していたという。メイジャーの権威が決定的な打撃を受けただけではない。これまで保守党は労働党に比べて、高い経済運営能力をもつと評価されてきた。それは、保守党の選挙勝利を可能にする重要な要因でもあった。しかし、ＥＲＭ離脱によって、保守党に対する有権者の信頼は大きく損なわれた。しかもＥＲＭ離脱後、メイジャー政権は、金利の引き下げによる景気拡大へと経済政策を大きく転換させていく。こうした政策転換は、結果的に保守党の経済運営能力に対する有権者の評価を大きく損なうことになった。

先にも述べたように、マーストリヒト条約の交渉結果については、党内の圧倒的支持を得た。しかし、マーストリヒト条約の批准を一九九二年総選挙後に行うとしたメイジャーの決定は、結果的に悲惨な戦略ミスとなった。

マーストリヒト条約批准をめぐる党内対立

九二年五月、マーストリヒト条約批准法案の審議が開始された。下院の第二読会での投票では、二二人の保守党議員が反対投票に回ったが、労働党の棄権により、三七六票対九二票と賛成が多数を占めた。しかし、同年六月のデンマークの国民投票におけるマーストリヒト条約批准の否決、そして同年九月のポンドERM離脱は、欧州懐疑派の勢いを一段と増すことになった。デンマークの国民投票の翌日、マーストリヒト条約撤廃とそれにむけた交渉開始を求めた動議に、八四人の保守党議員が賛同の署名を行い、欧州懐疑派の議員集団「新たなスタート」を結成した。さらに、ERMは通貨統合の第一段階でもあったため、「暗黒の水曜日」は、通貨統合に対する反対を強めることになった。九二年一一月の第三読会では、労働党が反対に回り、二六人の保守党議員が反対したこともあって、マーストリヒト条約批准法案について審議を求める動議は、わずか三票差で可決されるにとどまった。こうした状況を受けて、メイジャー政権は批准審議の中断を決定した。

九三年五月、デンマークにおいて二度目の国民投票が実施され、賛成五六・八％、反対四三・二％でマーストリヒト条約の批准が可決された。これを受けて、メイジャー政権は批准可決に向けて審議を再開した。デンマークでの国民投票から二日後、下院の第三読会において、マーストリヒト条約批准法案は、労働党の棄権に助けられ、賛成二九二票、反対一一二票で可決された。しかし、この時も保守党議員のうち四一人が反対に回り、五人が棄権するなど、欧州懐疑派の動きが弱まったわけではなかった。

欧州懐疑派の造反が最も際立ったのが、九三年七月二二日の下院における投票であった。二つの動議が票決にかけられた。一つは、マーストリヒト条約に盛り込まれた共通社会政策からのイギリスの適応除外を削除することを求める労働党修正案であり、もう一つは、適応除外を確認する政府の動議であった。前者については、可否同数となり、議長裁定で否決された。これに対して、後者の政府提出動議は、予想を超える欧州懐疑派の造反によって、八票差で否決されるという事態に陥った。この結果を受けてメイジャーは、すぐさま政府の信任投票を翌日に行うと発表した。政府が不信任され、下院の解散、総選挙となった場合、保守党が惨敗するという可能性も高かった。政権の喪失という切り札をかけて、メイジャーは条約の批准を迫ったのである。七月二三日の信任投票で、保守党内からは一名の棄権者を出すにとどまり、政府は信任された。共通社会政策が支持されたとして、九三年八月二日、政府はマーストリヒト条約の批准を完了する。

欧州懐疑派へのシフト

しかし、その後もヨーロッパ統合問題をめぐる保守党内の対立は、収まることがなかった。一九九二年総選挙後、欧州懐疑派の議員が増えただけでなく、内閣改造によってメイジャー政権は欧州懐疑派の閣僚を抱えるようになった。議員の離党や死去に加え、補欠選挙での相次ぐ敗北により、選挙後二一議席あった与野党の議席差は急速に減少していき、九六年一一月には保守党は過半数を失ってしまう。こうした保守党の議席数減少を背景に、欧州懐疑派は、これまで以上の影響力を行使できるようになった。

たとえば、九四年一一月、八名の欧州懐疑派の保守党議員が、党議拘束に反してEUに対するイギリスの拠出額を増額する法案の採決に棄権した。これら八名の議員については、一旦登院停止処分とされたが、その後、登院要請を辞退し、自ら会派を離脱した一名の議員を加えて、九名の議員が自らの立場を変えることなく、登院停止処分を撤回されることになった。メイジャー政権が欧州懐疑派に対していかに統制力を失っているかを示す一例と言えよう。

九四年になると下院の審議で欧州懐疑派の保守党議員から、公然と退陣要求が出されるなど、ヨーロッパ問題への対応がメイジャーのリーダーシップ問題と結びつけられた。内閣改造で九三年五月に蔵相の地位を更迭されたラモントは、その後欧州懐疑派に加わり、タイムズ紙のインタビューのなかで、「弱腰で絶望的」と酷評するなど、激しいメイジャー批判を繰り返した。九五年の春から初夏にかけて、メイジャー退陣を目指す欧州懐疑派の動きが本格化してくる。こうした画策に業を煮やしたメイジャーは、再び大きな賭けに打って出た。九五年六月、自ら保守党党首を辞任して党首選挙を実施し、再選を目指すと発表したのである。メイジャーへの対抗馬として、ウェールズ大臣のジョン・レッドウッドが出馬した。出馬の記者会見で、レッドウッドは、自分が首相である限り、ポンド廃止はありえないと、単一通貨導入に反対する姿勢を明らかにした。投票の結果は、メイジャー二一八票、レッドウッド八九票、棄権等二二票。メイジャーは再選されたとはいえ、保守党議員の約三割が現職の首相を支持していないことを露わにした。

九三年一一月、マーストリヒト条約が発効し、EUが発足した。九四年一月には、経済通貨同盟の第二段階が開始され、九五年一二月のマドリード欧州理事会において、単一通貨の名称として「ユーロ」が採用された。九四年以降、欧州単一通貨「ユーロ」への参加問題が、ヨーロッパ統合をめぐる党内対立の中心的テーマとなっていく。

欧州懐疑派は国家主権の喪失を理由に、ユーロ参加に反対した。ユーロ参加は、国家の経済運営に関する主要な決定権をEU、とくに欧州中央銀行に譲り渡すことを意味するとされたからである。また、ヨーロッパ統合に批判的な国内世論を背景に、欧州懐疑派はユーロ参加をめぐって国民投票の実施を要求した。他方、閣内および党内には、減少しつつあっとはいえ、ユーロ参加に前向きな立場をとる親欧州派もいた。メイジャーは、党内融和のため、ユーロ参加の可能性を否定しないという「様子見」(wait and see) 政策をとるが、欧州懐疑派の歓心を買おうとして、実際には通貨統合に批判的な姿勢を強めていく。その端的な現れが、九六年四月の閣議において、ユーロ参加をめぐる国民投票の実施を総選挙に向けた公約としてマニフェストに加えることを決定したことであろう。そして、実際の選挙戦では欧州懐疑派の議員の多くが、ユーロ参加反対を個人の公約として掲げるようになったが、こうした行為に対してもメイジャーは黙認した。

さらに、九六年三月、狂牛病問題が発生した。EUはイギリス産牛肉に対して全面輸出禁止措置をとった。これに対して、メイジャーは「非協力政策」を発表し、EUが輸出禁止措置を解除しなければ、EUの閣僚理事会など、加盟国の全会一致を必要とするすべての政策に関して、イギリスは拒否権を行使すると述べた。かつて一九八〇年代、EC予算問題をめぐってサッチャーがとった対決的な手法を彷彿させるような、対立の構図の再現である。同年六月、フィレンツェ欧州理事会において、輸出禁止措置の段階的解除に向けて、イギリスと他の加盟国との間で妥協が成立した。この問題に対するメイジャーの対応に示されるように、イギリスはヨーロッパの中で次第に孤立する傾向を見せ始める。

4　サッチャー以上のサッチャー主義改革

一九九二年九月の「暗黒の水曜日」以降、メイジャー政権はヨーロッパ統合問題をめぐる党内対立によって特徴づけられたが、内政面では様々な改革が実施された。サッチャー主義に基づく改革が定着し、さらに革新されるのが、メイジャー政権期においてであった。しかも一連の改革は、ブレア政権にも継承され、その基礎ともなった。

たとえば、公共サービスの質改善策として、九一年七月にメイジャーが提唱した「市民憲章」は、ブレア政権においても、「サービス第一」と名称を変え、引き継がれた。ほぼ同じ時期にメイジャー政権によって導入され、ブレア政権の改革プログラムにも大きな影響を与えたのが、市場化テスト（market testing）とＰＦＩ（Private Finance Initiative）である。これらは、一九八〇年代のサッチャー政権による一連の行財政改革の流れを汲むもので、公的部門の民営化、エージェンシー化（政策の企画立案と実施を切り離し、独立した機関に政府の業務実施を委ねる手法）のさらなる次の段階と位置づけることができる。

市場化テストとＰＦＩ

サッチャー政権下の一九八〇年、地方自治体において、道路や下水道等の建設・維持管理業務に関して、強制競争入札制度が導入された。これは、右記の業務について、民間業者だけでなく、地方自治体の担当部局も入札への参加を義務づけるものであり、落札しなければ業務は民間に奪われてしまう。八八年には、学校給食、ゴミ収集、道路・建物の清掃等へと、入札の対象が拡大されていった。メイジャー政権による市場化テストは、この手法を中央省庁にも導入したものである。

メイジャー政権は、九一年一一月の白書『質の向上を目指す競争』の中で、この構想を発表し、市場化テストの入札対象となる業務リストを九二年三月までに提出するよう各省庁に指示した。しかし、総選挙前ということに加え、行政の規模縮小を恐れた官僚の抵抗もあって、各省庁のリスト作成はなかなか進まなかった。そこで九二年四月の総選挙後、メイジャーは市民憲章、エージェンシー化、市場化テストの三つを統括する「公共サービス・科学庁」を内閣府に設置し、各省庁に対して、入札対象となる業務リストを提出するよう再度圧力をかけた。その結果、九二年四月から九四年一〇月までの間に、二一億ポンドに相当する業務がテストにかけられ、そのうち三二％分の業務が民間に請け負われた。これにより、二万七〇〇〇人の公務員ポストが削減された。また、政府の報告書によると、九二年四月から九七年三月までの間では、三六億ポンドに相当する業務が入札対象となり、年平均二〇％分の経費節減がもたらされたという。

市民憲章や市場化テストの根底にあるのが、「支出に見合う価値」(value for money) の実現、すなわち、国民が負担可能な費用の範囲内でいかにして最も効果的な公共サービスを提供するのか、という発想である。そこから、個別の業務の民間への委託ではなく、公共施設の設計・建設から資金調達、運営管理にいたるまで、すべて民間に委ね、政府は施設の利用権やサービスを購入するという手法が考え出された。これが、ＰＦＩであり、従来公共部門が担ってきた社会資本の整備や公共サービスの提供に、民間の資金・経営管理能力を直接取り込もうとする手法である。なお、民営化では、従来公共部門が有していた公共施設の所有権や運営権をはじめ、すべての権限が民間に移転される。これに対してＰＦＩの場合、公共サービスの提供や運営は民間が行うが、公共サービスの水準内容の設定に関わる権限は公共部門が保有している。

ＰＦＩは、ラモント蔵相の提唱により、九二年一一月に導入された。当初、この新しい政策は進展を見なかった。ラモントの後任として新蔵相に就任したケネス・クラークは、九三年一一月、ＰＦＩ推進機関として、「プライベート・ファイナンス・パネル」(Private Finance Panel) を設置した。パネルは、省庁にＰＦＩの導入が可能な新規分野を提言するなど、ＰＦＩの浸透を図った。九五年に英仏海峡トンネルという大型プロジェクトが対象となったことを契機として、ＰＦＩは拡大に向かった。ＰＦＩプロジェクトは、道路や橋などの建設・運営といった運輸省

コラム8-2　刑務所に民間活力

メイジャー政権によるPFIプロジェクトの中で，特に興味深いのが刑務所であろう。刑罰の執行という公権力行使の最たる業務を民間事業者が担うことになったからである。1993年，メイジャー政権は新設の刑務所にはPFI方式を導入するとの方針を明らかにし，３つの刑務所がこの方式の適用を受けた。ブレア労働党も野党期にはこうした民営刑務所を公営刑務所に戻すと公約していたが，97年に政権に就くと方針を転換し，新設の刑務所についてはPFI方式を適用するとした。

PFI方式の刑務所では，受刑者の拘留や逃走防止，秩序維持や施設の環境保全，社会復帰のための職業訓練等は民間事業者（警備保障会社）が行う。しかし刑法により，民間の刑務職員には懲罰権や，緊急の場合を除いて受刑者の隔離，特別房への拘禁は認められていない。公務員である監視官（controller）の常駐が義務づけられており，これらの権限は監視官によって行使される。監視官は，施設の運営状況を監視し，内務大臣に報告する義務がある。

PFI導入の最大の目的は，運営コストの削減にあった。しかし，2003年11月に出された下院の報告書でも，コスト削減効果は強調されていない。職員と受刑者との関係が良好で，受刑者の処遇が改善されたことが利点としてあげられている。反面，職員の経験不足による保安上の問題や，公営刑務所に比べて賃金水準が低いため，職員の離職率が極めて高いといった問題点が指摘されている。

処遇効果を別にすれば，公営刑務所とPFI刑務所とでは，実績にそれほど違いないことが近年明らかになってきている。だが，その後の政権においてもPFI刑務所の拡大という方針は変わっていない。

所管のものがかなりの割合を占めるが、その他にも、病院、刑務所、学校、上下水道等、公共サービスの幅広い分野に及んでいる。公共性と収益性をいかに折り合わせるかといった問題をはじめ、官民間でのリスク負担、入札手続きの複雑さ等、いくつかの問題が顕在化したが、ブレア政権はＰＦＩをＰＰＰ（Public Private Partnership）へと発展的に組み替え、その基本理念や政策内容を引き継いだ。

労働市場の柔軟化

メイジャー政権が誕生して間もない頃、政権の方向性について「思いやりのある保守主義」（compassionate conservatism）と特徴づけられたことがあった。メイジャー自身の社会的出自に加え、サッチャー政権による新自由主義的改革がもたらした貧富の格差是正への期待が投影されていたと見てよいであろう。しかし、現実の政策はそうした特徴づけからほど遠い。

こうした側面が顕著に見られるのが、労

働政策の領域である。サッチャー政権は、柔軟な労働市場の構築を目指し、労働組合の弱体化を図ってきた。そこには、強力な労働組合の存在がイギリス経済停滞の主たる要因であるという認識があった。一連の労使関係改革立法によって、労働組合の争議権を大幅に剝奪し、労働市場における労働組合の弱体化を図っただけではない。「組合員をして組合と闘わせる」と言われたように、組合員個人の権利を擁護し、その行使を促すことによって、労働組合の組織的権力を内部から規制しようとした。その端的な現れが、争議行為に関する組合員による秘密投票の導入であった。

サッチャー政権の労働組合改革は、一九八〇年雇用法から、数次にわたる改革立法を経て、一九九〇年の雇用法成立によって完成を見た。メイジャー政権は、一九八〇年代の一連の立法を引き継ぐと同時に、九三年七月に労働組合改革・雇用権法を新たに制定した。一九九三年法の原案となる政府緑書の冒頭で述べられているように、九二年末のEU単一市場の完成を前にして、イギリス経済の競争力を強化することが必要であるとされ、そのためには労働組合の弱体化が不可欠であるとされたのであった。

一九九三年法は、争議行為について七日前の通告と完全な郵便投票による事前投票を義務化したほか、組合内部の組織活動について法的規制を強化した。しかも、市民憲章の制定とも関わって、一般市民に対しても、違法な争議行為によって公的サービスの受給が妨害された場合、違法争議行為の差し止め命令を申し立てる権利を認めた。

さらに、メイジャー政権は低賃金労働の改善ということにも関心を示さなかった。一九九三年法は、最低賃金制度そのものを廃止したのである。サッチャー政権ですら、そこまで踏み込んだ措置をとっていない。この時点で、イギリスは最低賃金制度をもたないヨーロッパで唯一の国となった。低賃金労働者に対する国内法上の保護が撤廃されただけではない。メイジャー政権は、マーストリヒト条約の共通社会政策のイギリスへの適応除外によって、労働条件や社会保障等の最低基準についてEUによる規制を回避しようとした。

なお、メイジャー政権は、九六年一〇月から、従来の失業給付に代えて、求職者手当を導入し、支給期間を従来の一年から原則六カ月に短縮した。さらに、就労意欲のある者のみに手当を支給するという趣旨から、職業安定所の担当官との間に求職活動同意書を結んでいることを受給要件とした。したがって、求職活動同意書に示された具体的な求職活動を失業者が拒否した場合、求職者手当の支給が停止される。就労と福祉をリンクさせるこうした政策は、ワークフェアと呼ばれ、ブレア政権にも引き継がれていく。

5　保守党危機のスパイラル

スリーズ問題

教育、医療、社会保障等の領域においても、メイジャー政権はサッチャー主義に基づく改革を定着させ、さらに改革の速度を速めた。しかし、こうした国内政策での実績は当時、それほど注目を集めなかった。九二年四月総選挙後労働党に若干リードしていた保守党支持率は、同年九月の「暗黒の水曜日」を境に急速に低下し、以後二〇％台を低迷し続け、労働党に二〇ポイント以上の差をつけられていた。支持率低下を招いた大きな要因は、先にも述べたヨーロッパ統合問題をめぐる党内対立、そして「スリーズ」（sleaze　低俗な行為）と呼ばれたスキャンダルの発覚であった。

特に九三年の終わり頃から保守党議員のスキャンダルが相次いで露見し、多くの保守党議員が大臣職の辞任や議員辞職に追いやられた。スリーズは、金銭絡みと性モラルに関するものに大きく分けられる。たとえば前者の例として、九四年一〇月、貿易・産業担当閣外相のニール・ハミルトンと北アイルランド担当閣外相のティム・スミスが、ロンドンの最高級百貨店ハロッズのオーナーであるモハメド・アル・ファイドから金品の贈与を受けて、ハロッズ買収問題をめぐって窮地に陥っていた同氏に有利になるよう議会で質問を行っていたことが暴露された。それを報道した『ガーディアン』紙によると、スミスは計一万八〇〇〇ポンドないし二万五〇〇〇ポンド、ハミルトンの場合は計四万ポンドないし六万ポンドの現金を受け取ったという。スミスは記事が出た翌日に辞任。ハミルトンは当初疑惑を全面的に否定していたが、数日後辞任した。金銭スキャンダルの大半は、“Cash for Questions”と呼ばれる、金品の贈与を受けて企業に有利な議会質問をしたとされるもので、先のハミルトン・スミス事件のほかに、四件の事件が発覚している。

より世間の耳目を集めたのが、性的スキャンダルの頻発である。たとえば、運輸閣外相のスティーブン・ノリスは、夫人以外に愛人が五人もいると報道された。不倫、性的行為中の変死事件等がメディアによって次々と暴露され、保守党の支持率低下に拍車をかけた。とくにメイジャーが九三年一〇月の保守党大会で「基本に帰れ」というキャンペーンを打ち上げて以来、メディアはより大々的に取り上げるようになった。メイジャーは党大会での演説で、「私たちは基本に戻らなければなりません。……健全な貨幣、自由貿易、伝統に基づく教育、家族と法の尊重といった基本に戻るよう、保守党はこの国を導きます」と述べた。「基本に帰れ」キャンペーンは、伝統的な価値の尊重と再生を訴えたものであったが、メディアは保守党議員や大臣の現実の行動との乖離に偽善的要素を感じとり、そこに集中砲火を浴びせたのであった。

好景気の中の歴史的大敗

世論調査の支持率で労働党に二倍近いリードを奪われたまま、任期満了により一九九七年五月総選挙を迎えた。九二年九月のERM離脱により、経済政策のフリーハンドを手にしたことが功を奏したのか、その後イギリス経済は次第に回復し始め、九四年以降、年率三%の経済成長を遂げるまでになった。インフレ率も三%以下に沈静化し、ヨーロッパ諸国の多くが高水準の失業率に直面している中で、唯一イギリスだけが低下傾向にあった。メイジャーが、マニフェストの序文の冒頭で、「かつてヨーロッパの病人であったこの国は、最も成功した経済を手にするようになった」とその実績を訴えたのも、肯けよう。

選挙の結果は、保守党一六五議席、労働党四一九議席、自由党四六議席、その他二九議席と、保守党の記録的な大敗となった。一六五議席は、自由党の大勝によって保守党が惨敗した一九〇六年総選挙での一五七議席に次ぐ、史上二番目に悪い結果であった。スコットランドとウェールズでは、保守党は全議席を失った。スコットランドの獲得議席ゼロも、保守党史上初めてのことであった。首相自身が、強固なユニオニストであったこともあり、メイジャー政権はスコットランドやウェールズへの権限委譲に強硬に反対してきた。こうした姿勢が、両地域における保守党全敗に繋がったと見てよいであろう。

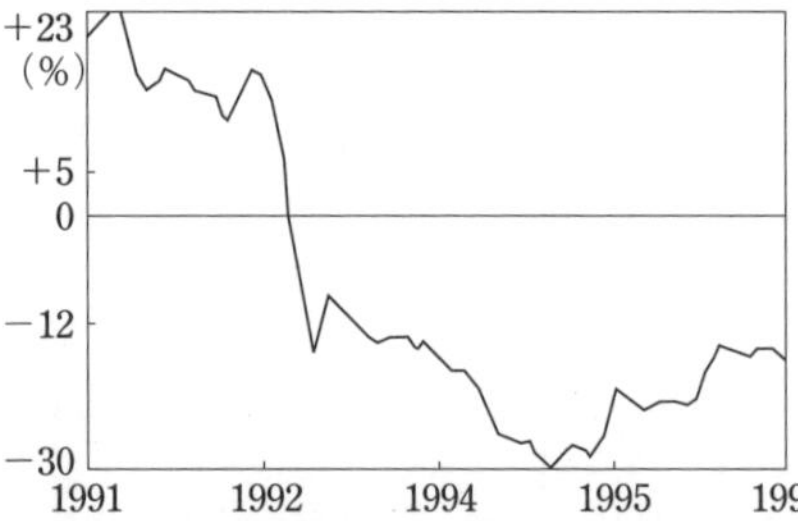

図8-1　経済運営能力に対する評価（1991～97年）

（注）グラフは、保守党の労働党に対する優位の推移を示す。
（出所）Sanders, 1997, p. 69, Figure 3.3.

良好な経済状態にもかかわらず、保守党が大敗したのはなぜなのか。ギャラップ社の世論調査によると、調査が開始された九四年一月以降、有権者の七割近くが一貫して、「現在の保守党は非常に低俗で、尊敬に値しない」と回答している。スリーズ問題が保守党への支持低下を招いたことは明らかではあるが、さらに重要な要因として以下の点が挙げられよう。

第一は、保守党の経済運営能力に対する有権者の低い評価である。図8－1に明らかなように、保守党の経済運営能力に対する評価は、九二年九月の「暗黒の水曜日」以後も低下し続け、九五年頃から景気の回復と共に改善し始めるが、最終的に労働党の優位を覆すに至らなかった。その理由の一つは、ヨーロッパ統合問題をめぐる保守党内の対立にあった。党内対立は、党の団結、強力なリーダーシップといった、これまで保守党が得ていた評価を損ない、保守党の無能・無策を印象づけることになった。

第二は、党首イメージである。BBC／NOPの出口調査によると、回答者の七七％がトニー・ブレア労働党党首を「強いリーダー」と見なしていた。そうした党首への高い評価が、党イメージを向上させる「ブレア効果」を生んだ。これに対して、メイジャーについては、統率力がない、優柔不断と答えている人が、八割近くに上る。首相としての最適任者についても、ブレア四七％、メイジャー三三％と、過去三回の総選挙における保守党党首に好意的な評価から大きく変わった。

第三は、保守党に対するマスメディアのネガティブな姿勢である。選挙戦を前に、『サン』をはじめ保守党系の新聞が、労働党支持に回った。その結果、一〇紙ある日刊全国紙のうち、六紙が労働党支持を表明し、発行部数で見ても、保守党系が三二・五％、労働党系が六二・三％を占めるまでになった。これまで長く続いた全国紙における保守党寄りの姿勢は、九七年総選挙で労働党寄りに一変した。こうしたなかで、保守党は経済成長や低インフレ

コラム8-3　新聞の党派性と1997年総選挙

不偏不党中立の立場を旨としている日本の新聞とは異なり，イギリスの全国紙は党派的支持を明らかにしている。たとえば，従来，高級紙の『ザ・タイムズ』は保守党支持，『ガーディアン』は労働党支持，『インディペンデント』は自由民主党支持を，また大衆紙の『サン』は保守党支持，『デイリー・ミラー』は労働党支持を表明していた。発行部数で見ると，保守党系の新聞が全体の3分の2近くを占めていた。しかし，1969年に『サン』を買収し，81年には『ザ・タイムズ』の所有者となった，オーストラリア出身のメディア王ルパート・マードック氏が，1997年総選挙においてブレア支持を表明して以来，労働党系の新聞が7割近くを占めるようになった。97年総選挙は，労働党の圧勝という点だけでなく，これまで長く続いた全国紙における保守党寄りの勢力バランスが労働党寄りに一変したという点でも，重要な転換点となった。

といった経済実績にメディアの関心を向けることができなかった。選挙戦中の全国紙について内容分析を行った研究によると、保守党の政策争点に関する記事の中で、経済成長、インフレ問題についての記事の占める割合は、それぞれ〇・八％、一・三％ときわめて小さい。しかも、政策争点に関する保守党関係の記事の内、保守党にネガティブな内容の記事は四四％、好意的な記事は一八％であったにすぎない。

分裂する保守党の自画像

結果的にメイジャーは首相在任中に、半数以上の議席を失った。危機的とも言える保守党の敗北から、その原因をメイジャーの指導力の欠如に求める論調が少なくない。「決断力に欠け、頼りにならない」、「党首としてあまりにもひどい」、「保守党史上、最悪の党首」といった、罵倒に近い評価が党内外から投げつけられた。たしかに、ユーロ参加問題に対してとった「様子見」政策のように、決断を先送りした面があることは否定できない。しかし、メイジャーはあくまでも合意形成を重視したのであって、こうした評価が妥当であるとは必ずしも思われない。むしろ重要なのは、僅差の与野党議席差に示されるように、政権基盤が脆弱であったこと、そしてなによりも、党内に埋め込まれたイデオロギー対立が、メイジャーのリーダーシップ行使を著しく困難にしていたという点であろう。

サッチャーの党首就任に伴い、一九七〇年代後半から八〇年代にかけては、自由市場経済を重視するか、経済への国家介入を必要とみるのか、経済政策をめぐる論争が党内対立の中心をなしていた。しかし、民営化や規制緩和などサッチャー政権が新自由主義的改革を広範囲に展開し、ブレア党首下の労働党が自由市場経済を原則的に受け容れたことによって、経済への国家介入をめぐるこの争点は、対立軸としての重要性を実質的に低下させた。それに代わって、八〇年代末から台頭してくるのが、ヨーロッパ問題をめぐる対立である。親欧州派対欧州懐疑派の対立である。これは、国家主権、イギリスの国民性といった保守党の原理的な問題に関わる争点であり、それだけに根本的なイデオロギー対立の様相を帯びていた。冷戦終結後のヨーロッパにおけるイギリスの位置をどう捉えるのか、市場統合から通貨統合、さらに政治統合へとヨーロッパ統合の深化が本格化しつつある中、国家主権の擁護者として保守党を捉え続けるのか、それとも主権の共有も視野に入れた形で党の現代化を図るのかという、保守党の自画像をめぐる対立でもあった。

総選挙の翌日、メイジャーは保守党党首の辞任を表明した。九七年六月に行われた党首選挙では、欧州懐疑派のウィリアム・ヘイグが党首に選出された。同年一〇月、ヘイグは、ブレア労働党政権の間、さらに次回総選挙で保守党が政権に就いた場合でも、ユーロに加盟しないとの方針を明らかにした。親欧州的な姿勢を打ち出したブレア政権との差異化を図るというねらいもあって、野党となったメイジャー以後の保守党は、欧州懐疑的な姿勢を鮮明にしていくことになる。

参考文献

岡本有一・戸澤健次（二〇〇一）『サッチャーの遺産――一九九〇年代の英国に何が起こっていたのか』晃洋書房。

坂田和光（一九九九）「イギリスのＰＦＩの概要と問題点」『レファレンス』四九巻一号。

阪野智一（一九九九）「一九九七年イギリス総選挙と業績投票」『選挙研究』第一四号。

竹下譲他（二〇〇二）『イギリスの政治行政システム――サッチャー、メジャー、ブレア政権の行財政改革』ぎょうせい。

力久昌幸（二〇〇三）『ユーロとイギリス――欧州通貨統合をめぐる二大政党の政治制度戦略』木鐸社。

力久昌幸（二〇〇九）「メージャーとマーストリヒト条約　一九九〇―九七年――調整型リーダーシップの功罪」細谷雄

一編『イギリスとヨーロッパ——孤立と統合の二百年』勁草書房。
Anderson, Bruce (1991) *John Major*, Headline（吉田純子訳『栄光への挑戦』経済界、一九九二年）.
Bonefeld, Werner et al. (1995) *A Major Crisis? The Politics of Economic Policy in Britain in the 1990s*, Dartmouth.
Dorey, Peter ed. (1999) *The Major Premiership: Politics and Policies under John Major 1990-97*, Macmillan Press.
Foley, Michael (2002) *John Major, Tony Blair and a conflict of leadership*, Manchester University Press.
Heppell, Timothy (2006) *The Conservative Party Leadership of John Major 1992 to 1997*, Edwin Mellen Press.
Hogg, Sarah and Jonathan Hill (1995) *Too Close To Call: Power and Politics—John Major in No. 10*, Warner Books.
Kavagh, Dennis and Anthony Seldon eds. (1994) *The Major Effect*, Macmillan Press.
King, Anthony et al. eds. (1993) *Britain at the Polls 1992*, Chatham House Publisher.
King, Anthony et al. eds. (1998) *New Labour Triumphs: Britain at the Polls*, Chatham House Publisher.
Ludlam, Steve and Martin J. Smith eds. (1996) *Contemporary British Conservatism*, Macmillan Press.
Major, John (1999) *The Autobiography*, Harper Collins Publishers.
Sanders, David (1977) 'Voting and the Electorate', in Patrick Dunleavy et al. eds, *Development of British Politics 5*, Macmillan Press, pp. 45-74.
Seldon, Anthony (1997) *Major: A Political Life*, Weidenfeld and Nicolson.
Taylor, Robert (2006) *Major*, Haus Piblishing.
Turner, John (2000) *The Tories and Europe*, Manchester University Press.

第9章　ひび割れていく「大統領型」首相
――ブレア・ブラウン政権　一九九七年〜二〇一〇年――

近藤康史

トニー・ブレア，ゴードン・ブラウン（共同通信社提供）

長い低迷期を経て一八年ぶりに政権を獲得した労働党は「ニュー・レイバー」と呼ばれ、ブレアとブラウンという二人のリーダーの下で、経済・社会政策や外交政策などにおいて、新しい方向性を確立した。そのような政策転換を可能にしたのは、「大統領型」リーダーシップと呼ばれるスタイルであった。しかし、このスタイルはイラク戦争をきっかけとして批判の対象となり、ブレア政権は「ひび割れ」を増していく。その後を引き継いだブラウン政権はリーダーシップの修正に取り組むが、金融危機などに翻弄され、二〇一〇年総選挙で敗北する。

1　ブレアとブラウン――盟友からライバルへ

サッチャー保守党政権の最盛期に行われ、労働党が歴史的な惨敗を喫する一九八三年の総選挙で、労働党から立候補した二人の若者が初当選した。その二人が、その後イギリス政治をリードしていく人物になるとは、当時の人々は予想だにしなかっただろう。後に第七三代首相となるトニー・ブレアと、第七四代首相となるゴードン・ブラウンである。

トニー・ブレアは一九五三年に生まれ、保守党員だった大学講師の父と、信仰に厚い母の下で、その幼少期を送った。パブリック・スクールからオックスフォード大学へというエリート・コースを歩んだブレアであったが、学生時代に最も熱心に取り組んだのはロック・バンドの活動であった。特に政治活動を行う学生というわけではなく、どちらかといえば宗教的理念に熱心であったという。その後、労働党員であり後の妻となるシェリー・ブースとの出会いをきっかけに労働党に入党し、政治活動に目覚める。シェリーと結婚し、「先に当選した方が政治家の道を歩む」という約束が交わされたが、八三年にトニーが先に当選したことで、彼は政治家として生きていくことになる。

他方、ゴードン・ブラウンは一九五一年に教会牧師の家庭に生まれた。一六歳の時、戦後最年少の新入生として名門エディンバラ大学に入学すると、在学中は歴史学で首席を取るなど、優秀な学生であった。ブレアとは対照的に、学生時代から労働党員として貧困の撲滅や平等を理想として政治活動を行っていたが、同時に学究肌でもあり、労働党の歴史についての博士論文をまとめたりもした。ブラウンは、一度の落選の後、八三年に初当選する。

ともに初当選した二人は、議会のオフィスを共有するなど、親密な関係を築いた。政策理念的には、ブラウンの方が平等を志向しその手段としての所得再分配を重視する傾向はあったが、当時左傾化していた労働党の中では二人とも改革派に位置づけられ、目立った違いにはならなかった。それ以上に、当時どん底にあった労働党を再生す

ブレアとブラウンの密約の場とされるレストラン（小堀眞裕撮影）

るという使命を共有する盟友となったのである。

二人が初当選した八三年の総選挙で得票率二七％、議席数二〇九という歴史的敗北を喫した労働党は、有権者の信頼を勝ち取るための刷新を至上命題とした。第一に、党と労働組合との密接な関係こそが不人気の一因であるという観点から、労組の影響力を削減し、党をより広い支持基盤へと開く組織改革が追求された。その結果、党大会における労働組合票の割合を減らし、一般個人党員の影響力が強まる方向へと改革が進められた。その改革は同時に、党首や党指導部と個人党員との垂直的関係を基本とした「人民投票的政党」への変質をもたらし、リーダーの自律性を高める効果も持った。第二には政策的変化であり、従来の国家中心、再分配重視の政策から、市場のダイナミズムを認め、中道左派志向の政策を追求する方向へと改革された。ブレアとブラウンは改革派のホープとして労働党改革の中心を担い、党内での地位も高めていった。ブラウンは八九年に影の通産相、九二年には影の蔵相に、ブレアも八九年に影の雇用相、九二年には影の内相に就任した。しかしこの順調な出世に伴い、盟友関係はライバル関係へと次第に変化していく。二人とも将来の党首候補として認知され、またお互いにそう自覚し始めたからである。

そして「その時」は突然にやってきた。九四年、労働党党首のジョン・スミスが心臓発作で急死したのである。すぐにブラウンは、党首選への立候補を検討する。しかしその時には既に、ブレアは立候補したかも同然のような扱いをメディアから受けていた。「次は自分」と考えていたブラウンは激怒したという。しかし、世論に人気があるのはブレアの方であった。ブレアは、ダイナミズムとカリスマ性を持つと評価されており、とりわけテレビに映る姿は人々の心を捉えた。逆にブラウンは、消極的で陰気な人物に映った。次期労働党党首をめぐる各種の世論調査でもおしなべてブレアがトップであり、ブラウンは第四位にとどまった。しかし、二人ともが立候補することは労働党改革が逆行してしまう恐れがある。どちらかが、降りねばならない。なぜなら、ともに労働党の改革派に位置づけられる両者が立候補すれば、票が割れ、共倒れの危険性があるからである。そうなれば、守旧派の候補が漁夫の利を得て当選し、世論の支持を取り戻しつつあった労働党改革が逆行してしまう恐れがある。どちらかが、降りねばならない。

二人はロンドンのレストランで会い、協定を交わした。ブラウンが党首選から降りる代わりに、二つの条件が約束されたと言われている。第一に、労働党が政権を獲得し党首のブレアが首相に就任した際には、ブラウンが蔵相となり、経済・社会政策において全権を任されるということ。第二には、しかるべき時にブレアは首相の座をブラウンに譲ることである。何らかの文書が交わされたわけではなく、その意味で密約であった。とりわけ第二の条件は、禅譲の時期や、そもそもそのような約束が本当に存在したかも含め、ブレア派・ブラウン派両陣営の解釈は分かれ、その後の火種として残った。しかしこの協定は、その後の二人の政治的運命を、そしてイギリス政治自体を大きく左右していくことになる。

党首選を勝ち抜いたブレアは、重要産業の国有化を掲げる「規約第四条」の改訂に成功するなど、党内改革をいっそう加速させ、労働党は「ニュー・レイバー」と呼ばれるようになった。その刷新が有権者に評価され、九七年の総選挙で労働党は六五九議席中四一八議席という地滑り的圧勝を収め、政権を獲得する。トニー・ブレア首相の誕生である。

2　内政のブラウン、外交のブレア——第一期ブレア政権　一九九七～二〇〇一年

ブレア首相の「大統領型」手法

首相に就任したブレアは、まず自らのリーダーシップを支える体制を整備していく。第一の特徴は、野党期から彼を支えてきたアドバイザーを、政治的に任用して首相官邸に集め、政策立案の中枢に据えたことである。元キャリア外交官であるジョナサン・パウエルを筆頭に、野党党首時代からブレアのメディア戦略を担ったアラステア・キャンベル、少年時代からの友人であるアンジ・ハンター、政策担当のジェ

コラム9-1　ダイアナ元皇太子妃葬儀

首相官邸の役割とメディア戦略が見事にかみ合い，ブレア首相がイギリス国民に強い印象を与えたのが，ダイアナ元皇太子妃の葬儀である。ブレアが首相に就任して約3カ月後の97年8月31日，国民の人気が高かったダイアナ元皇太子妃が，パリで交通事故死する。ブレアはすぐにそれがイギリス国民に対して持つインパクトを確信し，首相として何らかの対応が必要であると認識するが，同時にその死にショックを受け動揺していた。そのような中，首席報道官のキャンベルは冷静に，「ダイアナは，国民のプリンセスである」など印象的なフレーズに満ちたスピーチを作成する。このスピーチは，キャンベルの思惑通りメディアにも大々的に取り上げられるとともに，ダイアナの死を悼む人々の間に強い共感を生んだ。皇太子と離婚したダイアナの死に対して英国王室が冷ややかな対応をする中，葬儀に関してもキャンベルやハンターを中心に首相官邸が主要な役割を担い，成功させた。ブレアによるこの一連の対応は，世代や党派を超えて多くの人々に強い印象を与えるとともに，ブレアもまた首相官邸のチームへの自信を深めたのである。

フ・ムルガンやデイヴィッド・ミリバンドなど、ブレアによって首相官邸に集められた政治的任用者の数は、メイジャー前首相期の二倍以上に拡大された。彼らは定期的にブレアの執務室に集まり、重要な政治的争点について協議した。ブレアは、こういったインフォーマルな形での会合を閣議よりも好み、また官僚よりもアドバイザーの意見を重視した。こういったスタイルは、ブレアが座るソファの周りで重要な決定がなされることから「ソファ政治」、あるいは集まる部屋が「隠れ家」(den) と呼ばれたことから“denocracy”などと呼ばれた。これは、自ら任用したチームを中心に政権運営を行うアメリカ大統領のスタイルと酷似していた。

第二の特徴は、ブレア本人に対するパーソナルな評価・人気を国民からの直接的な信任としてとらえ、政権運営を円滑にし政策遂行を可能にするための政治的資源にしようとした点である。そのため、メディア戦略を非常に重視することになった。ブレアの首席報道官となったキャンベルは、ブレアのリーダーシップが浮かび上がり、労働党政府全般に有利な形になるように、ニュース・アジェンダをコントロールし争点をフレーム化しようとした。キャンベルのようにメディア戦略を担う人々は「スピン・ドクター」と呼ばれ、ブレア率いるニュー・レイバーの特徴としてしばしば取り上げられた。このようにリーダーに対するパーソナルな評価を重視し、そのためにメディアを巧みに利用するスタイルもまた、メディア政治の発達したアメリカ政治、とりわけ大統領によく見られる手法であった。

以上二つの特徴から、ブレアは「大統領型」首相としてしばしば位置づけられた。議院内閣制をとるイギリス政治において、このようなリーダーシップの取り方はサッチャー首相期から見られ始めたが、ブレアはきわめて戦略的かつ制度的にこのスタイルを確立した点に特徴がある。

内政と「新しい社会民主主義」

一九九七年五月に発足したブレア政権による最初の政策は、それまで政府が有していた金利設定権限の、イングランド銀行への委譲であった。この政策には、そしてこの政策を最初に実行したことには、重要なメッセージが含まれている。つまり、通貨政策が政府の恣意的な操作によって左右され、その結果マクロ経済の安定性や通貨的信用を損なう事態を避ける、というメッセージである。このようにブレア政権がまず重視したのが、「マクロ経済的安定性」であり、それを支える「通貨的信用」である。経済政策は何よりもこの点を軸として展開され、この他にも、インフレ目標を設定することにより通貨の健全性を維持しようとしたり、また、借入を投資目的のみに限定するルールや、公債を国民所得の一定の割合にとどめるルールを設定することにより、財政の安定性を追求したりした。

かつての労働党政権は、再分配など「税―支出」を重視する「大きな政府」の路線を基調とし、需要管理を軸とするケインズ主義的経済政策を重んじたが、それがしばしば財政の不安定性と通貨の信用不安を招き、有権者や企業からの信頼性を失う原因となった。ブレア政権の政策はその手法から離脱し、政府による財政出動を制限することで安定性と信用の維持を狙ったのである。これらは、マネタリズムなどサッチャー期の政策と共通性を持った。

しかしブレア政権の経済政策を、単純にサッチャリズムの連続性の上に位置づけることには異論がある。ブレア政権は、「目に見える」形では所得減税（九九年）などを行ったが、他方で、様々な「目立たない」形での増税も行った。たとえば、燃料や煙草、保険に関する税の増税や、既婚者控除・住宅ローン税控除・年金積立税控除の廃止である。これらは、第一期中に、対国民所得比で二・五％の税収増をもたらすとともに、主に中・高所得者層に対する増税としての性格を持っていた。支出面でも、児童給付の増額や育児支給など、ターゲットを絞った形で再分配は強化され、また就労世帯税控除の導入は、働いている貧困層に対する再分配の意図をもった。これらは、サッチャリズムとは異なり、貧困の緩和やそのための再分配を志向する点で、社会民主主義的エートスを感じさせる政策であり、とりわけ就労貧困層（ワーキング・プア）の底上げ等、結果的にも効果を示した。

こういった点に関し、第一期ブレア政権の社会政策の中で最も注目を集めたのは、「福祉から就労へ」（Welfare to Work）や「ニュー・ディール」というスローガンの下で推進されたワークフェア（就労支援・促進）政策である。失業問題は最も大きな社会問題の一つであったが、ブレア政権は失業給付の増額といった直接的な再分配ではなく、それらの失業者に対する「就労支援」に力点を置いて問題の解決を目指した。たとえば一八～二四歳の若年失業者（六ヵ月以上）は、次の四つの機会のうち一つを選択することになった。(1)民間セクターへの雇用（雇用者は六ヵ月間週当たり六〇ポンドの助成金を受ける）、(2)フルタイムでの教育ないし職業訓練、(3)非営利セクターへの就労か訓練、(4)環境保護団体への就労か訓練、である。しかしいずれも拒否した場合には、失業給付が二～四週間停止される。この政策は、「セーフティー・ネットからスプリング・ボードへ」や「可能性の再分配」といった理念に基づいている点に特徴があった。労働党が伝統的に重視してきた、失業給付などの直接の再分配は「セーフティー・ネット」にとどまり、それらの失業者が新たな技能を得て自らの力でその状況から抜け出すことへの支援にはならない。そうではなく、教育や職業訓練を通じて、就労状態へと「跳躍」する「可能性」を与えることが重要である、という考え方を基礎とした。これらの経済社会政策は、従来の労働党の手法からは離脱するが、サッチャー期以降のネオリベラル政策の問題点の修正も目指しており、「新しい社会民主主義」あるいは「第三の道」として注目を集めた。

ただし、これらの特徴的な経済社会政策を主導したのはブラウン蔵相であり、ブレア首相はリーダーシップを発揮できなかった。前述したとおり、経済社会政策に関してはブラウンの専権事項とするという「協定」があり、ブレアはそれに介入できなかったし、しなかったからである。イングランド銀行への権限委譲をはじめとして、ブレアはその方針を知らされてはいたものの、それに貢献することも反対することもなかった。この状況について、党内のブラウン支持派は「ブラウンこそ政府の最高執政者であり、ブレアはただの司会者である」といった風評をメディア側に流し、ブレア支持派や首相官邸との関係は緊張した。とはいえ、これらの政策に関しては、ブレア－ブラウン間の「ひび割れ」はそれほど顕在化していなかった。ブレアにとっても、最優先されるべき課題は経済の安定化であり、この点をめぐってブラウンとの間に違いはなかった。また、ワークフェアなどの社会政策も、政権獲得後に首相官邸入りするアドバイザーらによって野党期に準備された政策理念や、ブレア自身が提起した「第三の道」のスローガンと乖離したものではなかった。ブレア―ブラウンの「ひび割れ」というより、「二頭体制」という性格も維持していたのである。

しかし、「ひび割れ」が顕在化する場面は、第一期中にもしばしばあった。典型は、イギリスのユーロ参加をめぐる対立である。ブレアはもともと親EUの方針を明確にしており、首相就任直後に、それまでEU加盟国の中でイギリスだけが適応除外されていたヨーロッパ社会憲章を批准するなど、並々ならぬ熱意を見せた。EUでも主導権を握るという野心を持ったブレアは、ユーロへのイギリスの参加も一つの使命にしていたが、通貨統合は経済政策の領域でもあるため、ブラウン蔵相および大蔵省から「待った」がかかる。彼らは、ユーロに参加することはイギリスの経済を不安定化させる可能性があると主張し、「イギリスがユーロに参加するかどうかを決定づける要素は、イギリス国家にとっての経済的利益となるかどうか」であることを基本方針として「五つの経済的テスト」を提示した。このテストを満たせば、蔵相が首相に対してユーロ参加への勧告を出すという方針になったのである。この瞬間に、ユーロ参加というブレアの使命の成否は、ブラウンの手に握られることとなった。結局その後の第二期において、このテストは満たされていないとの結論がブラウン側から出され、ブレアはユーロ加盟断念を余儀なくされている。

このように内政面ではブラウンが主導権を握る場面が目立ったが、ブレア首相自身も経済社会政策以外においていくつかの改革を主導した。とりわけ「モダナイゼーション」と呼ばれる憲政改革を実行している。まずブレアは、スコットランドとウェールズに対して固有の地域議会を開設させ、租税権などの権限を委譲する分権化を行った。

両地域でのナショナリスト運動の高まりを受けて、再び労働党への支持を回復するというプラグマティックな目的もあったが、集権的性格を強めていたイギリスを分権化の方向へと推し進める画期的な改革でもあった。また、世襲貴族議員が多数を占め、民主主義的性格が問われていた上院に関して、ほとんどの世襲貴族議員を排除する改革に踏み切り、上院の民主化へと舵を切った点も高く評価された。ただ上院改革はその後尻すぼみとなっていった。

外交と「大統領型」手法の確立　とはいえ、第一期におけるブレア首相のリーダーシップは、内政より外交面で発揮されたといってよい。またこの時期に、ブレア外交の基本方針と大統領型手法が確立していく。

その嚆矢となったのは北アイルランド和平である。北アイルランドでは、カトリック勢力を中心にアイルランド併合を目指すナショナリストと、プロテスタントを中心にイギリス残留を主張するユニオニストとが対立した状況が続いており、ナショナリストの一部はテロ組織（ＩＲＡ）化して、凄惨な事件が繰り返されていた。ブレアは首相就任の二週間後に北アイルランドのベルファストを訪問し、対話を再開する。ブレアは、ナショナリスト・ユニオニスト双方の自発的な合意を促しつつも、デッドラインを明確に設定し、それを過ぎても合意しなければそれまでの成果は水に流す、という強い態度を示して交渉を調停した。その結果、約一年後の九八年四月、三六時間に及ぶ最終的な交渉を経て、「北アイルランドの人々の過半数が望む限りは、イギリスに残留する」「アイルランドは、北アイルランドの領有権の主張を取り下げる」「北アイルランド議会の設置」などを骨子とする通称「グッド・フライデー合意」が成立した。北アイルランドにおける凄惨な闘争の歴史に終止符を打つ画期的な和平合意として、その調停者であるブレアは国際的注目を集めたのである。

ブレアにとってこの成功は、ブラウンとは関わりのない自分自身の功績であり、その後を決定づける方向性と自信を与えた。まず、紛争や交渉の調停者としての自身の役割への自信である。とりわけ、テロのような人命が危険に晒される争点に関して、彼が関わり成功を収めたことは、その後を大きく方向づけたと言える。またこの和平交渉に関して、パウエルやキャンベルといった首相官邸のチームは大きな役割を果たした。交渉が暗礁に乗り上げた際には、ブレアはこの二人を伴って担当者への説得を行った。グッド・フライデー合意への賛否を問う北アイルランド住民投票の前には、キャンベルが賛成キャンペーンを主導した。その成功によりブレアは、首相官邸が主導する体制に対して自信を深めたのである。

ただし、北アイルランド和平は外交的側面を含むとはいえ、基本的には国内的争点であった。純粋に外交と呼べる領域で、ブレアを国際的舞台へと押し上げたのは、一九九九年コソボ空爆である。旧ユーゴスラビア・セルビア共和国において独立を求めるコソボ自治州に対して、セルビア軍が攻撃を行い、コソボの九〇％を占めるアルバニア人に対する民族虐殺が行われ、数万人規模の難民が発生していた。人道的観点から何らかの介入を求める声が国際的に高まっていたが、もはや外交的努力には限界があった。何らかの軍事介入が必要と判断され、九九年三月からNATO軍は空爆に踏み切る。この空爆に関し国際的リーダーシップを発揮したのがブレアであり、とりわけ介入に消極的であったアメリカを参加させるのに一役買った。しかし、空爆は目覚ましい成果をあげなかった。その間にもコソボ住民の状況は悪化し、国際的な懐疑も深まる中、ブレアは地上軍の投入を主張し、アメリカを説得する。しかし、アメリカは了承せず、地上軍の投入は幻に終わった。結局、空爆開始から三カ月後の六月、セルビアが和平案を受け入れ、コソボ紛争は終結する。

このコソボ空爆の過程で、重要な外交的方針が確立している。一つは「倫理外交」であり、倫理や人道の面で正しいことを地球規模で推し進め、間違ったことについてはそれを抑止するために軍事行動も辞さない、という方針である。コソボ空爆に関しブレアは、「これは、価値に基づいた正しい戦争である」と発言し、終結時には「善は悪に勝利した」と述べたが、これらの発言にこの方針が窺われる。もう一つは国際共同体の重視であり、イギリスは国際共同体の一員として、世界全体の利益や平和を守るために行動すべきであるとする。これもまた軍事行動を否定するものではないが、国際的に一致した行動が可能になるようイギリスは努力すべきという方針にもつながっている。コソボ空爆に関しては、ロシアの反対があったために国連決議こそ取れなかったものの、アメリカを説得し、ヨーロッパとの間での協調した行動を実現する「架け橋」としてブレアは尽力した。ただし、この点に関してブレアは完全に成功したわけではない。地上軍投入へ向けたアメリカに対する説得には失敗したからである。これは、一つの後悔としてブレアの中に残った。

コソボ空爆に関しても、首相官邸の役割は決定的であった。倫理外交と国際共同体の方針に基づき、ブレア・ドクトリンと呼ばれる軍事介入の五原則が発表されるが、これは首相官邸で起草されたものであった。外務省はその内容を全く知らされておらず、他の大臣もほとんど関与していなかった。また、報道担当のキャンベルは軍事介入を正当化するメディア戦略を担った。これらの過程を経て、首相官邸主導型のスタイルへの確信は深まった。

倫理外交を軸とする外交方針の確立、米欧間の架け橋という役割への目覚め、首相官邸主導の「大統領型」手法への確信、そして地上戦へ向けてはアメリカを説得できなかったという一抹の後悔――コソボ空爆は多くのものをブレアに残した。これらが何につながっていくのか、この時にはまだ明らかではなかったが。

3　ひび割れていく「大統領型」リーダーシップ――第二期ブレア政権　二〇〇一～〇五年

第二期の中心目標と外交への旋回

「私は第一期をうまくやり遂げることができなかった」――第一期の末期、ブレアは側近にこう漏らしたという。経済は順調、貧困層の底上げや就労の増加も進んでおり、政策の効果は出ていた。その成果を評価され、二〇〇一年六月の総選挙で労働党は四一二議席を獲得する「二回連続の地滑り的勝利」を達成する。順風満帆に二期目に入ったブレアであったが、心は晴れなかった。これらの多くは、経済社会政策を担当するブラウン蔵相の功績として受け取られ、ブレア自身の内政における成果は目立たなかったからである。

第二期において、ブレアは自ら内政面に力を入れる方針を明確にする。とりわけ、公共サービスの改善、中でも、他の先進諸国に比べ水準が低いとされる医療と教育に焦点は当てられた。医療については、二〇〇〇年の冬、インフルエンザの流行で「診療・入院待ち」の状況が悪化する中、あるガン患者の手術が行えず手遅れになるという事件があり、メディア上で大々的に報じられた。この時ブレアは、予算を増額するなど、イギリスの国民保健サービス（NHS）を充実させることを約束していた。しかし彼は、財政的拡大だけでは十分ではなく、医療供給システムの構造改革が必要だと考えていた。患者に選択権を保証すると同時に多様な医療機関の間での競争を促すという、「選択と多様性」を可能にする構造改革である。同時に教育に関しても、第一期にとられた「目標設定とモニタリング」政策の成果で、確実に教育水準は上がっていたが、さらにそれを推し進めるためには、生徒や親主体の「選択と多様性」を可能にする構造改革が必要だと考えたのである。

これらの構造改革は、これまで国家が中心的な役割を担ってきた医療と教育への、民間組織の導入につながる可能性を持つものであった。しかしとりわけ医療に関して、国家財政で運営し無料で診療が受けられるNHSは、経済力に関わらず同質の医療が保証されるシステムとして、労働党左派議員や労働組合らの支持が厚い領域であった。この改革を達成するためにはまず、労働組合や左派の反対を突破しなければならない。二〇〇一年九月一一日、労働党大会に先立って行われる労働組合会議（TUC）の大会で、ブレアはこれらの公共サービス改革の方針を発表し、第一歩を刻む予定であった。そのスピーチを前に滞在先のホテルで準備している時、彼は異様な光景をテレビで目にする。ニューヨークの高層ビルに、飛行機が衝突している映像であった。ほどなくそれは、アメリカに対するテロであることが判明する。第二期も外交中心への旋回を余儀なくされた瞬間であった。

アフガニスタンからイラクへ

九・一一テロの首謀者がイスラム教原理主義組織アルカイダであることが判明し、一〇月になるとアメリカ・ブッシュ政府は、アルカイダを匿うタリバン支配下のアフガニスタンへの攻撃を決意する。ブレアもテロ組織に対する倫理的争いの観点から、またタリバンによって駆逐された四百万人に及ぶ難民への人道的介入を目的として攻撃を支持するが、彼が自らの使命としたのは、攻撃に向けた国際的合意の構築であった。アメリカを孤立させないと同時に、国際舞台でイギリスの影響力を発揮することが目的である。彼は自らの説得力によって、アメリカの攻撃計画のバックに国際共同体を形成することが可能になると考えた。ブレアは九・一一以後の八週間で、三一回フライトし約六万四千キロを移動、ヨーロッパ諸国をはじめロシアやパキスタンなど外国首脳と五四回の会合を持った。最終的にアフガニスタンへの攻撃を支持する国は六八カ国に及び、多国籍軍によって攻撃は遂行された。開始から一月後、首都カブールがタリバン支配から解放され、攻撃は一段落する。

これらのブレアの行動を支えたのは、首相官邸のアドバイザーたちであった。二期目を迎えるにあたって、特に外交に関しては、外交官出身のデイヴィド・マニングら二人を増員し、首相官邸のさらなる強化が図られていた。ブレアは、これらの首相官邸チームを協議の中心に据え、それを超えては問題を相談しようとしなかった。しかし、アフガニスタン攻撃をめぐっては、その協議から排除されていた外務省の官僚や労働党議員の間で懸念の声もあった。アメリカの意図は、ブレアが言うような人道目的というよりは明確な「対テロ戦争」であり、国際協調をめぐっても、ラムズフェルド国務長官の「ミッションを決めるのは国際共同体ではない」という発言に明らかなように、アメリカは冷淡であった。米英の間には目的のズレがある――このまま追随してよいのだろうか。しかしこのような声はブレアの耳には入らなかった。ほどなく、この懸念は現実のものとなっていく。二〇〇二年に入るとアメリカ・ブッシュ大統領は、対テロ戦争の第二段階として、サダム・フセイン支配下のイラクに攻撃を仕掛ける意思を鮮明にし始めたのである。

ブレアもまた、イラクについては何らかの行動が必要であると考えていた。イラクは大量破壊兵器を保有している可能性があり、それが増殖しテロリストの手に渡るなどすれば、国際共同体は今以上の危機に晒されるだろう。また、ブレアは国連決議違反を繰り返すサダム・フセインに対し嫌悪感を持っており、九八年には当時のアメリカ・クリントン政府とともに空爆に参加している。さらに、アメリカを孤立させないことも、彼にとっては引き続き重要な課題であった。アメリカとの密接な関係の維持こそが、イギリスが国際的影響力を及ぼすための不可欠な条件となると考えたからである。

したがって、ブレアもまたイラク戦争に関しては前向きであったが、その一つの条件として、アフガニスタン攻撃の時と同様に、イラク戦争に対する国際共同体をできる限り構築することが必要だと考えていた。とりわけ、アメリカとヨーロッパとの間の「架け橋」として行動し、国際連合を通じた行動を可能にすることを、彼の役割として自覚した。

しかし、イラク戦争に関しては、国際協調の構築以前にイギリス国内での批判も高まっていた。内閣の中ですら積極的な支持はなく、むしろ留保や反発の声が聞かれた。彼は国民を説得し支持を獲得するために、〇二年九月に『イラクの大量破壊兵器』と題する調査文書を発表する。そこには「イラクの大量破壊兵器のいくつかは、四五分以内に配備可能な状態にある」という形で、危険性の証拠が記された。この書類の作成の中心を担ったのも首相官邸である。イラク戦争に関しては首相官邸内でも当初は温度差があったが、彼らはブレアの方針を忠実に支持し、ブレアもまた彼らの意見を重用した。イラクをめぐる様々な方針は、閣議の前に行われる「外交政策と防衛に関する委員会」によって決められたが、ブレアはそれすら重視せず、委員会の前にインフォーマルな会合を秘密裡に開催していたという。その会合に集められたのは、パウエルやマニング、キャンベルといった首相官邸のアドバイザーたちであり、事実上真の決定主体はこのグループであった。

しかし、国内での批判は強まる一方であった。〇三年二月には、イギリス史上最大の反戦デモが起き、首相支持率も急落していた。国内での反発が強まった理由の一つは、戦争のための積極的な理由がなく、安易にアメリカに追随しているというものであり、ブレアは「ブッシュのプードル」と揶揄された。この状況を打開するためにブレアは、イラクの大量破壊兵器の脅威と、国連査察に対する妨害を中心とした第二の調査文書を発表する。しかしこの文書は、アメリカの大学院生の博士論文をインターネットから盗用するなど、きわめて杜撰で安易なものであることがすぐに発覚した。窮地に追い込まれたブレアは、戦争のための理由を、「大量破壊兵器の危険」から「倫理外交」へとシフトしていく。つまり、イラクではフセイン独裁によって様々な非人道的な行為が行われており、イラク戦争は人道的介入として必要という論理である。しかし、コソボなどと異なり、イラクでは大量虐殺や民族浄化が行われているという明確な証拠はなかった。当然、説得力を欠くばかりか、第一期ブレア政府で外相を務め、「倫理外交」のもともとの主唱者であったロビン・クック院内幹事が抗議の意を示して辞任するなど、反発はますます強まった。

アメリカとヨーロッパとの間の「架け橋」となるという目的も、難航を極めた。そもそも、アメリカのブッシュ大統領とネオ・コンと呼ばれるその側近たちは、イラク戦争に関して国際的支持など必要ないという立場である一方、独仏などヨーロッパ諸国は、国連査察を通じて大量破壊兵器が見つからない以上、攻撃する理由はないという立場を強めていた。国際連合を通じた行動が必要だと考えていたブレアはブッシュを説得し、〇二年一一月には、国連査察に対しイラクがその義務を果たさなかった場合には「深刻な結果」に直面するという内容の国連安全保障理事会決議一四四一号の採択に漕ぎつける。しかし、「深刻な結果」は妥協ゆえの曖昧な文言であり、国連の承認の下で戦争を開始するためには、より明確な「第二決議」を採択する必要があった。〇三年に入るとブレアはこの「第二決議」の採択に奔走するが、ネオ・コンの支配力が強まるアメリカはますます単独行動へと傾斜していた。他方、国連の査察にイラクが協力的であるばかりか大量破壊兵器も見つからないという事態を受け、ヨーロッパ、とりわけフランスもまたアメリカに対し反発を強めた。

三月一〇日、フランスのシラク大統領が、「第二決議」に対する拒否権発動の意思を示したことで、国連の承認への道は事実上絶たれた。ブレアは米欧間の架け橋にはなれず、国内的にも国際的にも孤立した存在となった。ブレアの立場を憂慮したアメリカ政府は、「イラク戦争に無理に参加しなくてもよい」とのメッセージを送ったと言われている。しかしブレアはこれを拒否し、イラク戦争への参戦を決断する。三月一八日、下院での一〇時間以上の討議の末、参戦は賛成多数で承認された。労働党からは一三九人が反対し、これは一五〇年間で最大の造反であったが、保守党の賛成を得たことで承認された。

この過程の中で、ブレアの支持率は三〇％台へと低落していたが、いったんイラク戦争が始まると、支持率は五〇％近くまで回復した。イラク戦争をめぐる一連の困難を、ブレアは乗り切ったかのように見えた。しかし、本当の困難はここから始まるのである。

首相官邸への批判とひび割れていくリーダーシップ

米英軍は次々とイラクの都市を制圧、開戦から一ヵ月を待たずしてブッシュ大統領は、フセイン政権を打倒したことを宣言する。戦争の進行に伴い関心に上ってきたのが、「大量破壊兵器はどこにあるのか」という問題であった。戦争の最大の目的はイラクの保有する大量破壊兵器の危険性であり、見つからなければ戦争の大義自体が誤りだったことになる。五月にはアメリカのラムズフェルド国務長官が「大量破壊兵器は無いかもしれない」と発言し、それをきっかけにイギリス国内でも、ブレアは誤った見込みで戦争に導いたのか、あるいは嘘をついていたのではないかという批判が噴出し始める。

そのような中、二〇〇三年五月にBBCラジオで次のような報道がなされた。前年九月に発表された調査文書の「イラクの大量破壊兵器のいくつかは、四五分以内で配備可能」という部分について、「政府は四五分という数字は間違っていると考えていた」が、「首相官邸の誰かが、文書をより魅力的にしろ」と命じたというものであった。担当記者のギリガンは、数日後の新聞で、そのように命じたのは首席報道官のキャンベルであると名指しした。つまり、「四五分」という数字は、彼によるメディア戦略のための情報操作だったという趣旨である。

この報道を受け、キャンベルおよび首相官邸に対する批判は沸騰した。しかし当の首相官邸、とりわけ名指しされたキャンベルもまたこのような報道は誤りであるとして怒りを露わにし、そのような誤った報道のソースは誰かという犯人探しに躍起になった。そして悲劇は起こった。そのソースとして噂された大量破壊兵器の専門家、デイヴィド・ケリー博士の遺体が発見されたのである。自殺であった。ブレアがこの報告を受けたのは、アメリカ下院での名誉ある演説を終え、次の訪問地である東京へ向かっている時であった。

イギリスに戻ったブレアは、この問題についての調査を約束し、ハットン判事を長とする独立調査委員会を設置した。しかし、メディアや世論の首相官邸への反発、とりわけキャンベルへの批判は高まる一方であり、事件から一カ月あまり経った八月二九日、ブレアはキャンベルの辞任を発表する。その後、〇四年一月に発表されたハットン報告書は、情報操作疑惑は事実ではなく誤報であると断定し、BBCの側を批判するものであった。疑惑の晴れた首相官邸は安堵するが、世論の批判は収まらないばかりか、逆に高まっていく。そもそも、大量破壊兵器が見つからない今、「四五分以内に配備可能」という情報は誤りであったことが明らかである。誤った情報がなぜ調査文書に盛り込まれたのか。今度はこの問題に関し、バトラー上院議員を長とする独立調査委員会が組織された。約半年後の七月に出されたバトラー報告書では、「四五分以内に配備可能である」との主張は意図的な歪曲ではないものの、不確かな情報の正しさを誇張した誤りであったと結論づけられた。

この過程の中で、首相官邸、そしてブレアの首相官邸主導の手法が批判の対象となり、彼のパーソナルな評価も失墜していった。それに伴い与党労働党の支持率も後退した。ブレアの「大統領型」手法は、彼に対するパーソナルな評価を労働党の支持率にもつなげ、それにより与党労働党内での彼に対する反対を抑えることで、リーダーシップを可能にするものであった。しかし、もはやそれは逆回転し始めた。ブレアの不人気が労働党の支持率にも悪影響を与え、それゆえ公然とブレアの方針に反対を表明する労働党議員が増加した。ブレアの「大統領型」リーダーシップは、まず与党との関係においてひび割れつつあった。

同時に、内閣内での「ひび割れ」も増幅していた。ブラウンとの関係悪化である。一説には、九四年党首選の際の協定の中に、「第二期中に首相の座をブラウンに禅譲する」との約束（ブレア側はその存在を認めていない）があったが、ブレアがその意思を全く見せなかったため、二人の関係は悪化したと言われている。同時に、ブレア―ブラウン間の政策理念的な相違が顕在化し始めたのも第二期であり、とりわけ公共サービス改革をめぐっては、大胆な民間導入による「選択と多様化」を目指すブレアと、それが平等の観点から望ましくないとするブラウンの間で、亀裂が生じた。さらにブレアの人気の低下は、「党の顔」として相対的にブラウンの地位を上昇させ、このことも二人の関係に悪影響を及ぼした。

与党労働党議員からの信頼の低下とブラウンとの関係悪化という二重のひび割れ、そして外交面への政治的エネルギーの偏りが重なって、ブレアが第二期当初に目指していた公共サービス改革は難航を極めた。まず医療に関して、ブレアは改革のプランの一つとして、「財団病院」構想を打ち上げた。この構想は、NHSトラスト病院を所轄の地域医療当局から自律させ、民間からの資金調達や用地買収が可能になるよう自由度を高めるというものであった。この構想に対して、まずブラウン蔵相と大蔵省がかみ付き、病院の資金調達の権限に一定の縛りをかける修正を迫った。さらに激しかったのは、第一期ブレア政府で保健相を努めたフランク・ドブソンを中心とする、労働党左派議員の反発であった。彼らは、これまで国家によって運営されてきた病院に民間資金の導入権限を与えることは、NHSの民営化への道を開き、医療の階層化を招くと批判した。ブラウン蔵相も公然と反対こそしなかったものの、こちらの意見に近い考えを表明したことがあり、少なくとも積極的ではなかった。枯渇しつつあったブレアのリーダーシップでは彼らの反発を抑え切れず、二〇〇三年一一月の下院での採決では、トータルで八七人の労働党議員が造反した。最終的には一七票差という僅差で何とか可決に漕ぎつけたものの、この法案はイギリスの中でもイングランドのみを対象とするものであったにもかかわらず、勝利に貢献したのはこの法案の影響を受けないスコットランドやウェールズの議員の賛成票であった。

公共サービス改革に関しては、大学の追加学費法案も多くの造反を招いた。ブレアは、イギリスの大学の競争力を高めるための資金強化策として、大学が一律に設定された額を超えて「追加学費」を設定することを認める構想を持っていた。しかしそれは公約違反であったことに加え、やはり「裕福でない学生が大学に行くのを思いとどまらせてしまう」という批判が左派議員を中心に沸き起こり、またブラウンも当初は積極的ではなかった。二〇〇四年一月に行われた下院の採決では、第二読会としては戦後最大の造反を招いたが、賛成に回ったブラウンの説得もあり、わずか五票差の賛成多数で可決に漕ぎつけた。

第二期の重点課題とされた公共サービス改革は、このように難航を極めた。ブレアのリーダーシップが完全にひび割れつつあることは明らかであった。

4　レームダック化するブレア――第三期ブレア政権　二〇〇五～〇七年

二〇〇五年、「最後の任期」を公言してブレアは総選挙に臨んだ。彼は、「ブレアによる勝利」を望んだ。それこそが、自身のリーダーシップを再構築する必要条件であると考えたからである。「党の顔」としてはブラウン蔵相の存在感が確実に増していたが、マニフェスト作成は自身の側近と行い、選挙運動においてもブラウンと協働するつもりはなかった。しかし、ブレアの人気はもはや失墜しており、総選挙の勝利自体が楽観視できない状況である。

党首就任以降、アドバイザーとしてブレアの選挙戦略を支えてきたキャンベルやグールドは、彼にとって衝撃的な提起を行う――「これまでの経済的実績をキャンペーンの中心に置き、ブラウンを前面に出すべきである」。

ブラウンを前面に出した選挙戦によって労働党は勝利を収め、ブレア政権は第三期に入る。しかし議席数は三五六へと減少し、野党との議席差は六六にまで縮小した。ブレアは自身の不人気を自覚し、周囲も「ブレアはいつまで持ちこたえられるか」を話題とした。ブレア自身が「これが最後の任期である」と公言したため、辞任がわかっているリーダーの影響力が低下する「レームダック」の状態にもなった。加えて、第三期中に野党保守党に新たな党首が誕生した。デイヴィッド・キャメロン――三九歳という若さ、テレビ映りの良さ、右傾化していた保守党を中道寄りへと改革する政策的志向と、まるで一〇年前のブレアを髣髴とさせる党首の誕生であり、キャメロン自身も、「ブレアの継承者である」と発言したこともあった。ブレアのお株を奪う強力なライバルが、野党に登場したのである。

当然、内政面でのリーダーシップの衰退は著しいものとなった。〇五年七月、ロンドンの地下鉄の駅などで同時爆破テロが起き、五〇名以上の死者が出た。こういった事態も受け、第三期の内政面における主要テーマは、治安や反テロに定められた。その一環としてブレアは、テロ容疑者を逮捕状無しに拘束できる期間を一四日間から九〇日間へと大幅に拡大する反テロ法案を提出する。しかし、労働党議員の反対は強く、さらに首相官邸の中にも反対を示すアドバイザーがいる中での、強引な提案であった。結果、一一月の下院での採決では四九人の労働党議員が造反し、法案は否決される。第二期中は議席数の多さもあり造反が出ても辛勝で済んでいたが、議席数が縮小した第三期はそうはいかなかった。

公共サービス改革も引き続き進められ、資産の保有やスタッフの雇用など、学校の自律性を高める教育改革が目指されるが、労働党左派議員はもちろん、大臣からも反対が続出する。妥協を重ねた末に出された法案に対しても労働党の造反は相次いだが、野党である保守党の賛成を得て成立した。もはや保守党の賛成がないと自身の望む法案が成立しないほどに、ブレアのリーダーシップは枯渇していた。

コラム9-2　ブレアとキリスト教

首相退任から半年後の2007年12月，ブレアが英国国教徒からカトリックに改宗したとのニュースが注目を集めた。ブレアの家族もカトリックであり，ブレア本人も改宗が噂されていたが，首相を務めている間は，国王の代理として英国国教会の人事に関わるため，改宗は混乱を招く可能性があった。そのため，首相退任まで待ち，早速改宗に至ったのである。宗派はともかく，ブレアが敬虔なキリスト教徒であったことには異論がない。特に大学時代に，オーストラリアの僧侶でもある学生と出会い，キリスト教哲学者ジョン・マクマレーの著作に傾倒したことは，彼の後の人生に対して大きな影響力を持ち，首相になって後の政治的決定にもいくらかの影響を与えた。彼は野党党首時代からコミュニティの価値を説いたが，これにはマクマレーの影響が大きい。また，コソボ空爆のような「人道的介入」や「倫理外交」において，「善は悪に勝利する」と声高に主張したり，またある番組でイラク戦争の正当性に関する質問をされた際，「神が審判するだろう」と答えたりと，とりわけ外交政策に関しては，彼のキリスト教的価値観の反映をうかがわせる場面がしばしば見られた。

第三期においてブレアが一瞬の輝きを見せたのは，やはり外交であった。二〇〇五年七月，ブレアはG8サミットの議長国として，発展途上国，とりわけアフリカへの資金援助を大幅に増加する方針を主要テーマに設定する。いわば軍事力によらない「倫理外交」の方向で国際的リーダーシップを発揮しようとしたのである。アメリカは援助増額や援助目標の設定自体について反対であったが，ブレアはブッシュを説得し，アフリカへの援助額倍増を約束させることに成功する。ブレアが国際的リーダーシップを示した瞬間であった。

しかし，ブレアの辞任を決定的にしたのも外交であった。二〇〇六年六月，レバノンでのイスラエル兵誘拐を受けて，イスラエルはレバノンを軍事攻撃する。しかしそれは過大な攻撃であるとの国際的な批判が集中した。国連安全保障理事会は即時停戦を求める決議の採択に動くが，アメリカは強硬に反対，ブレアもそれに追随したのである。一般市民の死傷者も出る中，ブレアは一貫して停戦決議に反対する。このような姿勢はあまりにイスラエル寄りであるとして，イギリス国内での批判は沸騰し，イラク戦争時になされた「ブッシュのプードル」という批判も再燃した。首相官邸内部からも懸念の声が上がったが，ブレアは頑として拒否の姿勢を貫いた。こういった姿勢に，労働党内における忠実なブレア派議員の間ですら反乱が生じるようになる。ブレアは自らの側近の意見も聞かなくなると同時に、最もコアな支持層からも見放されつつあった。九月には、「一年以内の辞任」の発表を余儀なくされ、〇七年六月、一〇年間に及んだ首相の座を、かつての盟友であり最大のライバルであったブラウンに明け渡すことになる。

5　信頼回復に向けた困難なリーダーシップ——ブラウン政権　二〇〇七～一〇年

二〇〇七年六月、ついに首相の座へと登りつめたブラウンが真っ先に発表したのは、ブレアに対する信頼失墜の原因となっていた「大統領型」リーダーシップの修正であり、とりわけ官邸主導型手法を制限することに主眼が置かれた。ブレア政権期には、一部の首相官邸アドバイザーに官僚への指揮権が認められていたが、ブラウンはそれを剝奪した。また、外国との開戦決定などの項目で首相の決定権限を制限・放棄し、議会を重視することも表明した。これは自らの権限を制限することで信頼を回復しようとする試みであり、一〇年前、ブラウンが蔵相として、金利設定権限をイングランド銀行に委譲することで経済政策への信頼を回復しようとした改革とオーバーラップした。ブラウン首相はもともと平等を強く志向し、その手段として積極的な財政政策を行う意思を持っているが、そのためにはまず有権者の政治に対する信頼を回復することが絶対条件と考えていた。

しかし、これが成功裡に信頼回復につながるかについてはいくつかの懸念もあった。蔵相時には、ブラウン自身も自らのアドバイザーの意見を重用する傾向があり、他の大臣からは不満の声もあった。その志向をブラウン自身修正できるだろうか。また、ブラウンは有能ではあるがどちらかといえば実務型であり、一九九四年の党首選の時にも、ダイナミックなリーダーシップや決断力に欠けるのではないかという評価が、ブレアの後塵を拝する原因となった。リーダーへの信頼回復以前に、そもそも彼はリーダーシップに弱点を抱えているのではないか。しかし、そういったリーダーシップへの評価——首相や党首に対するパーソナルな評価——が、与党支持の鍵となる状況は続いていた。リーダーシップに欠けるという評価がなされれば、労働党の支持率も落ち、ブラウン自身も窮地に追

コラム9-3　ブラウンの腹心，エド・ボールズ

ブレア首相が，首相官邸のアドバイザーの意見を重視するスタイルをとったことは既に述べたが，ブラウンにもまた重用したアドバイザーがおり，その意味でスタイルはブレアと類似していた。特に影響力を持ったアドバイザーが，エド・ボールズである。経済紙フィナンシャル・タイムズの論説委員を務めていた彼は，まだ労働党が野党でありブラウンが影の蔵相であった1994年に，27歳の若さで彼の経済担当アドバイザーに就任すると，ブラウンが蔵相に就任して以降も彼を支え続けた。本文でも触れたイングランド銀行への金利設定権移譲などの経済政策に関し，彼の助言は決定的であったし，また元々はユーロに否定的というわけではなかったブラウンが，特に蔵相就任以後反ユーロの立場へと変わったのも，彼の影響が大きいと言われている。それゆえ，「イギリスで最も影響力のある，選挙で選ばれていない人物」などと呼ばれ，また，ブレアとブラウンとの間の対立を反映し，首相官邸と敵対的になることもしばしばであった。2004年には下院議員となり、2010年のブラウン辞任後の党首選に立候補したが落選している。

い込まれていくであろう。ましてやライバルである保守党党首キャメロンは、一時的なブームを超えてパーソナルな人気を確固たるものとしつつあり、それは保守党の支持率にも反映されていた。ブラウンは、党首をめぐるブレアとの対決から約一五年後、今度は保守党に現れた「ブレア的な人物」との対決に直面していたのである。

首相就任直後は労働党への支持率も回復させたブラウンであったが、自らへの信を問う意味でも必要とされた解散総選挙を決断できず先送りしたことをきっかけに、リーダーシップや決断力を疑問視され始め、支持率は低下していく。その結果、労働党の支持率も下がり、〇八年五月に行われた、地方選、ロンドン市長選、下院補選で労働党は三連敗を喫する。そのような中で起きたのが、一九三〇年代の大恐慌以来と言われる、金融・経済危機であった。〇八年九月、アメリカの金融会社リーマン・ブラザーズの破綻に端を発する金融危機は、すぐに国際的に波及、金融部門を主要な国内産業とするイギリスも大きな影響を受け、金融機関はもちろん自動車業界など経済セクター全体が危機に陥った。

蔵相時代から経済安定性の維持を自らへの高評価の軸としてきたブラウンにとって、これは最大のピンチであった。同時に、経済的手腕を中心に定評を構築してきた彼にとって、最も得意な分野でリーダーシップを発揮できる最大のチャンスでもあった。彼

は、EUで通商担当の欧州委員を務めていたかつての盟友ピーター・マンデルソンを企業担当大臣として内閣に呼び戻し「経済戦時内閣」を構築すると、一〇月には金融機関への公的資金注入を他の国々に先駆けて発表、さらには国際的舞台においても、各国が協調して財政出動を行うことの重要性を主導した。このような国際的リーダーシップの発揮は、財政出動に懐疑的な保守党を国際的に孤立させ、国内的には「経済音痴」というレッテルを貼り付ける効果もあった。その結果、ブラウンへの信頼や労働党への支持率は回復し、保守党と拮抗するまでに持ち直してきた。彼は金融・経済危機をチャンスとして生かしたかに見えた。

しかし二〇〇九年に入ると、再びブラウン政権への批判が高まってきた。経済が立ち直らないばかりか、危機は深まる一方だったからである。イギリスの危機は最悪レベルとはいえ、どの先進諸国も状況は似たようなものであり、一概にブラウンの手腕の問題にするのは酷ではあろう。しかし、今回の金融危機でイギリスが特に強い悪影響を被ったのは、金融産業を中心に据えて経済成長を達成するというイギリスの産業構造ゆえであったが、それはブラウンが蔵相時代に推進した経済政策の結果ではないのかという批判に、ブラウンは脆弱であった。さらに、様々な対応を打ち出すに当たっても、官僚やアドバイザーとの協議が中心となり、国民との対話に欠けるという声もあった。彼自身のリーダーシップの性格が問われたのだと言える。金融・経済危機はやはりピンチであった。

五月には、追い討ちをかけるように、議員の経費乱用問題が浮上した。議員や閣僚には一定の特別経費が支給されるが、その経費が目的外のことに使用されていることが次々と発覚し、政党を問わず多くの議員が槍玉に上げられた。リーダーへの信頼回復を目指したブラウンであったが、この問題をきっかけに政治家全体へと不信は広がっていったのである。特に労働党の支持率は落ち込み、六月の地方選や欧州議会選では歴史的な大敗を喫する。その結果、労働党内部でブラウン辞任を要求する声が公然と上がるようになった。

ブレアの「大統領型」手法からの脱却を目指し、信頼回復を目指したブラウンではあったが、逆に信頼低下がかつてない規模で広がる結果となった。もう一度信頼を再構築することもままならないまま、二〇一〇年五月に総選挙を迎える。ただでさえ労働党への支持率は芳しくはなかったが、総選挙の直前の遊説中、ブラウン首相が、支持者との議論を行って車に戻った後、スーツにつけていた小型マイクをオンにしたまま、その支持者の女性を侮辱するような発言を行ったことが報道されると、労働党への支持率は、一層低下した。党首へのパーソナルな人気が党の支持率にも直結する傾向は続いており、このブラウンの「失言」は、労働党が総選挙で敗北する決定打となってしまったのである。二〇〇五年の総選挙では、支持率が低迷しつつあったブレア首相を凌ぐ人気を誇り、労働党を勝利へと導いたブラウンであったが、二〇一〇年の総選挙では一転、その敗北の最大の要因となった。

二〇一〇年の総選挙で労働党の議席数は二五八にとどまり、三〇六議席を獲得した保守党に次ぐ第二党となった。しかしこの選挙では、第三政党である自由民主党が五七議席を獲得したこともあり、どの政党も単独では過半数に及ばなかった。労働党は、ブラウン首相の辞任を条件に自由民主党との連立を持ちかけるが、それは不調に終わり、保守党と自由民主党との連立政権が成立する。一九九七年以来の労働党政権は、ここに終焉を迎えるのである。

しかし労働党政権が、イギリス政治に対して新風を吹き込んだことは確かであり、一〇年以上にわたって政権を維持しながら達成した様々な成果は、過小評価されるべきではないだろう。労働党とは逆にこの一〇年間低迷してきた保守党が、キャメロン党首就任以降支持率を大きく伸ばし、二〇一〇年総選挙で第一党の座を獲得し、政権交代を実現するまでに回復した理由の一つが、労働党政権の政策や方法の多くを踏襲した点であることは、それを示している。

参考文献

梅川正美・阪野智一編（二〇〇四）『ブレアのイラク戦争』朝日新聞社。

小堀眞裕（二〇〇五）『サッチャリズムとブレア政治——コンセンサスの変容、規制国家の強まり、そして新しい左右軸』晃洋書房。

近藤康史（二〇〇四）「グローバル化と社会民主主義の変容——イギリス労働党の事例から」畑山敏夫・丸山仁編『現代政治のパースペクティブ——欧州の経験に学ぶ』法律文化社。

近藤康史（二〇〇八）『個人の連帯――「第三の道」以後の社会民主主義』勁草書房。
阪野智一（二〇〇八）「イギリスにおける中核的執政の変容――脱集権化のなかの集権化」伊藤光利編『政治的エグゼクティヴの比較研究』早稲田大学出版部。
山口二郎（二〇〇五）『ブレア時代のイギリス』岩波書店。
力久昌幸（二〇〇三）『ユーロとイギリス――欧州通貨統合をめぐる二大政党の政治制度戦略』木鐸社。
Blair, Tony (1996) *New Britain*, Fourth Estate.
Campbell, Alastair (2007) *The Blair Years*, Alfred A. Knopf.
Coates, David and Joel Krieger (2004) *Blair's War*, Polity Press.
Cook, Robin (2003) *The Point of Departure*, Simon and Schuster.
Driver, Steven and Luke Martell (2002) *Blair's Britain*, Polity Press.
Foley, Michael (2000) *The British Presidency*, Manchester U.P.
Heffernan, Richard and Raul Webb (2004) "The British Minister: Much more than 'First Among Equals,'" in Thomas Poguntke and Paul Webb eds., *The Presidentialization of Politics*, Oxford U.P.
Peston, Robert (2005) *Brown's Britain*, Short Books.
Rentoul, John (2001) *Tony Blair: Prime Minister*, Sphere.
Seldon, Anthony (2004) *Blair*, Free Press.
Seldon, Anthony (2008) *Blair Unbound*, Pocket Books.
Seldon, Anthony ed. (2007) *Blair's Britain 1997–2007*, Cambridge U.P.
Temple, Mick (2006) *Blair*, Haus Publishing.

第10章　「ブレアの後継者」から「サッチャーの息子」へ
——キャメロン政権　二〇一〇年〜——

池本大輔

デービッド・キャメロン（左）**とニック・クレッグ**（右）（AFP＝時事）

二〇一五年まで続いた第一次キャメロン政権は、イギリスにとって第二次大戦後初の連立政権であった。イギリスの統治構造は長らく安定的であったが、連立政権はそれ自体が憲法的革新だっただけでなく、選挙制度改革・スコットランド独立・EUの一員であることの是非といった、様々な憲法的問題に次々と直面した。同時に、世界的な金融・経済危機の影響がイギリスにも及ぶ中で、連立政権は財政赤字の削減や新たな成長モデルの模索という困難な課題に取り組まねばならなかった。本章では、キャメロンが首相に至るまでの道のりを見たあと、連立政権の誕生に伴う変化、政権の経済運営、スコットランド独立とEUに対する政権の姿勢、政権の外交政策について説明する。キャメロンは総選挙で三連敗した保守党を立て直すため、党の改革・中道化を進めることを公約して党首になったが、首相としてのキャメロンはサッチャー以降のイギリス政治の大枠を維持するために尽力し、かなりの程度成功した。

1　首相への道

恵まれた生い立ちとキャリア　デービッド・キャメロンは父イアン、母メアリーの次男として一九六六年に生まれた。イアンはロンドンの金融街シティに本拠を構える株式仲買会社の役員を長く務め、メアリーに至っては第二代マウント准男爵の娘であるから、きわめて恵まれた家庭環境と言える。キャメロンはイギリスの田舎の典型とも言えるバークシャー州ピーズモアで育ち、名門の全寮制私立学校であるヘザーダウン校（卒業生にはアンドリュー王子がいる）とイートン校で学んだ。その後進学したオックスフォード大学ブレズノーズ・カレッジでは、イギリスを代表する政治学者ボグダナー教授の指導の下で、エリートコースのPPE（哲学・政治学・経済学）を専攻している。キャメロンはイートン校在学中に大麻を服用して処分を受け、オックスフォードでは悪名高いバリンドンクラブの一員であったが（同クラブは裕福な家庭の子弟のみをメンバーとして受け入れ、正装での夕食パーティのあと泥酔してしばしばレストランや周辺店舗の破壊行為に及んだことで知られる）、基本的には真面目で成績優秀な学生だったと言われている。

大学卒業後は保守党の調査研究局に勤務し、メイジャー首相の下院クエスチョンタイム担当アドバイザーを務めた後、大蔵省、次いで内務省でそれぞれ蔵相ラモント、内相ハワードの特別アドバイザーを務めた。その後、政界進出の準備として衛星放送テレビ局カールトンの広報担当を務め、一九九六年に第八代シェフィールド准男爵の娘でデザイナーのサマンサと結婚した。二〇〇一年総選挙でオックスフォード近郊のウィットニー選挙区から立候補して初当選し、早くも二期目の二〇〇五年には、総選挙でブレア率いる労働党に三連敗を喫して党勢立て直しが急務となった保守党の党首に選出された。二〇一〇年総選挙の結果として保守・自由民主両党の連立政権が誕生すると、四三歳の若さで首相に就任した。キャメロン以前に保守党政権の首相を務めた三名（ヒース、サッチャー、メイジャー）が、比較的貧しい家庭に生まれた叩き上げの政治家であったのとは、好対照なキャリアだと言えよう。

上流階級の出身であるという点は、キャメロンの政治的盟友であるオズボーン蔵相（セントポール校・オックスフォード出身）や、オズボーンとキャメロンの後継者としての地位を争うことが予想されるロンドン市長のジョンソン（イートン校・オックスフォード出身）、キャメロンの側近の多くも共通している。上流階級の出自が政治的成功の妨げとならなくなったことを、イギリス社会で階級の重要性が実際に低下したことの帰結と捉えるか、それとも格差が個人の能力や努力の結果として正当化されるようになった一九八〇年代以降の時代潮流の反映とみるかは、難しい問題である。第一次キャメロン政権全体でみれば、名門の私立学校卒業生やオックスブリッジ卒業生の閣僚の人数は、歴代政権と比較してむしろ少ないことも指摘しておく価値があるだろう。

「ブレアの後継者」から「サッチャーの息子」へ

さてキャメロンは、党首就任時の年齢の若さや、さわやかな弁舌、出身階層やキャリアなどの点で、しばしば労働党のブレア首相と比較される。ブレアにブラウンというナンバー2の蔵相がいたのに対し、キャメロンにはオズボーンがいる点も共通している。実際、キャメロンやオズボーン自身、選挙で連敗した労働党の近代化に成功し、メディア王マードックが所有するメディアと密接な関係を築いて長期政権を維持したブレアを非常に尊敬しているようであり、キャメロンに至っては野党党首時代の記者会見で自らを「ブレアの後継者」と称したほどである。

もっとも、キャメロンをブレアに擬える議論には限界もある。まず年長のキャメロンとオズボーンのどちらがブレアでどちらがブラウンなのかは、当初自明ではなかった。二〇〇五年総選挙で保守党が敗北したあと、党首ハワードは辞意を表明する一方、有力後継候補だが党の近代化に熱心でないデービスの選出を阻止すべく、改革派の支援に全力を挙げた。ハワードが当初白羽の矢を立てたのは、当時弱冠三三歳だったオズボーンだと言われている。オズボーンが年齢を理由に党首選への出馬を断念した結果、キャメロンが改革派を代表する候補者となり、オズボーンが参謀役を務めることになった。両者の政治的協力関係は現在まで続いており、二人はブレアとブラウンの個人的対立が労働党の政権運営の障害になった轍を踏まないよう努めているといわれる。実際、二人が公に対立するのは稀であり、両者の役割分担に関する取り決めや首相の地位を禅譲する約束の存在が公然と噂されるような事態は、これまでのところ起きていない。
キャメロンは党大会演説の成功により支持を拡大し、デービス、親欧州派のクラーク、右派で欧州懐疑派のフォックスを破って党首に選出された。もっとも、キャメロンの党内基盤はそれほど強固でなく、フォックスに対抗して党内右派の支持を得るため、EU内の穏健右派政党の集まりである欧州人民党から保守党を離脱させると公約せざるを得なかった。欧州人民党の中核に位置するドイツなどのキリスト教民主政党は親統合的であるため、保守党内の欧州懐疑派勢力は不満を持っていたのである。欧州人民党からの離脱は、保守党が政権に復帰した後イギリスがEU内部で有する影響力の低下につながると同時に、政権のヨーロッパ政策が次第に党内懐疑派に左右される予兆となった。

先に述べたように、ブレア率いる労働党が選挙で大成功を収めた理由の一つは、ジャーナリスト出身のキャンベルを広報担当に据え、メディア戦略に成功した点にあった。特にマードック系メディア、なかでも大衆紙サンとの友好的な関係を築いたことは大きかった。二〇〇五年にキャメロンが保守党の党首になった際は、まだ両者の蜜月関係が続いており、キャメロンがマードックとライバル関係にあるカールトン社で働いていたこともあって、保守党やキャメロン個人に対するマードック系メディアの姿勢は厳しいものがあった。当初保守党はメディア一般に対して一定の距離を保つ戦略をとっていたが、二〇〇七年にメディア戦略を積極的な路線に転換し、やがてマードックの支持を得ることにも成功する。その鍵となったのが、サン紙による盗聴疑惑のために同紙の王室担当エディターを辞職したコールソンを、メディア担当に採用したことであった。コールソンはキャメロン政権誕生への功績がきわめて大であったと評されるが、政権誕生後の二〇一一年に自らも盗聴に関与していたとして逮捕され、キャメロンも非難の対象になった。もっとも、マードック系メディアは経営陣にも逮捕者が出たこの危機を乗り越え、保守党政権との密接な関係は現在まで続いている。

キャメロンとブレアの大きな違いは、キャメロンが抜本的な党改革への支持を得ることに失敗した点である。ブレアは野党党首時代に、労働党規約の国有化条項の廃止を実現することで、同党の変化を有権者に印象づけることに成功した。保守党党首になったキャメロンも、「近代的で思いやりのある保守」というスローガンを掲げ、サッチャー以降右傾化した党の中道化を進める一方、環境問題や個人の自己決定に関わる問題で進歩的な姿勢をとることで、保守党から離れた有権者の支持を取り戻そうと試みた。

けれども、これらの試みがイメージ戦略以上の成果をどれだけ上げたかと言えば疑問符がつく。そもそも、改革派を自称するキャメロンの政治的信条自体、必ずしも明確でない。政治状況に応じて風見鶏のように立場を変えるからである。先述のボグダナー教授は学生時代のキャメロンの政治的立場を「穏健な保守」と評しており、党首就任直後のキャメロンが中道路線を採っていたことと符合する。イデオロギー的には、市場経済と社会的連帯との両立を図る「大きな社会」を標榜し、「(個人と家族以外に)社会などというものは存在しない」という発言で知られるサッチャーとの差異化を図った。経済運営に関しては、労働党の路線を継承することを公約している。また息子が重度の脳性まひで生まれ六歳で死去した個人的経験から、国民保健サービスの維持に熱心であり、これは同制度に対する姿勢に関して有権者から不信感をもたれがちな保守党の政策にも反映されることになった。

しかし当初の改革姿勢は、党内からの反発で後退を余儀なくされた。教育問題では公立学校での選抜原理に反対する姿勢が党内で反発を受け、方針を転換した。二〇〇八年に経済危機が勃発すると、財政支出の急激な削減による財政再建を目指す右派的な路線へと舵を切り、「サッチャーの息子」と評されるようになった。「大きな社会」も結局のところ尻すぼみに終わり、キャメロンも二〇一三年以降は一切言及していない。

他方、二〇一〇年総選挙で保守党が過半数の議席を確保することに失敗すると、自由民主党との連立政権結成に積極的な姿勢をみせた。メディアからは「保守党右派より自民党との連立を好む」と評され、保守党内からは右派の支持する政策を連立のために簡単に放棄したと非難された。このような二転三転する姿勢が「首相になった後何をやりたかったのかはっきりしない」「広報マン」という批判がつきまとう理由となっている。もっとも、このような柔軟性があるからこそ、自由民主党との連立政権の首相としては向いていたとみることもできよう。

2　保守自民連立政権の誕生

イギリスは二〇一〇年下院総選挙の結果、六五〇議席中保守党が三〇七議席（改選前は二一〇議席）、労働党が二五八議席（同三四九議席）、自由民主党が五七議席（同六二議席）となり、どの政党も過半数の議席を有さない宙づり議会と呼ばれる状況に陥った。キャメロンは、労働党長期政権の疲弊、ブラウン首相の個人的な不人気、二〇〇八年以降の経済危機といった絶好の条件にもかかわらず、保守党を単独過半数に導くことに失敗したのである。

選挙結果を受けて各党間で交渉が行われた結果、保守党と自由民主党によって第二次大戦後初の連立政権が結成された。平時の連立政権結成は異例の出来事と言える。というのは、イギリスでは宙づり議会となった場合、少数派政権が組織され、遠からず解散・総選挙に至るのが通例であり、連立政権は戦争のような国家的危機に対処するために結成されるものであった。それゆえ今回の選挙の際も、連立政権ではなく「信任と歳出」合意（少数党が政府への信任投票と歳出法案への賛成と引き替えに、政策面での譲歩を得る協定）にもとづく保守党少数政権の誕生が有力視されていたのである。以下では、連立政権樹立の背景、連立協定と連立政権の運営、連立政権はイギリス政治をどう変えたか、という順序で説明したい。

連立政権誕生の背景

連立政権が誕生した構造的要因としては、階級意識の低下や、脱物質主義的価値観に由来する新たな政治的対立軸の出現、地域政党の台頭に伴う、保守・労働両党への支持の低下がある。下院総選挙における二大政党の得票率の合計は一九五五年の九六・一％をピークとして徐々に低下しており、二〇〇五年にはついに七〇％を割り込んだ（図10－1）。

大政党に有利な小選挙区制のおかげで二大政党は九割近い議席を占めているものの、宙づり議会が誕生する可能性はこれまでより高くなっている。これに議員経費スキャンダルや保守・労働両党が賛成したイラク戦争の失敗、そして選挙時のテレビ討論における自民党党首クレッグの好パフォーマンスといった一時的要因が加わることによ

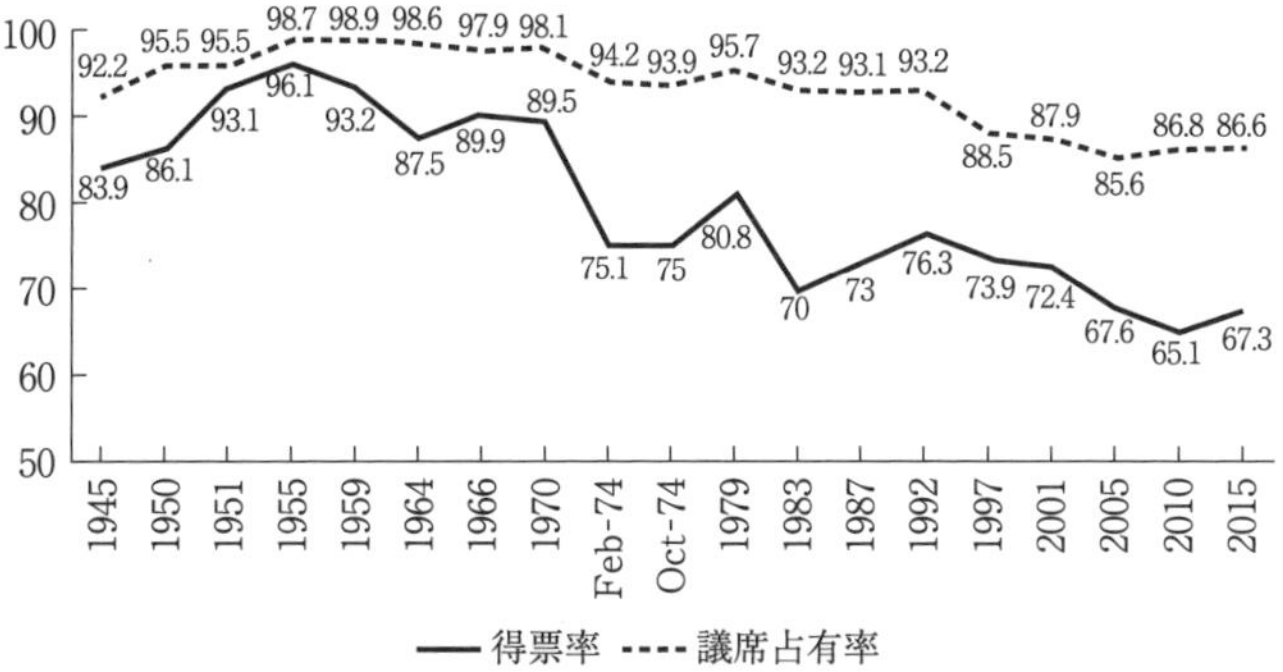

図 10-1　二大政党の得票率と議席占有率

って、二〇一〇年選挙では二大政党の得票率は六五・一%にすぎなかった。

それと並んで重要なのが、第三党である自由民主党の方針転換である。これまで宙づり議会が連立政権に直結しなかった一因は、同党が連立に対して消極的だったことにある。自由民主党やその前身の自由党は、「第三勢力」として自己を規定してきたわけではない。実のところ、一九五〇年代から六〇年代にかけて党勢が著しく衰退した時でさえ、同党はあたかも自らが二大政党の地位に返り咲くことが前提であるかのごとく行動していた。このような自由民主党の姿勢は、イギリスにおいて二大政党制のモデルがいかに根強いものであるかを物語っている。

それでは自由民主党が今回連立政権に参加したのは一体なぜだろうか。第一に、リーマン・ショックの後、イギリスが第二次大戦後最も深刻な財政危機に直面していたことが挙げられるだろう。通例どおり保守党が少数派政権を樹立した場合、遠からず二度目の総選挙が必要であり、政治的に不安定な状況が続けば金融市場の混乱を招く危険性があった。そこで世論調査が宙づり議会という結果を示唆するようになると、各党内では選挙前から連立政権の可能性に向けて極秘の準備が行われていた。自民党には二大政党のどちらと組むかという問題があったが、各党の議席数から安定政権を築けるのは保守党と自民党の組み合わせのみであり、二〇〇〇年代半ばにオレンジブック派と呼ばれる中道右派路線を支持するグループが党内で台頭した結果、経済政策に関して保守党との距離は縮小していた。

もう一つの理由は、自由民主党の悲願である選挙制度改革の実現であった。

自由民主党は比例代表制の導入を主張しているが、そうなれば宙づり議会が恒常化するだろう。もし今回の宙づり議会で自由民主党が政権への参加を拒み、安定した政権が築けなかった場合、同党が主張する選挙制度改革は説得力を持たなくなる。つまり同党としては、選挙制度改革を実現するためにも連立政権が単独政権以上にうまく機能することを示す必要があったのである。

とはいえ、小選挙区制を支持する保守党が選挙制度改革に同意するのはきわめて困難であった。選挙結果が判明した後、キャメロンは自由民主党に対して「大きく包括的な提案」を行ったが、自民党が連立合意の譲れない一線として要求した選好順位指定投票制（コラム10‐1参照）に関する国民投票に対しては保守党内の反対が強く、両党の交渉は難航した。最終的に連立交渉を成功に導いたのは、労働党が自民党に対し、連立と引き替えに国民投票なしで選好順位指定投票制の導入に応じることを提案したという情報であった（この情報をもたらしたのはオズボーンだが、後に事実に反することが判明している）。もしこれが真実であれば、選好順位指定投票制導入の是非について国民投票を行うことを受け入れ自民党と連立を組むことが、保守党が選挙制度改革を阻止する唯一の方法になる。この打算が両党の連立実現の決め手となった。

連立協定と政権運営

保守・自由民主両党の間では、政策に関する「中間合意」・「政権のためのプログラム」と、政策決定手続に関する「安定と改革のための合意」の計三つの連立協定が結ばれている。

連立協定は経済運営の基本方針に関して保守党の主張を多く取り入れ、二〇一五年までの議会会期中にイギリスが抱える構造的な財政赤字を解消することを表明している。自民党が求めた選好順位指定投票制の是非をめぐる国民投票は二〇一一年五月に行われることになったが、保守党は反対の立場をとることが容認された。選挙制度改革以外にも、上院改革や下院への固定任期制の導入、スコットランド・ウェールズへのさらなる分権など、一連の国制改革が謳われている。自民党の中に反対が根強い大学授業料の値上げや原子力発電所の新規建設について、同党議員は政府を支持しないでよいことになった。EU政策は、積極的な立場をとる自民党と多くの懐疑派を抱える保守党の見解が大きく異なる分野であったが、両党がともにこの問題を国民投票にかけるべきだと考えていたことが妥

コラム10-1 選好順位指定投票制

選好順位指定投票制（Alternative Vote）とは，小選挙区制に類似した選挙制度であるが，投票者が複数の候補者に順位づけすることが可能な点で異なる。それぞれの候補を一番とする票をカウントして過半数の票を得る候補者がいなかった場合，最下位の候補者は落選となり，その票は二番の候補者にそれぞれ配分される。これを過半数の票を得る候補者が出るまで繰り返して当選者を確定する。この制度の下では有効投票の過半数の票を得なければ当選できないので，五割以下の得票率で当選してしまう候補者が出るのを防ぐことができる。

小選挙区制と比較してどの党が有利になるかは，有権者の選好分布に依存するので難しい問題である。2015年下院選直前の世論調査結果を利用した試算によると，もしこの選挙制度が導入されていれば，（国民投票で導入に反対した）保守党は30～40議席程度多く獲得できていたはずだという。これだけでも興味深いが，実際の選挙では事前の世論調査で280議席程度と予測されていた保守党が331議席を獲得し，単独政権を樹立するのに成功した。予測と実際の結果が乖離した理由の一つは，有権者の戦略的投票だと言われる。つまり再度宙づり議会になることを嫌った有権者が，第一選好のイギリス独立党や自由民主党に入れる代わりに，第二選好の保守党候補に切り替えたために，世論調査の予測が当たらなかったというのである。この見方が正しければ，イギリスの有権者は小選挙区制の下でも，あたかも選好順位指定投票制のようなやり方で投票したことになるだろう。

協を可能にした。同様に両党の立場が大きく異なるトライデント核ミサイルの更新についての決定は、次の選挙後に先送りされた。

両党間の閣僚ポストの配分はほぼ両党の議席数に比例する形になったが、クレッグが副首相の地位に就いたため、大蔵大臣（オズボーン）・外務大臣（ヘイグ）・内務大臣（メイ）の重要ポストは全て保守党が占めることになった。自民党からはケーブルがビジネス相、フーンが環境相、ロー（直後に辞職を余儀なくされたためアレクサンダーに交代した）が大蔵副大臣として入閣した。原則として、保守党が閣僚を務める省庁には自由民主党の副大臣が、自由民主党が閣僚の省庁には保守党の副大臣が配置された。

一般に連立政権は、政権維持のために一体性を確保する必要と、政権を構成する各政党が独自性を発揮する必要とをどう両立させるかが課題だと言われる。とりわけ小政党（この場合は自由民主党）にとっては、政権内での埋没を避けることが次の選挙で敗北しないために重要である。当初は連立協定に自民党の公約が比較的多く盛り込まれたため、同党が連立交渉で健闘したという見方も有力であった。しかし選挙制度改革は二〇一一年の国民投票で否決され、二〇一五年総選挙では保守党が単独過半数の議席を確保する一方、自民党は八議席にとどまり大敗した。そこで現在では、保守党の方が連立によって得をしたという見解に異論を差し挟む者は少ない。

このような事態を招いた理由の一つは、自民党の戦略ミスであった。クレッグが無任所の副首相となったことは、権力基盤となる省庁を持たないことを意味し失敗であった。さらに、先に述べたように、自民党は一部の省庁を自党で固めるのでなく、全ての省庁に万遍なくポストを得ること、つまり「深さ」よりも「幅」を選んだ。これは統治の観点からは正しい選択であったかもしれないが、自党の功績を有権者にアピールして政治的な得点を稼ぐという観点からは不利に働いたと考えられる。

実のところ、自民党が二〇一〇年の選挙で掲げた公約は連立政権によって相当程度実現された。しかし自民党の評判にとって致命的であったのは、大学授業料の値上げや原子力発電所の新設といった同党の支持者の関心の深い問題で譲歩したことが、裏切りだと受け止められたことである。それぞれの問題の議会討論を主導した大臣は自民党のケーブルとフーンであったため、同党が不人気な政策の責任を負わされることになった。保守党の政治的手腕が自民党のそれを上回ったと評すべきだろう。

連立政権はウェストミンスター・モデルをどう変えたのか

それでは、連立政権はイギリス政治のあり方をどのように変えたのだろうか。

この問いは、連立政権の誕生自体がどのような政治的革新をもたらしたかという論点と、連立政権の下で行われた国制改革の成果の二つに分けることができる。前者については、第一に、政権構成や首相の選出は選挙結果だけでは決まらず、選挙後の政党間の交渉に委ねられるようになった。第二に、単独政権と比較して、連立政権においては首相の権限が縮小することが指摘されている。閣僚の人選は連立政党間の交渉に委ねられるため、首相の一存で決定することは不可能になった。内閣の意思決定がよりフォーマルな形で行われるようになり、とりわけ閣僚委員会の重要性が高まった。各委員会の議長と副議長は必ず別の政党に所属しているることとされ、決定内容が連立の将来に関わる場合には、キャメロン首相やクレッグ副首相がメンバーを務める連立委員会に諮ることになった。実際には連立委員会はほとんど開かれず、キャメロン、クレッグ、オズボーン、アレクサンダーの四者会談やキャメロンとクレッグの非公式折衝で調整が図られたと言われる。さらに下院には固定任期制が導入され、首相は解散権を失った。これは自由民主党が強く主張したものであり、保守党が自党に都合の良い時期に下院を解散して過半数の議席を確保し、連立を解消することを防ぐのが狙いである。二〇一一年に議会を通過した固定任期法によれば、下院の解散は、内閣不信任案が議決され二週間を経過しても新政権が誕生しない場合か、下院議員の三分の二が賛成した場合のみに限定されている。

本書第7章と第9章で扱われたサッチャー政権やブレア政権の経験を踏まえ、近年イギリス政府の大統領制化が一部の論者によって指摘されている。(執)政府の大統領制化とは、意思決定に際して、閣議や閣僚委員会のような公式なメカニズムの重要性が低下する一方、首相とそれを取り巻く政治任用のアドバイザーの役割が増大していることを指す。しかし連立政権の下で首相の権限が減少し政策決定がよりフォーマルな形で行われるようになったことは、キャメロンが各省庁への介入を控えたこととあわせ、大統領制化論が指摘するのとは正反対の方向の変化である。したがって、特定の首相のリーダーシップを大統領型と形容することを超えて、イギリス政府の大統領制化について語ることはミスリーディングと言えよう。

いずれにせよ、連立政権による前記の変化に対しては、国民の政治に対する影響力を低下させるという批判がある。宙づり議会の下で連立交渉が行われる場合、政権構成が選挙結果を反映したものになる保障はない。連立政権の結成にあたっては連立協定が締結され、各政党の選挙公約に置き換わるため、選挙公約の重要性も低下する。連立協定は選挙公約とは異なり有権者の判断に委ねられたものではなく、各党の選挙公約とは正反対の内容が含まれていることに対する批判も強い。たとえば、自由民主党は選挙公約では連立協定に盛り込まれた議会会期内の財政均衡達成に反対していたし、選好順位指定投票制については保守党も自由民主党も選挙公約で反対していた。くわえて固定任期制により解散も制限されたため、民意を反映しない政権のたらい回しが起きたり、弱体化した政権がいつまでも続いたりするのではないかという懸念が表明されている。一言でいえば、連立政権とそれが体現する政治スタイルは、選挙で勝利した政党が政権を担当し、その統治実績について次の選挙で有権者が判断を下すという「責任政治」の理念を脅かすものだと受け止める向きもあったのだ。

連立政権による国制改革の試み　連立政権は選挙制度改革を含む様々な国制改革を目標として発足したが、そのほとんどを実現することに失敗した。ここでは、後で取り上げるスコットランドとEU以外の問題について説明する。

先に述べたように、連立政権合意は下院選挙に選好順位指定投票制を導入するか否かをめぐって国民投票を行うことを謳っていた。保守党の公約では小選挙区制の維持が、自由民主党の公約では比例代表制の導入が主張されており、どちらの党も国民投票には言及していなかった。自民党からみると、国民投票の実施は念願の比例代表制導入に向けた改革の第一歩という位置づけであった。二〇一一年五月に行われた国民投票では、自民党は賛成、保守党は反対の立場から、連立政権を構成する二党が敵味方に分かれて争うことになった。当初は賛成派の優勢が伝えられたが、保守党が本格的な運動を開始すると形勢は逆転し、最終的には賛成三二・一%、反対六七・九%の大差で選挙制度改革は否決された。選挙制度改革で保守・自民両党が争ったことは両党間の関係を悪化させ、この後の国制改革を困難にした。

イギリスの上院はもともと世襲貴族と国王によって任命された一代貴族から構成されており、その改革は長年の懸案になっていた。ブレア政権の下で、改革の第一段階として世襲貴族の上院議員の数は九二名に減らされたが、公選の導入を含む抜本的な改革は先送りになっていた。二〇一〇年選挙で、保守党は主として公選議員からなる上院、自民党は全てが公選議員からなる上院を公約として掲げた。二〇一二年に連立政権により提出された法案は、上院が三六〇人の公選議員（一五年任期・再選不可）と九〇人の任命議員から構成されると規定していた。しかし第二読会で九〇人以上の保守党議員が反対したため法案は撤回され、改革はまたもや先送りされることになった。

選好順位指定投票制に関する国民投票を行うために制定された選挙制度・選挙区法は、保守党の要求を受け入れる形で、議員定数を六五〇から六〇〇に削減し、あわせて選挙区ごとの有権者数を均一にするため定数是正を予定していた。人口が増加傾向にあるイングランド南東部が主な支持基盤の保守党は、定数是正によって獲得議席増が見込めるからである。しかし自由民主党は、保守党議員の反対で上院改革が挫折したことを連立合意の違反だと主張し、上院で選挙区割り見直しを延期する動議が同党と労働党の議員の賛成により可決されたため、定数削減と定数是正は二〇一八年以降に先送りされた。

国制改革のほとんどは失敗に終わったが、そのための手続きとして、国民投票（選挙制度・EU）や住民投票（スコットランド）が多用されるようになったことは重要な変化と言える。議会主権の国イギリスも、実質的には国民主権の国に変化しつつあるのかもしれない。

3　経済危機への対処——財政赤字削減と新たな成長モデルの模索

さて、連立政権が設立された最大の目的は、イギリスが直面する経済危機・財政危機に対処することであった。イギリス経済は金融業の発展と不動産ブームのおかげで一九九二年から二〇〇七年にかけ景気後退のない成長を経験したが、その分グローバルな金融危機によってきわめて深刻な打撃を蒙った。イギリスのGDPは二〇〇八年から二〇〇九年の前半にかけて七・二％も縮小した。二〇一〇年度の財政赤字は対GDP比で九・七％と、先進国の中でも最悪に近い水準に達した。二〇一三年には経済がようやく回復基調に乗り、G7諸国の中で最高に近い成長を記録したが、二〇一四年末の時点でも賃金や一人当たり所得は危機前の水準を下まわる状態である。以前の景気後退と異なり失業率は比較的低い水準にあるが、生産性はピーク時と比較して一六％も低下している。そこでキャメロン政権は、財政赤字の削減と経済成長の回復を両立させるという、きわめて困難な経済運営の舵取りを求められた。

財政赤字削減

二〇一〇年総選挙の際に、財政赤字削減の必要性とその規模について、主要三政党の間にそれほどの争いはなかった。争点となったのは赤字削減のペースとその方法である。保守党は労働党政権時代の過剰な財政支出と経済運営の失敗が財政危機の原因だとしつつ、財政赤字削減が経済成長回復の前提だとして、二〇一五年までの議会会期の間に構造的な財政赤字（財政赤字から景気循環の影響を差し引いたもの）を解消することを公約した。対して労働党や自由民主党は、財政赤字の解消により長い時間をかけることを主張していた。連立協定は経済運営の方向性に関して保守党寄りの立場をとり、政権発足直後にオズボーン蔵相が発表した緊急予算は、二〇一五年までの財政均衡達成と、その七七％を財政支出削減（残りの二三％は増税）によって実現することを宣言した。あわせて、経済予測から政治的な影響を排除するため、独立した予算責任局（ＯＢＲ）が創設された。医療・教育・年金・国際開発援助が財政支出削減の例外とされた結果、他の省庁の予算は二〇一五〜一六年度までに平均で約二〇％削減されることになった。常勤の公務員数は五年間で四八万人から四〇万六〇〇〇人に減少し、第二次大戦後最低の人数になった。さらに、労働年齢層を対象にした社会保障支出が大きく削減された。税制面では、労働党政権の末期に所得税の最高税率が四〇％から五〇％に引き上げられていたが、連立政権はこれを四五％にする一方、付加価値税を一七・五％から二〇％に引き上げた。他方、自民党の提案にもとづき所得税の課税最低限度が引き上げられ、保守党の要求で法人税は引き下げられた。

しかし二〇一〇年から一二年にかけて経済成長率が予想を超えて落ち込んだため、財政赤字削減は当初の予定通りに進まなかった。そこで、そもそも財政危機の原因は不動産バブルの崩壊により巨額の損失を抱えた金融機関の救済に公的資金が投入されたことにあり、急激な財政赤字の削減が経済成長落ち込みの原因だとして、政府に緊縮財政の転換を求める声が経済学者の間で強まった。対して政府は、ユーロ危機や商品価格の上昇などの国際的な要因が景気低迷の主たる理由だと反論した。

二〇一三年以降のプラス成長により、政権は自らの緊縮財政路線が功を奏したと主張することが可能になった。これに対して、政権が財政赤字削減のペースを鈍化させたことや不動産融資支援策（後述）をとったことこそ景気回復の理由であるという反論がある。実際、二〇一五年までに財政均衡を達成するという当初の目標は断念され、二〇一五年以降も引き続き緊縮財政路線が継続することになった。オズボーン蔵相のレトリックが与える印象とは異なり、五年間に達成された財政赤字の削減幅はGDP比四・九%と、アメリカ(七・一%)・EU平均(三・八%)と比較してそれほど大きいとはいえず、二〇一五年度の赤字もGDP比四・八%と比較的高い水準に留まっている(アメリカは四・二%、EU平均は二・三%)。またGDPの伸びが落ち込んだため、財政支出削減にもかかわらず、GDP比でみた財政支出の水準は二〇〇〇年と同程度である。

緊縮財政が与えた影響は、社会階層によって大きく異なる。税制と社会保障支出の変化により、所得が上位一〇%と下位半分の層が損失を被ったと試算されている。つまり、中産階級は緊縮財政によってそれほどの悪影響を受けなかったのだ。世代別にみると、年金受給年齢の人々の所得は向上したが、三十代から五十代までは一一%減少し、二十代は二〇%下落した。労働年齢の人々にとっては、政府の政策でなく賃金の低下が所得への最大の打撃となった。

新たな成長モデルの模索

サッチャー政権によって一九八〇年代に確立された市場重視の金融規制レジームや金融業主導の成長モデルは、その後どの主要政党からも問題視されることはなかった。保守党と労働党の違いは、成長の果実をどう分配するかという点に留まっていた。金融危機によってこの成長モデルが破壊された(ように見えた)ことは、イギリスが今後どのような経済成長を期待できるのかという問題を提起した。

当座の経済危機から離脱するため重要な役割を果たしたのは、イングランド銀行による量的緩和政策だった。量的緩和には、中央銀行が国債の購入のために紙幣を増刷することが含まれる。二〇〇九年から二〇一二年にかけてイングランド銀行は三七五〇億ポンドの量的緩和を行い、二〇一二年には大蔵省と共同で銀行融資促進策も導入した。しかしそれ以外に、経済のリバランスを目指した、政権による一貫した成長戦略を見出すことは難しい。ここで言うリバランスには、財政均衡だけでなく、過度の金融業への依存を解消することも含まれる。

確かに危機が起きた直後は、ドイツ的な輸出主導の経済成長モデルが、一九七〇年代以来久しぶりに注目された。同時に、金融規制改革もある程度実現した。金融機関の健全性監督の権限は金融サービス機構からイングランド銀行に戻り、同機構は廃止されて新たに金融行為監督機構が設立された。イングランド銀行内には金融システム全体のリスクを管理するため金融安定委員会が設立され、あわせて政府の経済運営を助けることになった。金融危機とその後のＬＩＢＯＲ問題（ロンドン金融市場におけるスキャンダル）を受けて二〇一三年に制定された金融改革法により、銀行業務と証券業務の分離、より厳格な免許制度、刑事罰の導入などが実現した。

しかし景気回復が遅れる中、キャメロン政権は徐々に金融成長モデルに回帰したように思われる。つまり政権後半にイギリス経済を回復させたのは、それを危機に追い込んだのと同じものだった。二〇一五年になっても製造業の産出量が危機前のピークを六％程度下回っているのに対し、サービス業（金融業を含む）は一〇％以上の伸びを記録している。野党時代の保守党が破綻の危機に瀕した金融機関への公的資金投入に反対し、問題を財政危機として定式化したことは、危機の責任を一九八〇年代以降の金融規制レジームや金融成長モデルでなく、労働党のミスや無能さに帰することを可能にした。イギリス全土の住宅価格は二〇〇八年から二〇〇九年にかけて約一五％下落したが、二〇一三年以降不動産を初めて購入する層への銀行融資に対する政府保証など、一連の購入支援スキームが導入された（サッチャー期の公営住宅売却を彷彿とさせる政策である）。この政策が不動産市場の高騰にどれだけ貢献したかは不明であるが、とりわけロンドンでは住宅価格が二〇一三年に一二・三％、二〇一四年には一三・三％上昇し、イングランド銀行がバブル再燃を懸念しているほどである。資産価格上昇は消費を刺激し、景気回復に貢献したが、反面二〇一四年のイギリスの経常収支赤字は過去六〇年間で最悪の水準にまで拡大した。

4　スコットランドとＥＵ――領域をめぐる政治

キャメロン首相は二〇一三年、次回の総選挙で保守党が単独過半数の議席を獲得した場合、イギリスとＥＵの関係について再交渉を行った上で、二〇一七年までにＥＵ残留の是非をめぐる国民投票を行うことを公約した。また二〇一四年にはスコットランド独立をめぐり住民投票が行われ、僅差で独立は否決された。階級対立にもとづく二大政党制が特徴のはずのイギリス政治で、スコットランド独立やＥＵのような領域をめぐる問題が主要な争点にな

住民投票の投票所
（力久昌幸撮影）

スコットランド独立派のデモ（2013年9月21日，エディンバラにて）
（AFP＝時事）

ったのはなぜだろうか。

スコットランド独立問題

イギリスはイングランド・スコットランド・ウェールズ・北アイルランドから構成される連合王国である。連合王国の成立はイングランドの帝国的膨張の第一段階であった。連合王国と同時に、大英帝国を維持拡大するという共通のプロジェクトの存在がイギリス人意識の形成を促し、帝国がもたらす物質的利益と相まって、イングランド以外の地域が連合王国に留まり続ける要因となってきた。第二次大戦後は、福祉国家の建設もイギリス人意識の存在を支えた。二大政党の中で、保守党は大英帝国の維持、労働党は福祉国家の建設を掲げ中央集権的なイギリスの統治構造を支持してきた。一九七〇年代以降のイギリスでは、それまで政党システムを規定してきた階級対立の重要性が低下する一方、帝国の解体と福祉国家の後退により中央―地方対立が再燃することになった。

一九七九年に成立した保守党サッチャー政権が、競争重視の新自由主義的な経済政策を導入したことは、この対立を激化させた。製造業の衰退によりイングランド北部・スコットランド・ウェールズが経済的な打撃を受ける一方、金融業の成長でイングランド南東部（とくにロンドン）は繁栄し、経済格差が拡大した。地域間格差の拡大が中央—地方対立をさらに深刻化させ、分権や独立を求める声を強めた。スコットランドやウェールズでは地域政党が台頭し、二大政党の支持基盤は地理的に偏るようになった。保守党はスコットランドの議席をほぼ失い、労働党はロンドン以外のイングランド南部で議席を得るのに困難をきたしている。

一九九七年に誕生したブレア政権は、国制改革の一環としてスコットランドやウェールズへの分権を実現し、地方議会が開設された。その狙いは、分権によって独立論の台頭を抑えることにあったと思われる。しかしキャメロン政権が発足したあと二〇一一年に行われたスコットランド議会選挙では、連立に参加した自由民主党への支持が落ち込んだこともあり、独立を支持するスコットランド国民党が単独過半数を獲得した。この結果を受け、二〇一四年に独立をめぐる住民投票が行われることになった。

住民投票の選択肢は独立に「賛成」か「反対」かの二者択一であり、「最大限の分権」という選択肢は盛り込まれなかった。しかし投票直前の世論調査で賛成派が多数になったため、主要三政党はさらなる分権を公約した。それもあって、最終的に賛成四四・七％、反対五五・三％で独立は否決された（投票率は八四・六％）。社会的属性でみると、独立に反対したのは、高年齢者・プロテスタント信者・女性・高所得者が多く、独立に賛成したのは、カトリック信者・スコットランド生まれ・公営住宅居住者が多い。前記の要因以外では、アイデンティティ（自らをスコットランド人と思うかイギリス人と思うか）も投票行動に大きな影響を与えた。

現在、さらなる分権の具体的な中身について、ウエストミンスター議会で政府提出法案が審議されている。分権がさらに進めば、スコットランドに分権された事項についてウエストミンスター議会がイングランドやウェールズのみに関わる決定を行う際、スコットランド選出の下院議員が投票権を有することが適切か否かという問題（ウエストロジアン問題と呼ばれる）は、さらに大きな論点になるだろう。また、現行のバーネット方式と呼ばれる財源分配の仕組みの下で、スコットランドが他地域より優遇されていることも、今後いっそう論議の対象になるだろう。

他方、国民投票の結果としてイギリスがEUを離脱することになった場合、親EU傾向の強いスコットランドで独立論が再浮上することは確実である。

キャメロン政権の対EU政策

サッチャー政権の下で金融成長モデルが確立したことが、現在に至るまでイギリスの経済運営や国内政治に様々な影響を与えていることは既にみた。同様のことは対EU政策にもあてはまる。イギリスのヨーロッパ統合に対する姿勢の特徴は、通貨統合への不参加と域内市場（とりわけ金融・サービス業の自由化）に対する強い支持にあり、キャメロン政権もその例外ではない。イギリスとEUの関係について再交渉を行ったうえでEU残留の是非について国民投票を行うという決定は、一面ではEUに敵対的な世論の動向や保守党の党内事情を反映したものであったが、他方でロンドンの金融街シティをEUの規制から守るというねらいもあった。

EUに懐疑的な議員が多数を占める保守党と統合に積極的な自民党の連立政権にとって、対EU政策は常に火種になりうる領域であった。実際に政府内部で政策形成の中核を担ったのは、キャメロン首相、オズボーン蔵相、それに二〇一四年まで外相を務めたヘイグだと言われる。連立政権には保守党内の欧州懐疑派の影響力を中和する方向で働いたという面と、首相が彼らを懐柔するために使えるポストの数を減らしたという面があり、その政策面での影響は一概には言えない。野党時代の保守党が欧州人民党グループから離脱したことは既にみたとおりである。欧州人民党は欧州議会で最大の会派であるだけでなく、EUの最高意思決定機関である欧州理事会の会合前には、同党をはじめ各政党グループの首脳が各々集まって協議するのが通例である。したがって離脱は、保守党が政権に復帰した後、イギリスのEU内部における影響力を低下させることになった。政権発足から時が経つにつれ、キャメロン首相は保守党内の懐疑派の圧力に対してさらに譲歩することを余儀なくされた。

二〇一一年には連立協定にもとづき欧州連合法が制定され、EUへのさらなる権限移譲の際には国民投票を行うことが政府に義務づけられた。ユーロ危機の深刻化にともない、EU諸国が各国の財政政策を規律する財政協定の協議を進めると、キャメロンは賛成する条件としてイギリスがEUによる金融規制から適用除外となることを求め、孤立した。結局財政協定はEUの枠外で締結されることになった。

二〇一四年に、欧州委員会の次期委員長人事をめぐって、ルクセンブルクの元首相で欧州人民党が推すユンケルが有力候補として浮上すると、キャメロンは強く反対した。彼の反対は、超国家的なEUを支持するユンケル個人の政治姿勢と、欧州議会選挙で最大会派となった政党グループが推す候補を委員長に指名すべきだという（リスボン条約にもとづき主張された）原則の双方に向けられていた。この原則が確立すれば、欧州委員会や欧州議会のようなEU独自の機関の権威が高まることになるからである。なお、イギリスの労働党・自由民主党はいずれも欧州議会選挙の際に自らが所属する政党グループが擁立した委員長候補を支持しておらず、この点で主要政党の立場にそれほどの差はないと言える。結局キャメロンの反対にもかかわらず、ユンケルは委員長に選出された。これが今後どのような影響を及ぼすかは不明だが、イギリスのEU内部におけるプレゼンスの低下を象徴するエピソードだと言えよう。

EU残留をめぐる国民投票

キャメロンは二〇一三年、次の総選挙で保守党が単独過半数を得た場合、イギリスとEUの関係につき再交渉した後、EU残留の是非を国民投票にかけることを公約した。二〇一五年総選挙の結果、国民投票は実際に行われることになった。国民投票が行われるのは、保守党の党内事情や世論対策のためだという見方が一般的である。保守党内部では懐疑派の議員が多数を占めるが、同じ懐疑派でもEUに対する態度には幅がある。くわえて、東欧諸国からの移民の流入やユーロ危機の影響などもあり、イギリス世論のEUに対する態度は硬化している。二〇一四年の欧州議会選挙では、EUからの脱退を主張するイギリス独立党が、ヨーロッパ統合やグローバル化がもたらす経済の国際化から取り残された層の支持を集めて第一党になった。同党は二〇一五年総選挙でも、議席数こそ一議席にとどまったものの一三%近い得票率を記録している。キャメロン首相は、保守党の内部分裂を防ぎつつイギリス独立党から支持を取り戻すために国民投票の実施を決めた、という解釈である。

この見方は決して間違いではないが、再交渉や国民投票にはそれ以上の実質的な理由もある。ユーロ危機への対応の中でユーロ圏の結束が強化される一方、ユーロ参加国は着実に増えている。またEUの中では、経済危機の原因となった金融機関に対して、厳格な規制や金融取引税を課すべきだという意見も強い。このような状況の中で、イギリスがユーロ圏外にとどまりつつEU内部における発言力を維持し、シティをEUの規制から守るためには、新たな制度的仕組みが必要なのである。他に、EUの「絶えず緊密化する連合」という目標や社会立法からの適用除外、移民の福祉受給権の制限などが再交渉の議題になった。

国民投票の結果を予測するのは難しいが、よほどのことがない限りイギリスがEUから離脱することはないだろう。保守党指導部の多くはEUに懐疑的だが離脱までは支持しておらず、イギリスにとってEUが必要で、EUにとってイギリスが必要なことは双方で認識されている。また国民投票では、普段主要政党間で分断されている残留派が党派を越えて協力することが容易であり、アメリカがイギリスの残留を強く望んでいることも、残留を後押しするだろう。

ただし波乱要因もないわけではない。国内では、自由民主党との連立政権が解消される一方、固定任期法のため政府が自らの政策に信任をかけられなくなったことで、離脱派が保守党内で持つ影響力が強まる可能性がある。また国際的には、ユーロ危機が再燃したり、難民危機がこれ以上悪化したりすれば、どのような状況になるか予断を許さない。

5 外交政策

キャメロン政権の外交政策にとっての課題は、財政支出削減にもかかわらずいかにイギリスの国際的なプレゼンスを維持するか、ということであった。同時に、リーマン・ショック以降のアメリカの覇権の動揺、中国をはじめとする途上国の台頭、ソ連の崩壊によって国際的な影響力を喪失したロシアの失地回復の試みなど、イギリスを取り巻く国際環境は急速に変化していた。イギリスは従来、アメリカが内向きになったり関係が疎遠になったりする恐れがある場合には、ヨーロッパ諸国、とくにフランスとの関係強化をはかってきた。キャメロン政権の特徴は、アメリカとの関係が疎遠になっているにもかかわらず、ヨーロッパとの関係強化の動きも弱い点にあり、その意味でイギリスもまた内向きになっていると言えるだろう。

防衛・外交予算の削減と組織改革

緊縮財政の中で、防衛・外交予算の削減は当初の予想よりも小幅だったが、それでもそれぞれ八・六％と一〇％（BBCの国際部門を除く）削減されることになった。軍事的には二〇二〇年まで航空母艦不在の状態となり、イギリスの戦略的な展開能力に一定の限界が生じるのは避けられなくなった。組織面では、国際的なテロ活動を念頭に、防衛と国内の治安維持を共通の枠組みの下におくため、国家安全保障会議が新設された。保守党と自由民主党の間で意見に相違がある核ミサイルの更新に関する決定が次の議会に先送りされたこともあり、連立政権であることが外交政策策定に影響を与えることは特になかった。

アメリカとの「特別な関係」

イギリスの国際的な影響力にとって最も重要なチャンネルは、現在でもアメリカとの「特別な関係」である。オバマ政権が誕生した当初は、アメリカが大西洋同盟の重要性を再確認し、西側陣営の盟主として、単独行動主義的なブッシュ時代とは異なるアプローチを採用するだろうと期待されていた。しかし現実には、英米関係は以前ほど密接とはいえない状態が続いた。オバマ政権は、イラク戦争の失敗・財政面の制約・大統領個人の姿勢などの要因により、国際紛争に対する軍事介入には消極的な姿勢をとった。同時に、「アジアへの旋回」という表現が示すように、政権の外交政策の軸足はヨーロッパ・大西洋地域から経済成長著しいアジア・太平洋地域へと移ることになった。このような状況下でイギリス政府は、ヨーロッパ側がより大きな貢献をすることを通じて、ヨーロッパとその周辺地域に対するアメリカの関与を維持し続けるという戦略をとった。むろん、ヨーロッパも深刻な経済問題を抱えているため、より大きな貢献を行うためには、安全保障問題でEUの中心である英仏両国の緊密な協力が不可欠であった。この戦略は以下みるようにリビア介入では一定の成功を収めたが、イギリスがシリアへの介入を見送ったことで挫折した。

世界の中のEU

キャメロン政権の誕生は、EU内でユーロ危機が発生するのと時を同じくしていた。ユーロ圏各国が、財政危機に直面する諸国の救済、経済通貨同盟の強化方法、ドイツが突出した影響力を持つことの是非などの問題をめぐって対立したため、世界の中でEUが重要な役割を果たすことは困難になった。連立政権の中で、自由民主党はEUがより大きな世界的役割を果たし、その中でイギリスが積極的に貢献することを望んでいたのに対し、保守党内の懐疑派勢力はEUをイギリスの国益追求に対する制約要因とみていた。このような国内外の要因のために、キャメロン政権がEUの枠組みの中で行動することを通じて、イギリスの国際的な影響力を高めることは難しかった。

アラブの春

二〇一〇年一二月一七日、チュニジアの若い露天商が、政府に商売道具を没収されたことに抗議して焼身自殺した。その様子が録画されインターネットに投稿されたことで、同国全土に抗議活動が広がった。これが「アラブの春」と呼ばれる革命運動がアラブ世界全体に波及するきっかけとなった。革命運動の結果、深刻な内戦状況に陥ったのがリビアとシリアである。

リビアでは二〇一一年二月に反政府活動が始まった。武力鎮圧に乗り出したカダフィー政権との間で激しい戦闘となり、数千人の死者が出る事態になった。三月一七日、国連の安全保障理事会はリビア上空を飛行禁止地域に指定し、一般市民を守るために必要な処置をとることを認めた。これを受けて西欧諸国・中東諸国がカダフィー派の部隊に対する空爆を開始した。八月には首都トリポリが反政府勢力の手に落ち、四〇年以上にわたるカダフィーの支配に終止符が打たれた。アメリカがイニシアチブをとるのを拒否したため、イギリスはフランスと並んで国際連合内の議論や軍事行動で中心的な役割を果たし、キャメロン首相は国際的な脚光を浴びることになった。もっとも、現地の諸勢力間の意見対立のため、リビアでは現在も政治的な混乱が続いており、介入が成功したとは言えない面もある。

シリアでも二〇一一年初頭にアサド大統領に対する抗議活動が始まった。政権は軍事的な弾圧に乗り出し、反体制派は「自由シリア軍」を組織してこれに対抗した。シリアは宗教的・民族的にきわめて多様な国家であり、内戦はイスラム教のシーア派（体制側）とスンニ派（反体制勢力）や民族的な境界線に沿う形で激化した。それぞれの勢力に国際的な支援が行われたこともあって、内戦は現在でも収拾がついておらず、数十万人の死者と数百万人にのぼる難民を生む悲劇となっている。この内戦のさなか、二〇一三年に政権側が反政府勢力に対し毒ガス兵器を用いたことで、国際的な介入を求める声が高まった。オバマ政権はシリア内戦に対しては関与を避ける姿勢をとりつつ、アサド政権を制裁するために軍事行動を行うことを計画し、英仏両国にも参加を求めた。しかしイギリス国内ではイラク戦争の失敗の経験から軍事行動に消極的な意見が強く、下院でこの問題に関する投票が行われた結果、野党労働党の反対に加え、保守党・自由民主党からも造反が出たため、キャメロン政権は敗北した。この結果、アメリカ自体もシリアへの軍事介入を見送ることになった。その後二〇一四年にシリア、次いで隣国のイラクで「イスラム国」と呼ばれる過激派勢力が台頭すると、アメリカは同勢力に対する空爆を開始し、イギリスもイラクにおける作戦に協力することになった。しかしアサド政権に対する軍事行動の見送りは、その是非はともかくキャメロン政権の外交戦略の失敗を意味した。アメリカだけでなくフランスとの関係も疎遠になったことで、イギリスの国際的影響力が低下したのは否定できないだろう。

ウクライナ危機

地理的にEUとロシアの中間に位置するウクライナでは、二〇〇四年の「オレンジ革命」以来、北西部の親EU的なウクライナ人と南東部のロシア系住民の政治的な対立が続いてきた。二〇一三年一一月、親ロシア派のヤヌコヴィッチ大統領がEUとの貿易協定締結を土壇場で延期し、ロシアからの経済援助受け入れを表明したことをきっかけに反政府デモが起こった。ヤヌコヴィッチは二〇一四年二月にロシアに逃亡し、野党側が事実上政権を掌握した。三月、ロシアの特殊部隊がロシア系住民が多数派のクリミア半島を占領し、ロシアは住民投票の結果を根拠に同半島を自国に編入した。これは武力による国境変更を認めないという、第二次大戦後ヨーロッパにおいて維持されてきた国際的規範を犯すものであった。四月にはウクライナ東部において、ロシアが軍事的に支援する親ロシア勢力と政府軍との間で戦闘が始まり、ウクライナは実質的に内戦状況に陥った。

ロシアが強硬策に訴えたのは、黒海艦隊の基地があるクリミア半島の軍事的重要性に加え、冷戦終結後にNATO（北大西洋条約機構）やEUが旧ソ連の勢力圏だった東欧諸国に拡大し、ロシアが国際的な影響力を失ったことに対する不満があるためとみられている。プーチン大統領はソ連崩壊によりロシア国外に取り残されたロシア系住民を保護する必要性も強調している。これに対して、アメリカとEU諸国はロシアに対する経済制裁を行い、NATOの結束を強化する一方、内戦を外交的に終結させようとしている。

一部には東西冷戦の再来との声もあるこのような状況の中で、イギリスは二〇一四年に開催されたNATO首脳会議のホスト国となった以外、あまり存在感が感じられない。EU内でウクライナ和平交渉を主導しているのは、ドイツとフランスである。イギリスの消極的な姿勢の背後には、イギリスに亡命していたロシア人スパイがロンドンで毒殺された事件（イギリス司法当局はロシア政府の関与を疑っている）のため、もともとロシアとの関係が冷え込んでいたことに加え、EUによる和平交渉の斡旋が最終的にウクライナのEU加盟につながりかねないことに、国内の欧州懐疑派勢力が強く反対しているという事情がある。

中国・インドへの接近とAIIBへの参加

英米両国は安全保障の他に、国際金融面でも密接な関係を維持してきた。アメリカが巨額の財政赤字と経常赤字を抱える中でも莫大な軍事支出を続け、覇権を維持できるのはドルが国際通貨としての役割を果たしているためである。イギリスのシティはそれを支えてきた。しかし最近では国際金融でも、（連立政権誕生前のことであるが）イギリスのバークレーズ銀行によるリーマン・ブラザーズの救済合併案がイギリス政府の反対で頓挫したのをはじめ、LIBOR問題での対立、両国の関係がぎくしゃくする局面が増えている。

イギリスが中国やインドとの間で経済面・金融面の関係を深め、日米両国の反対にもかかわらず中国主導のAIIB（アジアインフラ投資銀行）への参加を決定したのは、このためである。その他に、地理的に離れているので中国をそれほど脅威とは感じない、経常収支赤字のファイナンスのため中国からの投資が不可欠、といった事情もある。もっとも、イギリスが参加表明をしたあと、他のEU諸国が相次いで後追いしたことからも分かるように、イギリスの立場がヨーロッパの中で突出しているわけではない。

6　キャメロン政権の業績

キャメロン政権の五年間の業績をどう見たらよいだろうか。政権が積極的に達成したことに着目するなら、その業績はイギリスでも連立政権がそれなりに機能することを示したこと、所得税課税最低限度の引き上げ、リビアへの人道的介入などにとどまり、それほど多くはない。しかしキャメロン政権が戦後イギリスにとって最悪の経済危機、そして二大政党制や政治体制全般の正統性危機の中で誕生したことに鑑みるなら、政権が守るのに成功したものという観点からその業績を見るのも一つの方法だろう。この観点からすると、キャメロン首相在任五年間の記録は印象的である。キャメロンはスコットランド独立運動に対して連合王国の一体性を維持し、深刻な経済危機の中で財政状況をある程度改善しつつ金融成長モデルを死守した。くわえて、二大政党制の基礎にある小選挙区制の改革を阻止し、保守党単独政権を樹立することに成功した。二〇一五年総選挙ではスコットランド民族党がスコットランドの全五九議席中五六議席を獲得し、これまでスコットランドを地盤の一つとしてきた労働党が議席を大きく減らす一方、自由民主党は大敗した。選挙後の労働党内の路線対立もあわせると、次の総選挙でも保守党が勝つ可能性は高い。キャメロンが「保守」党の首相であることを考えれば、これは卓越した業績だと言えるかもしれない。イギリスの国際的なプレゼンスの低下こそ否めないが、これは経済的な問題に加えて、キャメロンやオズボーンが以前の世代ほど大国意識を持っていないことの反映だろう。

しかしキャメロンの業績が、いずれも不安定な基礎の上にあることも指摘しておかねばならない。第一に、保守党は確かに二〇一五年総選挙の結果単独政権を樹立するのに成功したが、その得票率は三六・九%と比較的低い水準にとどまっている。選挙制度改革が挫折し、自由民主党への支持が連立参加により激減したことに鑑みれば、近い将来に再び連立政権が誕生することは考えにくいが、宙づり議会の可能性は十分に残されている。第二に、不動産価格上昇の消費刺激効果に依存する成長モデルは、二つの問題を抱えている。一つは、経常収支の赤字である。

二番目は、実質所得が伸び悩む中不動産価格が上昇すると、若年層は家を購入できず、このモデルに対する政治的支持は先細りになるという問題である。実際、この二〇年間に二十代の持ち家率はほぼ半減している。中国からの投資の呼び込みや不動産購入支援スキームの導入が、これらの問題を解消するのに十分か否かは未知数と言える。

第三に、EU残留をめぐる国民投票の結果イギリスがEUから離脱することになれば、スコットランド独立の可能性が高まるだろう。したがって、キャメロンが維持した連合王国の一体性、二大政党制にもとづくイギリスの政治システムと保守党の優位、金融成長モデルにもとづく経済のあり方がこれから先どの程度持続するのか、予断を許さない。

参考文献

池本大輔（二〇一五）「イギリス——中央集権型統治システムの動揺」佐々木毅編『21世紀デモクラシーの課題——意思決定構造の比較分析』吉田書店。

リンダ・コリー、川北稔訳（二〇〇〇）『イギリス国民の誕生』名古屋大学出版会。

アンドリュー・ロス・ソーキン、加賀山卓朗訳（二〇一四）『リーマンショック・コンフィデンシャル』上・下、早川書房。

Belfield, Chris, Jonathan Cribb, Andrew Hood and Robert Joyce (2015) *Living Standards, Poverty and Inequality in the UK: 2015*, London: Institute for Fiscal Studies.

Blyth, Mark (2015) *Austerity: The History of a Dangerous Idea*, Oxford: Oxford University Press paperback.

Bogdanor, Vernon (2011) *The Coalition and the Constitution*, London: Hart Publishing.

Butler, David and Gareth Butler (2010) *British Political Facts*, Basingstoke: Palgrave Macmillan.

Elliot, Francis and James Hanning (2012) *Cameron: Practically a Conservative*, London: Fourth Estate.

Gamble, Andrew (1994) *The Free Economy and the Strong State: The Politics of Thatcherism*, Basingstoke: Macmillan.

Gamble, Andrew (2003) *Between Europe and America: The Future of British Politics,* Basingstoke: Palgrave Macmillan.

Gamble, Andrew (2014) *Crisis without End? The Unravelling of Western Prosperity,* Basingstoke: Palgrave Macmillan.

Glencross, Andrew (2015) "Why a British referendum on EU membership will not solve the European Question," *International Affairs* 91: 2, 303-17.

Hazell, Robert and Ben Yong, eds. (2012) *The Politics of Coalition: How the Conservative-Liberal Democrat Government Works,* London: Hart Publishing.

Heppell, Timothy and David Seawright, eds. (2015) *Cameron and the Conservatives: The Transition to Coalition Government,* Basingstoke: Palgrave Macmillan.

Kavanagh, Dennis and Philip Cowley (2010) *The British General Election of 2010,* Basingstoke: Palgrave Macmillan.

Kavanagh, Dennis and Philip Cowley (2016) *The British General Election of 2015,* Basingstoke: Palgrave Macmillan.

Oliver, Tim (2015) "To Be or Not To Be In Europe: Is That the Question? Britain's European Question and an In/Out Referendum," *International Affairs* 91: 1, 77-91.

Poguntke, Thomas and Paul Webb, eds. (2005) *The Presidentialization of Politics: A Comparative Study of Modern Democracies,* Oxford: Oxford University Press.

Seldon, Anthony and Mike Finn, eds. (2015) *The Coalition Effect 2010-2015,* Cambridge: Cambridge University Press.

Steed, Michael (1979) "The Liberal Party," in H. M. Drucker, ed., *Multi-Party Britain,* Basingstoke: Macmillan.

一次資料

Bank of England, Financial Policy Committee statement from its policy meeting, 19 March 2014.

IMF, Fiscal Monitor April 2015（Washington D.C, 2015）.
Office for National Statistics, House Price Index, December 2014.
Office for National Statistics Digital, Housing and Home Ownership in the UK, January 2015.
The Conservative Manifesto 2010.
The Labour Party Manifesto 2010.
Liberal Democrat Manifesto 2010.
Conservative Liberal Democrat coalition negotiations: Agreement reached, 11 May 2010.
HM Government, *The Coalition: Our Programme for Government*（Cabinet Office, 2010）.
Coalition Agreement for Stability and Reform, May 2010.
Guide to Cabinet and Cabinet Committees（Cabinet Office, May 2010）.

資料１　戦後歴代首相と政権党

就任	首相	政権党	
		保守党	労働党
1945年７月	クレム・アトリー		○
1951年10月	ウィンストン・チャーチル	○	
1955年４月	アントニー・イーデン	○	
1957年１月	ハロルド・マクミラン	○	
1963年10月	アレック・ダグラス=ヒューム	○	
1964年10月	ハロルド・ウィルソン		○
1970年６月	エドワード・ヒース	○	
1974年３月	ハロルド・ウィルソン		○
1976年４月	ジェイムズ・キャラハン		○
1979年５月	マーガレット・サッチャー	○	
1990年11月	ジョン・メイジャー	○	
1997年５月	トニー・ブレア		○
2007年６月	ゴードン・ブラウン		○
2010年５月	デーヴィッド・キャメロン	○	
2015年５月	デーヴィッド・キャメロン	○	

（出所） David Butler and Gareth Butler, *Twentieth-Century British Political Facts 1900-2000*（Macmillan, 2000）, pp. 21-50. を基に作成。

資料2　総選挙結果（1945～2015年）

	投票率	総議席数	保守党		労働党		自民党		ナショナリスト		その他	
			議席数	得票率	議席数	得票率	議席数	得票率	議席数	得票率	議席数	得票率
1945	73.3	640	213 (33.3)	39.8	393 (61.4)	48.3	12 (1.9)	9.1	0	0.2	22 (3.4)	2.5
1950	84.0	625	299 (47.8)	43.5	315 (50.4)	46.1	9 (1.4)	9.1	0	0.1	2 (0.3)	1.2
1951	82.5	625	321 (51.4)	48.0	295 (47.2)	48.8	6 (1.0)	2.5	0	0.1	3 (0.5)	0.6
1955	76.8	630	345 (54.8)	49.7	277 (44.0)	46.4	6 (1.0)	2.7	0	0.2	2 (0.3)	0.9
1959	78.7	630	365 (57.9)	49.4	258 (41.0)	43.8	6 (1.0)	5.9	0	0.4	1 (0.2)	0.6
1964	77.1	630	304 (48.3)	43.4	317 (50.3)	44.1	9 (1.4)	11.2	0	0.5	0	0.8
1966	75.8	630	253 (40.2)	41.9	363 (57.6)	47.9	12 (1.9)	8.5	0	0.7	2 (0.3)	0.9
1970	72.0	630	330 (52.4)	46.4	288 (45.7)	43.0	6 (1.0)	7.5	1 (0.2)	1.3	5 (0.8)	1.8
1974 02	78.1	635	297 (46.8)	37.8	301 (47.4)	37.1	14 (2.2)	19.3	9 (1.4)	2.6	14 (2.2)	3.2
1974 10	72.8	635	277 (43.6)	35.8	319 (50.2)	39.2	13 (2.0)	18.3	14 (2.2)	3.5	12 (1.9)	3.2
1979	76.0	635	339 (53.4)	43.9	269 (42.4)	37.0	11 (1.7)	13.8	4 (0.6)	2.0	12 (1.9)	3.3
1983	72.7	650	397 (61.1)	42.4	209 (32.2)	27.6	23 (3.5)	25.4	4 (0.6)	1.5	17 (2.6)	3.1
1987	75.3	650	376 (57.8)	42.3	229 (35.2)	30.8	22 (3.4)	22.6	6 (0.9)	1.7	17 (2.6)	2.6
1992	77.7	651	336 (51.6)	41.9	271 (41.6)	34.4	20 (3.1)	17.8	7 (1.1)	2.3	17 (2.6)	3.5
1997	71.5	659	165 (25.0)	30.7	418 (63.4)	43.2	46 (7.0)	16.8	10 (1.5)	2.5	20 (3.0)	6.8
2001	59.4	659	166 (25.2)	31.7	412 (62.5)	40.7	52 (7.9)	18.3	9 (1.4)	2.5	20 (3.0)	6.8
2005	61.2	646	198 (30.7)	32.4	356 (55.1)	35.2	62 (9.6)	22.0	9 (1.4)	2.2	21 (3.3)	8.2
2010	65.1	650	307 (47.2)	36.1	258 (39.7)	29.0	57 (8.8)	23.0	9 (1.4)	2.2	19 (2.9)	9.6
2015	66.2	650	331 (50.9)	36.9	232 (35.7)	30.4	8 (1.2)	7.9	59 (9.1)	5.3	20 (3.1)	19.4

（注）・「自民党」の欄の政党は，1979年までは自由党を，1983年と1987年は自由党と社会民主党の連合を，1992年以降は自民党を指す。
・「ナショナリスト」は，スコティッシュ・ナショナル党（SNP）とプレイド・カムリ（PC）を指す。SNP は，スコットランドの独立と自治拡大を掲げ，PC はウェールズの言語と文化の保存を重視し，地域自治の拡大を求めている。
・「その他」の欄に含まれる諸政党の多くは，北アイルランド諸政党である。
・議席数の下の括弧の数字は議席率（％）を示す。なお，議席率とは，総議席中に占める各党の議席の割合を指す。また，下院議長の議席は，議長の出身政党の議席として集計されている。
（出所）Philip Cowley and Dennis Kavanagh, *The British General Election of 2015* (Palgrave, 2016), pp. 432-433 を基に作成。

イギリス現代政治史年表

（大村和正作成）

西暦	国内政治史	対外関係史
一九四五	5・23チャーチル首相は挙国一致内閣の解消を決定。6・5労働党はゲシュタポのようなものに頼らざるをえなくなるとチャーチル首相、総選挙向けラジオで演説。7・26総選挙結果で、労働党地滑り的な勝利。史上初めて労働党単独多数で、**アトリー政権発足**。ヒュー・ドールトン蔵相、アーネスト・ベヴィン外相、スタッフォード・クリップス商務相、アナイリン・ベヴァン保健相。10・29ドールトン蔵相、イングランド銀行国有化法成立。	2・11チャーチル首相、ヤルタで米国のローズベルト大統領やソ連のスターリンと会談。6・26国際連合憲章が五〇カ国の代表によって調印される。7・17～8・2米国、英国、ソ連のポツダム会談。チャーチルはアトリーを伴ってドイツのポツダムへ。12・6アトリー政権、米国と英米金融協定調印。三七億五〇〇〇万ドルの利子付き借款を得る。
一九四六	2・14イングランド銀行法成立。7・12石炭国有化法成立。8・1国民保険法成立。11・6国民保健サービス法成立。	2・5インド食糧危機。3・4チャーチル前首相、訪米中、ミズーリ州のフルトンで「鉄のカーテン演説」。3・24英政府インドへ使節団を派遣、独立プランを示す。7・22イェルサレムでユダヤ人テロ組織がキング・ディビッド・ホテルを爆破。8・16インド・カルカッタ（コルカタ）で暴動。12・2英政府はドイツにおける英米両国の占領地区の経済統合に合意。
一九四七	**1月中旬**寒波襲来、燃料危機発生。7・15ポンド自由交換開始。8・20ポンド自由交換中止。11・13ドールトン、予算案の情報リークの責任をとって蔵相を辞任。後任はクリップス。	3・12米国のトルーマン大統領、議会でトルーマン宣言公表。英国に替わり、米国がギリシャやトルコを軍事支援。6・5米国のマーシャル国務長官、ヨーロッパ諸国へ経済支援を行うマーシャル・プラン発表。8・15インドとパキスタンが分離独立。9・26英国はパレスチナ統治の放棄を宣言、同地を国際

		連合に返還。11・29国際連合、パレスチナ分割案を公表。
一九四八	1・1鉄道国有化実施。4・1電気産業が公的所有の下に置かれる。7・5国民保健サービス法、国民保険法など施行。7・30国民代表法成立。	2・25チェコスロバキアで共産党のクーデター。3・17英国は、フランス、ベルギー、オランダ、ルクセンブルクとともにブリュッセル条約調印。7・24ソ連がベルリン封鎖。
一九四九	4・11ロンドン・ドック、スト突入。**7月上旬**ポンド危機的様相を帯びる。9・18政府はポンド切り下げに踏み切る。11・24鉄鋼法成立。	4・4英国はワシントンで米国、カナダ、フランスなど西側諸国と北大西洋条約を調印し、ＮＡＴＯ発足。5・12米国の大空輸で、ソ連のベルリン封鎖は失敗に終わる。
一九五〇	2・23総選挙、労働党が政権維持。2・28第二期アトリー政権発足。ゲイツケル経済問題相、シンウェル国防相。10・19クリップス蔵相辞職、後任はゲイツケル。	6・25朝鮮戦争勃発。6・27米国が韓国を支援して、朝鮮戦争に介入。アトリー首相は北朝鮮を非難。7・26〜27英国は英国軍部隊の朝鮮半島への派遣を表明。12・4アトリー首相、ワシントンを訪問し、朝鮮半島での核兵器使用に反対である旨、トルーマン大統領に主張。
一九五一	4・10ゲイツケル蔵相が予算案を提出、再軍備への財政支出のために、義歯と眼鏡の自己負担を導入。4・21これに抗議して、ベヴァン労働相は辞任。10・25総選挙、保守党が辛勝。10・27**第三次チャーチル政権発足**。アントニー・イーデン外相、バトラー蔵相。	5・2イランのモサデク首相、イランにおける英国の石油資産の国有化を宣言。
一九五二	2・6国王ジョージ六世逝去。エリザベス二世が王位を継承。7・9道路・運輸を民営に戻す、交通運輸法案が公表される。	7・23エジプトでナギブが権力を掌握、エジプトは共和国を宣言。7・25欧州石炭鉄鋼共同体が設立。
一九五三	5・14鉄鋼産業を非国有化する鉄鋼法成立。6・2エリザベス女王戴冠式をテレビ放送。	8・16米国ＣＩＡの支援で、イランの王党派がクーデター。モサデク政権転覆される。
一九五四	10・16内閣改造、マクミラン国防相就任。	6・29チャーチル首相とアイゼンハワー米国大統領

		は、ポートマック憲章を発表、英国と米国の特別な関係を強調。7・20フランスはジュネーブ協定に調印、インドシナ戦争休戦。9・8英国はマニラで米国、オーストラリア、ニュージーランド、タイ、フィリピンと東南アジア防衛条約調印。10・19英国は、スエズ運河地帯からの軍の撤退に合意。
一九五五	4・5チャーチル首相辞任。**イーデン政権発足**。マクミラン外相。5・26総選挙、保守党が勝利。12・7アトリー、労働党党首辞任を表明。12・14労働党党首選挙、ゲイツケルが勝利。12・20内閣改造で、マクミラン蔵相就任。	7・18~23イーデン首相、米国のアイゼンハワー大統領、ソ連のブルガーニン首相、フランスのフォール首相とジュネーブで首脳会談。
一九五六	10・18スエズ運河への軍事介入に同意しない、ウォルター・マンク国防相辞任。11・5エドワード・ボイル経済相、エジプトでの政府の行動に抗議して辞任。11・14保守党下院議員は、スエズ危機の期間中のＢＢＣの反政府報道を批判。11・22政府はイスラエルとの共謀疑惑を全面的に否定。	6・13スエズ運河地帯から最後の英国軍が撤退。7・26ナーセルはスエズ運河を国有化。8・2スエズ問題に関する下院の討論で、イーデン首相はエジプトに対する武力行使を表明。ゲイツケル労働党党首は武力行使に強硬に反対。10・18スエズ運河での英仏軍の活動はイスラエルとの共同で行われることを、イーデン首相は閣議で示す。10・29イスラエル軍がシナイ半島に侵攻、エジプト軍を敗退させる。10・31英国空軍とフランス空軍はエジプトの飛行場を爆撃。下院でゲイツケルは政府の行動を批判。11・5英国とフランスの落下傘部隊がポート・サイド上陸。12・5英国とフランスの軍隊がエジプトからの撤退を開始。
一九五七	1・9イーデン首相辞任。1・10最有力候補のバトラーではなく、マクミランが首相就任。チャーチルやソールズベリーなどの長老政	1・22イスラエル軍、エジプトのシナイ半島から撤退。3・21~24マクミラン首相、アイゼンハワー大

	治家の女王への推薦による。**マクミラン政権発足。** 5・15英国は水素爆弾を開発。	統領とバミューダで会談、英米両国の緊密な関係を強調。3・25フランス、西ドイツ、イタリア、ベネルクス三国は欧州経済共同体（EEC）および欧州原子力共同体を結成。英国は参加を拒否。
一九五八	7・24情報公開法成立。閣議の記録は五〇年後に公開されることになる。10・21上院で初めての女性議員。	1・7〜2・14マクミラン首相がアジア・オセアニアのコモンウェルス諸国を歴訪。
一九五九	10・8総選挙、保守党が勝利。11・28〜29労働党大会でゲイツケルは、生産や分配の手段の国有化を謳った、党規約四条を時代遅れであるとし、その改正を示唆する演説を行った。	2・28スエズ危機の解決に関して、英国はエジプトと合意。11・20英国はデンマーク、ノルウェー、スウェーデン、オーストリア、スイス、ポルトガルと欧州自由貿易連合（EFTA）を結成。
一九六〇	7・13労働党全国執行委員会は党規約四条の保持を決定。11・3労働党党首選挙、ウィルソンに勝利して、ゲイツケル党首再選。	1・5〜2・5マクミラン首相、ガーナ、南アフリカなどアフリカ諸国歴訪。2・3マクミラン首相、南アフリカのケープタウンで演説。10・1ナイジェリアがコモンウェルス内で独立。
一九六一	11・13マクミラン首相は演説で、米国・欧州共同体・コモンウェルスという三つの輪の相互依存を強める必要性を強調。	3・8〜17ロンドンのコモンウェルス首脳会議で、南アフリカがコモンウェルス脱退を宣言。5・31南アフリカ共和国成立と同時にコモンウェルスから脱退。8・10英国は欧州経済共同体加盟を公式に申請。
一九六二	2・8国民経済発展協議会（NEDC）が設立。フランスの計画経済をモデルに経済を運営するための、政府・経営者・労働組合三者の協議機関。	10・10〜13保守党大会はマクミラン政権のEEC加盟交渉を支持。12・5米国の元国務長官アチソンが「英国は帝国を失い、いまだ新しい役割を見出すに至っていない」と英国外交を揶揄。
一九六三	1・18ゲイツケル労働党党首、五六歳で急死。2・14労働党党首選挙、ウィルソンを党首に選出。9・30〜10・4労働党大会でウィルソンは科学革命を基にした新たな社会主義と英国の刷新を訴える。	1・14フランスのド・ゴール大統領は英国のEEC加盟を拒否。6・5プロヒューモ、スパイ疑惑で陸相を辞任。8・5部分的核実験禁止条約を、英国、

	10・8～12ヒューム卿、入院中のマクミラン首相辞任と表明。10・17保守党内の協議の後、ヒューム卿が保守党党首に就任。不透明で時代遅れの保守党党首選出の過程に対して、党内から強い不満が表明される。10・19**ダグラス＝ヒューム政権発足。**	米国、ソ連が調印。フランスと中国は調印を拒否。12・12ケニヤ、コモンウェルス内で独立。
一九六四	7・27チャーチル元首相、八九歳で下院議員を引退。10・15総選挙、労働党が辛勝。10・16**第一次ウィルソン政権発足。**キャラハン蔵相。10・26ウィルソン政権、ポンド価値の維持など、経済政策を発表。	10・24ザンビア（旧英保護領北ローデシア）独立。
一九六五	1・24チャーチル元首相、九〇歳で死去。2・4主要な英国の経営者団体を統合して、英国産業連盟（ＣＢＩ）設立。2・5労使関係改革を検討するためのドノヴァン委員会設置。2・25保守党は新しい党首選出手続きを公表。4・19ヴェトナム戦争に抗議するトラファルガー広場でのデモで、一五万人集まる。7・12一年以内に中等学校をコンプリヘンシブ校に再編成する計画を地方教育当局に求める通達を、クロスランド教育相が公表。7・22ダグラス＝ヒューム保守党党首辞任。7・27保守党党首選挙で、エドワード・ヒースが一位になったが、規定で必要な絶対多数の票は獲得できず。第二回投票へ。7・28保守党党首選挙、対抗馬のモードリングが撤退、ヒースが満場一致で党首に選出される。モードリングは副党首、ダグラス＝ヒュームは影の外相に就く。11・8死刑を廃止する殺人法成立。	4・29ウィルソン首相、一方的な独立宣言を行おうとしているローデシア政府に対して警告を発する。7・8英国政府は、北ヴェトナムと米国の仲介を試みる。10・4～8ウィルソン首相はローデシアのイアン・スミス首相と会談。しかしスミスに少数派白人支配の体制を維持したままでローデシアが独立することを思いとどませることには失敗。10・12～15保守党大会、ローデシア問題への対応で混迷。ソールズベリー卿はローデシア政府への支持を拒否する保守党執行部を非難。11・11少数派白人支配体制を維持したままで、ローデシアは独立宣言。英国政府はローデシアからのタバコや砂糖の輸入を禁止する制裁措置。
一九六六	3・31総選挙、労働党が勝利、ウィルソン政権続投。	6・29米国はヴェトナムでの軍事活動を拡大するが、ウィルソン首相は米国の対ヴェトナム政策とは距離を置く姿勢。10・6英国はヴェトナム戦争終結の新提案を行うが、南北両ヴェトナムから拒否される。11・10英国政府はＥＥＣ加盟検討を表明。

一九六七	2・7幾つかのファシストや人種差別主義者のグループを統合して、国民戦線が結成。3・22鉄鋼産業を国有化する鉄鋼法成立。5・2スコットランド地方選挙、スコットランド独立を主張するスコットランド国民党が善戦。11・8ポンド切下げ断行。	5・2ウィルソン首相、英国がＥＥＣに加盟申請する方針を閣議で決定。5・16フランスのド・ゴール大統領、英国の加盟は欧州統一市場にとっては「極めて困難な障害」となると警告。7・1欧州石炭鉄鋼共同体、欧州経済共同体、欧州原子力共同体の機関統合により、欧州共同体（ＥＣ）発足。7・27スエズ以東の英国軍を大幅に削減。11・27フランスのド・ゴール大統領、英国のＥＥＣ加盟を拒否。
一九六八	4・20保守党の影の内相イーノック・パウエルがバーミンガムで、移民の急増を恐怖視する「血の川」演説を行い、移民排斥を唱えた。4・21ヒース保守党党首、パウエルを「影の内閣」から追放。6・13ドノヴァン委員会、非公式ストライキの増大を指摘する報告書提出。10・25人種差別を非合法とする、人種関係法成立。11・22北アイルランド首相テレンス・オニールは宗派間の融和を目指す、限定的な改革案を表明。しかしカトリックとプロテスタントの双方から不満や反発を受ける。	1・18スエズ運河以東から英軍を一九七一年までに撤退させる方針が下院で発表される。3・6ローデシア、英女王令を無視して三名のアフリカ人を処刑。5・5スペインがジブラルタルとの国境を閉鎖。5・29国連安全保障理事会、対ローデシア貿易全面禁止を決議。10・5デリーでのカトリックの市民権を要求する平和的なデモが、警察による攻撃によって、暴動になる。
一九六九	1・1〜4北アイルランドでカトリック住民による公民権を求める行進。途中でプロテスタント住民の襲撃にあう。1・17政府白書『闘争に代えて』公表。4・19北アイルランドで警察の対応にカトリックが反発して、暴動が噴出。6・18ウィルソン首相、労働組合や閣内の反対を受けて、政府白書『闘争に代えて』の立法化を断念。7・14英国軍部隊が北アイルランドのデリーに進駐。7・15英国軍部隊、ベルファストに進駐。8・12〜14北アイルランドでプロテスタント側が挑発的なパレードを行った後、デリーで暴動が噴出。	4・28フランスのド・ゴール大統領が辞任したため、結果として英国がＥＣに加盟する可能性が高まる。6・24ローデシアは少数派白人支配体制を維持したまま、独立する方針を表明。
一九七〇	1・18ヒース保守党党首、パウエルの人種に関する見解を非人間的	1・13〜14英国など各国が特使を派遣、ナイジェリ

	なものとして否定。2・4一一歳プラス試験を廃止し、コンプリヘンシブ校の推進を地方当局に義務づける法案が公表される。6・18総選挙、保守党が勝利。6・19ヒース政権発足。イアン・マクラウド蔵相、ダグラス＝ヒューム外相。7・20マクラウド蔵相、急逝。後任にバーバー。10・7〜10保守党大会で、ヒース首相、経済への国家介入を縮小するとの方針を表明。	ア内戦終結。3・5核拡散防止条約発効。3・28北アフリカに駐留していた最後の英軍撤退。5・22アパルトヘイトへの世論の批判のため、全英クリケット評議会、南アフリカ・クリケットチームの招待を取り消す。7・14英下院、国連決議に対応した南アフリカ武器禁輸案を否決。7・20英政府、南アフリカへの武器禁輸解除。7・21英政府の南アフリカへの武器禁輸解除に対して、コモンウェルス各国をはじめ国際的な批判が高まる。7・23国連安全保障理事会、南アフリカ武器禁輸を決議。英米仏は棄権。
一九七一	8・6労働組合がストを決定する際、組合員の投票を義務付ける、労使関係法案が可決。10・28議会は英国のEC加盟時期を承認。与党保守党内から四〇名程度の議員が造反。他方、野党の労働党内の親欧州派や自由党は支持。	1・4フランスのポンピドゥー大統領、英国の欧州共通市場への参入を支持するコメントを表明。
一九七二	1・30北アイルランド、デリーのデモで英国軍が一三名を殺害した「血の日曜日」。2・2ダブリンの英国大使館、「血の日曜日」に抗議するアイルランド大衆のデモ隊によって焼き討ちされる。2・9炭鉱ストライキが燃料供給に影響を及ぼし始めているため、非常事態宣言が出される。2・11炭鉱ストライキの結果、国中が完全なエネルギー不足となる。2・19ヒース首相は、賃金や労働条件の改善を求める全国炭鉱労組（NUM）に譲歩。2・28政府の譲歩を受け入れ、炭鉱ストライキは終焉。3・24ヒース首相、ストーモントの議会を停止して、英国政府が北アイルランドを直接統治すると宣言。11・6ヒース首相は九〇日の間、賃金、物価、家賃、配当金の凍結を発表。自由な企業活動という保守党政権の原則への裏切りである	1・22ヒース首相、アイルランド、デンマーク、ノルウェーの首相とともに、EC加盟条約調印。3・29労働党「影の内閣」は、英国のEC加盟前の国民投票に関する保守党バックベンチ議員の修正案を支持することを決定。4・10「影の内閣」がEC加盟の国民投票支持を決定したことに抗議して、ジェンキンズ労働党副党首辞任。4・18保守党バックベンチ議員による、英国のEC加盟の国民投票を可能にする法案は約五〇票差で否決される。10・17英国のEC加盟を認める、欧州共同体法成立。

一九七三	と、パウエルや保守党右派は反発。2・14〜23全国ガス労働者ストライキ、賃金の改善を勝ち取る。3・20政府の北アイルランド白書公表。北アイルランド議会の再開と、執行部に少数派カトリックを含めることを提案。10・10〜13保守党大会で、パウエルはヒース政権の介入主義的な経済政策を批判。11・12全国炭鉱労組、全国石炭庁が提示した賃上げ案を拒否し、時間外労働を停止。11・13政府は非常事態を宣言。12・13電力使用を制限するため、政府は「週三日労働制」の施行を発表。	1・1英国はアイルランド、デンマークとともに公式にＥＣ加盟。10・6〜24中東でイスラエルとエジプトなどアラブ諸国との第４次中東戦争。石油輸出国機構（ＯＰＥＣ）はイスラエルを支持する西側諸国を批判して、石油輸出価格を大幅に引き上げる。10・13保守党大会で、ヒース首相は英国のＥＣ加盟のはずみを維持するため、そしてＥＣにおける政治的結びつきと通貨同盟を進めるため、欧州諸国首脳会議を提案。
一九七四	1・1北アイルランド自治政府の権力をプロテスタント、カトリック双方で共有することになる。1・21全国炭鉱労組の賃上げを他の賃金交渉の先例としないとする労働組合会議（ＴＵＣ）の和解案を政府は拒否。2・10炭鉱ストライキ開始。保守党はマニフェストで、英国を統治しているのは政府か、それとも労働組合なのかを、総選挙で問うと主張。2・17ウィルソン労働党党首は、労働組合との「新しい社会契約」を表明。2・28総選挙で労働党辛勝。3・4自由党は保守党との連立を拒否。**第二次ウィルソン政権発足**。デニス・ヒーリー蔵相、ロイ・ジェンキンズ内務相、ジェイムズ・キャラハン外相。左派は、マイケル・フット雇用相、ベン産業相。5・15アルスター地方自治体でのカトリックとの権力共有に反発して、ロイヤリストが全面的なストライキ。5・28北アイルランド自治政府崩壊。7・31労使関係法成立。10・10総選挙、労働党が勝利。	4・1キャラハン外相、ＥＣ外相会議で、ＥＣの諸政策の詳細な見直しと英国の加盟時期の再交渉を要求。12・29労働党左派のベンは、彼の選挙区有権者への手紙で、ＥＣへの加盟は英国の主権と議会の優位を損なうものであると非難。
一九七五	2・4新しい規則による保守党党首選挙、第一回投票で、サッチャーがヒースなどに勝利。ヒースは党首選から撤退。2・10英国の主	1・23ウィルソン首相、英国のＥＣ加盟に関する国民投票を六月末までに行うと表明。4・26労働党の

要な政党では始めての女性党首として、サッチャーが保守党党首に選出。10・7〜10保守党大会でジョゼフは「中道」の考えを激しく批判、市場経済を基礎においた政治への合意を求めた。

特別大会で、英国のＥＣからの脱退を決議。6・5国民投票（投票率は六四％）の結果、ＥＣ残留を決定。6・10ウィルソン首相、反ＥＣ派のベンを産業大臣からエネルギー大臣に更迭。

一九七六

1・13英国は国際通貨基金（ＩＭＦ）に一〇億ポンドの融資を要請。3・16ウィルソン首相、六〇歳の年齢を理由に、突如、辞任。4・5労働党党首選挙、キャラハンを党首に選出。**キャラハン政権発足。**クロスランド外相。7・22ポンドの下落を食い止めるため、ヒーリー蔵相は財政支出の削減を表明。9・4北アイルランドでプロテスタントとカトリックが参加して平和行進。しかしこの平和行進自体、内部で両派の対立を克服できず。10・27一ポンド＝一・五ドル台にポンド急落。

7・12ブリュッセルのＥＣ首脳会談の結果、欧州議会の総議席四一〇議席あまりの内、八一議席が英国に割り当てられる。イングランドが六三議席、スコットランドが一〇議席、ウェールズが五議席、北アイルランドが三議席。7・21ダブリン郊外でアイルランドの英国大使がＩＲＡによって自動車に仕掛けられた爆弾で殺害される。9・24ローデシアのイアン・スミス首相、アフリカ系ナショナリスト・ゲリラの攻撃が激化する中、二年以内に白人少数派支配を終わらせ、多数派支配を受けいれることに合意。

一九七七

1・14イーデン元首相、七九歳で死去。3・23保守党が提出した内閣不信任案の可決を阻止するため、労働党は自由党とリブ＝ラブ協定を締結。9・5〜9ＴＵＣ大会、投票の結果、自由な労使交渉に復帰。11・14全国の消防隊員、賃上げと労働時間の短縮を要求してストライキ。消火活動のため兵士が徴収される。

1・3ＩＭＦ、英国に最大規模の経済支援。1・6ロイ・ジェンキンズ、欧州委員会委員長に就任。

一九七八

5・25自由党はリブ＝ラブ協定の終結を通告。7・21所得政策に関する政府白書で、賃金上昇を五％以内にとどめる方針を表明。7・31地域分権を盛り込んだスコットランド法とウェールズ法成立。9・21〜11・2フォード社の労働者がストライキ、五％のガイドラインを超える賃上げの獲得に成功。

1・18北アイルランドの拘留者への非人道的で屈辱的な扱いが人権侵害にあたると、英国は欧州裁判所から有罪判決を受ける。7・6〜7ブレーメンでのＥＣ首脳会議、欧州通貨制度（ＥＭＳ）の設立で合意。ＥＣ諸国の通貨の価値を決められた一定の変動幅に収める制度。12・5英国は当面、ＥＭＳには参

一九七九	1・3大型トラック運転手が二五%の賃上げを求めて全国ストライキを開始。「不満の冬」の幕開けとなる。1・19政府は賃上げガイドライン政策を放棄。大型トラック運転手の全国ストライキは終結へ。1・22賃上げを求めて公務員労働者一五〇万人がデモ行進。2・23公務員労働組合が低賃金に抗議してストライキ。3・1スコットランド法とウェールズ法、両地域で住民投票。スコットランドでは投票者の約五二%(有権者の約三三%)が支持したものの、有権者の四〇%の支持という法律の規定を満たすことができず、不成立。ウェールズでも投票者の約二〇%しか賛成を得られなかったため、不成立。3・28保守党が提出した内閣不信任決議案可決。5・3総選挙、サッチャーの保守党が勝利。**5・4サッチャー政権発足。**ジェフリー・ハウ蔵相、ウィリアム・ホワイトロー内務相、キャリントン外相。8・27マウントバッテン卿、IRAの爆弾で殺害される。	加しない、とキャラハン首相は表明。3・13英国が参加しないまま、EMSが機能し始める。6・7第一回の欧州議会選挙、英国では有権者のわずか三分の一のみ投票。8・14キャリントン外相、ローデシア内戦の当事者を招き、ロンドンでローデシアの制憲会議を開催すると表明。10・18ロンドンの会議でローデシアの黒人ゲリラは憲法案を受け入れる。11・29~30ダブリンのEC首脳会議で、サッチャーは英国の予算負担一〇億ポンドの返還を要求したが、合意は得られず。12・21ローデシア政府と黒人ゲリラ各派との間で停戦和解が調印。
一九八〇	8・1クローズド・ショップや二次ピケティングを規制する、雇用法成立。10・15キャラハン元首相、労働党党首を辞任。10・27北アイルランドで七名のIRA過激派、政治犯としての地位を要求して、ハンガー・ストライキ。11・10労働党党首選挙、フットを党首に選出。党内で左派と右派の対立が深刻化。	2・14サッチャー首相、アフガニスタンに侵攻しているソ連のモスクワでのオリンピック開催を批判して、モスクワ・オリンピックのボイコットを要求。3・4少数派白人支配体制を終焉させたローデシア、国名をジンバブエと改名、選挙で勝利した急進派黒人組織の指導者ムガベが首相就任。4・1ジンバブエは英国から完全独立。5・30EC外相理事会、英国の予算負担を軽減することで合意。7・19モスクワ・オリンピック開幕。米国選手団はボイコット、英国選手団は参加。
一九八一	3・26労働党を離党したオーウェンなどが社会民主党を結成。4・	1・1ギリシャがEC加盟。1・20EC外相理事会、

	11下院補選でＩＲＡの囚人ボビー・サンズが当選。5・5北アイルランドの獄中にてハンガー・ストライキ中のボビー・サンズ議員、衰弱のため死去。6・16自由党と社会民主党は選挙連合や政治的同盟を結ぶことを決定。7・29チャールズ皇太子とダイアナ・スペンサー嬢、セントポールズ大聖堂で結婚式。9・14内閣改造、ウェット派一掃される。9・27〜10・2労働党大会で一方的核兵器放棄を求める動議が圧倒的多数で議決。10・3北アイルランドでＩＲＡ囚人の獄中ハンガー・ストライキ中止。一〇名のＩＲＡ囚人が死亡。	イラン制裁解除で合意。四人の英国人拘束のため、英国はイランへの武器禁輸を継続。4・8ＮＡＴＯ、中距離核ミサイル欧州配備のコミュニケを発表。4・30国連安保理の南アフリカ制裁に、英米仏は拒否権行使。6・18欧州議会、ＥＣ内から死刑追放決議。9・21中米の英植民地ベリーズ独立。
一九八二	4・5キャリトン外相辞任。フランシス・ピムが後任の外相に任命される。10・28就業条件として事前の組合員資格を要求するクローズド・ショップの禁止を含む、雇用法成立。	4・2アルゼンチン軍、フォークランド諸島はアルゼンチンの領土であると主張して、サウス・ジョージア島も含め、占領。4・25英国軍、サウス・ジョージア島を奪還。6・14英国軍、フォークランド諸島の首都ポート・スタンリーを占領、フォークランド戦争の勝敗がほぼ確定。6・17アルゼンチンの独裁者ガルティエリ将軍、フォークランド戦争敗北の責任をとって辞任。12・3スパイ活動の理由で駐英ソ連大使館付き武官に国外退去命令。12・15スペインが英領ジブラルタルの国境封鎖を解除。
一九八三	6・10総選挙、保守党が地滑り的勝利。労働党大敗。6・11サッチャー首相、内閣改造。ローソン蔵相、ブリタン内相、ハウが外相。ピムは政権を去る。6・15フット労働党党首辞任。6・21オーウェン社会民主党党首に選出される。10・2〜7労働党大会、ニール・キノックを党首に選出。	4・3英国、西独、伊、オランダなど各国で反核デモ。4・8スパイ事件への報復で、ソ連が英大使館員ら二名を追放。6・8米ソ戦略兵器削減交渉（ＳＴＡＲＴ）再開。9・6欧州中距離核兵器（ＩＮＦ）制限交渉再開。全欧州安保協力再検討会議がマドリード最終合意文書で正式合意。9・19カリブ海の英自治領であったクリストファー・ネイビスが独

一九八四	3・5炭鉱閉山に抗議して、ヨークシャーの炭鉱労働者がストライキ。4・12英国電気通信公社を民営化する電気通信公社法成立。6・26労働組合法案が可決。投票を行わないストライキを行う労働組合への法的な免責を廃止。労働組合員にストライキの実行に秘密投票を義務化。10・12ブライトンでの保守党大会中、サッチャー首相の宿泊するホテル、IRAの爆弾テロで爆破。	立。10・25米軍、グレナダ侵攻。10・30サッチャー首相、米軍のグレナダ侵攻を批判。6・25〜26EC首脳会談、英国のECへの予算負担を軽減する問題を解決。12・19サッチャー首相、北京で一九九七年に香港を中国へ返還することで合意。
一九八五	3・6キノック労働党党首、ブリュッセルのNATO本部で、レーガン大統領の「スター・ウォーズ」政策を批判。7・16大ロンドン市議会を廃止する地方政府法成立。7・30BBC放送理事会、政府の圧力の下、シン・フェイン党指導者とのインタビュー番組の放映を中止。9・2サッチャー政権内閣改造。ハード内相、ブリタン産業相。	10・16〜23コモンウェルス首脳会議で、黒人差別のアパルトヘイト体制をとる南アフリカへの制裁に、サッチャー首相は強く反対。12・29コモンウェルス首脳会議、事実上グレナダから米軍撤退を求める決議。
一九八六	1・9ウエストランド社問題をめぐって、ヘゼルタイン国防相辞任。3・26地方自治体に新会計年度からレイツの設定を義務づける、地方政府法成立。12・29ハロルド・マクミラン元首相、九二歳で死去。	1・1スペイン、ポルトガルがEC加盟。2・17英国は単一欧州議定書調印。6・26〜27EC首脳会議、サッチャー首相の反対で、黒人差別のアパルトヘイト体制をとる南アフリカへの制裁を実施することができず。10・24英国、シリアと外交関係断絶。ロンドン・ヒースロー空港でのイスラエル航空機爆破未遂事件へのシリアの関与のため。
一九八七	1・8サッチャー政権、英国航空の民営化発表。3・12英国、九年ぶりに原発建設を決定。6・11総選挙、保守党が勝利、第三期サッチャー政権発足。7・3メディア王マードック、トゥデイ紙を買収。11・8北アイルランドで爆弾テロ。12・17サッチャー政権の税制改	3・28〜4・2サッチャー首相、ソ連を訪問し、ゴルバチョフ書記長と友好的な関係を築くことに成功。7・1欧州単一議定書が発効。12・8米ソ、中距離核戦力（INF）全廃条約調印。

一九八八	正案に、ヒース元首相など保守党議員一七名が下院で反対票。7・29全国カリキュラムや全国試験を導入し、公立学校に競争原理を導入する、一九八八年教育改革法制定。10・2労働党党首選挙、キノックが左派のベンに圧勝して、再選。10・6労働党党大会、一方的核兵器放棄の政策を維持。	9・20サッチャー首相、ブルージュ演説でECを「ヨーロッパ超国家」と呼び、国家の主権を脅かすものとして批判。
一九八九	1・31NHS改革の概要を示す、白書『患者のための運営』を公表。国営であったNHS病院を独立した法人にするなど、病院に競争原理と効率性をもたらすことを目的とした医療制度改革。4・1スコットランドにコミュニティー・チャージ（人頭税）導入。7・24ジョン・メイジャー外相就任。10・2労働党大会、一方的核兵器放棄の政策を転換。10・26ローソン蔵相辞任、後任はメイジャー。	2・14イスラム教を冒瀆する作品を発表したとしてイスラム世界から批判されていた、英国在住の作家サルマン・ラシュディに対して、イランの最高指導者ホメイニ師は死刑のファトワを出す。6・26マドリード首脳会談で、英国もEMSの中核要素である欧州為替相場メカニズム（ERM）に加入することで合意。
一九九〇	3・31ロンドンでコミュニティー・チャージ（人頭税）の導入に抗議する大規模デモが行われ、警官隊の鎮圧で騒乱状態。4・1イングランドでコミュニティー・チャージ（人頭税）導入。11・1ハウ副首相辞任。11・13議会での辞任演説でハウはサッチャー首相を痛烈に批判。11・20保守党党首選挙。サッチャーは対立候補を上回る票を獲得したものの、党首選規定で必要とされる差をつけることができず、第二回投票が行われることに。11・22閣僚からの辞任勧告が相次ぎ、サッチャー首相辞任。11・27保守党党首選挙、メイジャーが、ヘゼルタインやハードに勝利して、党首に選出される。**11・28メイジャー政権発足。**ラモント蔵相、ハード外相、ヘゼルタイン環境相。	8・2イラク軍がクウェート侵攻。10・30サッチャー首相、議会の演説で、欧州通貨統合や更なる欧州統合の強化を強く否定。10・8英国が為替相場メカニズム（ERM）に加盟。
一九九一	3・21ヘゼルタイン環境相、コミュニティー・チャージ（人頭税）をカウンシル税に替える方針を表明。7・22メイジャー首相、市民	1・17米英軍を中心とする多国籍軍がイラク軍を攻撃（湾岸戦争）。3・3湾岸戦争が終結。12・10マ

	憲章を推進。	ーストリヒトＥＣ首脳会議、英国が欧州経済通貨同盟（ＥＭＵ）や社会憲章から離脱することを認める。
一九九二	4・9総選挙、メイジャー保守党政権が勝利。4・13キノック労働党党首辞任。7・18労働党党首選挙、ジョン・スミスを党首に選出。11・12ラモント蔵相の提唱で、民間資金イニシアティブ（ＰＦＩ）が導入。	4・24クリス・パッテン、最後の香港総督に任命される。6・2デンマークの国民投票でマーストリヒト条約の批准が否決される。8・18英国軍、紛争中のボスニアに派遣。9・16「暗黒の水曜日」でポンドが大幅に下落、英国はＥＲＭから離脱。
一九九三	7・1労働組合の更なる弱体化を図る一九九三年労働組合改革・雇用権法成立。最低賃金制度を廃止。7・22二三名の保守党議員が反対にまわったため、マーストリヒト法案が否決。7・23メイジャー首相、マーストリヒト法案可決のため、内閣の信任投票を求め、可決される。10・8保守党大会でメイジャー首相は「基本に帰れ」キャンペーンを展開し、伝統的道徳の重視を訴えた。11・5鉄道民営化法成立。	1・1単一欧州市場が開始。5・18デンマークの二度目の国民投票で、マーストリヒト条約の批准を可決。11・1ＥＵ発足。
一九九四	5・12スミス労働党党首、死去。7・21トニー・ブレアが労働党党首に選出される。プレスコットが副党首就任。	3・29ＥＵ加盟国拡大に際して必要となる閣僚理事会の決定方式の変更に関する妥協を英国は受け入れる。
一九九五	6・22保守党内の欧州懐疑派を牽制するため、保守党党首選挙を求めて、メイジャー保守党党首を辞任。7・4保守党党首選挙、欧州懐疑派のレッドウッドを破り、メイジャーを党首に再選。	1・1オーストリア、フィンランド、スウェーデンがＥＵ加盟。1・11ＮＡＴＯ首脳会議、「平和のためのパートナーシップ」構想を採択。5・25ＮＡＴＯ軍がボスニアのセルビア人勢力の拠点を空爆。5・28英政府、ボスニア国連保護軍への兵力増強を決定。12・14ボスニア紛争の和平協定成立。
一九九六	2・19ロンドンでＩＲＡによる爆弾テロ。3・20ドレル保健相、狂牛病が人間の認知症などと因果関係がある可能性を認める。7・12	3・20ＥＵは英国産牛肉に対して全面輸出禁止措置。4・11アフリカ大陸や周辺諸島で核兵器の使用・実

	チャールズ皇太子とダイアナ妃の離婚が正式に発表。	験・製造を禁止するペリンダバ条約（アフリカ非核化条約）、米英仏中を含めた、四九カ国が調印。6・21ＥＵ首脳会談で狂牛病問題が政治決着。英国産牛肉輸出禁止の段階的解除などで合意。9・3イラクがクルド人自治区に侵攻。「懲罰」のため、米国はイラクの軍事施設をミサイル攻撃。英国は全面的に米国を支持。
一九九七	5・1総選挙でブレア労働党が地滑り的勝利。**5・2ブレア政権発足**。ゴードン・ブラウン蔵相、ロビン・クック外相。5・4クック外相、被用者の権利に関するＥＵ社会憲章の調印を表明。5・6ブラウン蔵相、金利設定の権限をイングランド銀行に付与する。5・16ブレア首相、中断している北アイルランド和平プロセスを再開するためにベルファストを訪問、英国政府とシン・フェイン党との直接対話を表明。6・19保守党党首選挙、ヘイグがクラークに勝利して、党首に選出。7・29大ロンドン市とロンドン市長の公選を提案する白書を政府は公表。8・31パリの自動車事故でダイアナ元妃、三六歳で死去。9・6ダイアナ元妃の「国民葬」。9・11スコットランドの住民投票でスコットランド議会の設置に七四・三%の支持。9・15ストーモントで北アイルランド和平プロセスの実質的対話が開始。9・17、18ウェールズの住民投票でウェールズ議会の設置に五〇・三%の支持。10・27経済状況の条件が整うまで英国はユーロに参加しないと、ブラウン蔵相が表明。	5・7クック外相、ドイツとフランスを訪問、対人地雷の使用禁止に関して共同声明。5・14ＮＡＴＯとロシア、ＮＡＴＯの東方拡大に関して合意。5・21ブレア首相、対人地雷の輸出入や製造を禁止する方針を表明。5・29ブレア首相、訪英中のクリントン米国大統領と会談。6・16ＥＵ首脳会議、財政安定協定を採択。6・30英国は香港を中国に返還。9・18対人地雷禁止条約採択。10・2アムステルダム条約調印。
一九九八	4・10英国とアイルランド政府、北アイルランド和平の「グッド・フライデー合意」を調印。5・22北アイルランドの住民投票、「グッド・フライデー合意」を七〇%以上の賛成で支持。8・19強硬派	3・30ＥＵ、東欧諸国などと加盟交渉開始。4・6英仏、包括的核兵器禁止条約（ＣＴＢＴ）批准完了。5・2ＥＵ首脳会議、ユーロ第一陣参加の一一カ国

	「真のIRA」、テロ活動の無期限停止を宣言。10・6ノーベル平和賞、北アイルランド和平で、カトリック系政党のジョン・ヒューム党首とプロテスタント系政党のデービッド・トリンブル党首に決定。10・17ロンドン警視庁、ロンドン滞在中のピノチェット元大統領を逮捕。軍政時代の民間人殺害に関し、スペイン当局が身柄拘束を英国に要請していたため。	を決定。10・6ブレア首相、中国を非公式訪問。11・12下院、アムステルダム条約を批准。
一九九九	5・6スコットランド議会選挙とウェールズ議会選挙。8・9ケネディ自民党党首に就任。10・26上院での世襲貴族の議席廃止を決定。	1・1ユーロがEU一五カ国中一一カ国の参加で誕生する。3・24NATO軍はコソボ紛争に関して、セルビア側を空爆。4・22ブレア首相、訪米中に倫理外交の観点から軍事介入を正当化するブレア・ドクトリンを発表。5・28セルビアが和平案を受け入れ、コソボ紛争が終結。11・21ブレア首相など英仏独伊の社会民主主義政権首脳、クリントン米国大統領など、各国の中道左派政権首脳がフィレンツェで「中道左派サミット」を開催。
二〇〇〇	1・10メイジャー前首相、政界引退を表明。1・12英国内務省、逮捕されていたピノチェット・チリ元大統領釈放の方針を表明。2・20労働党、ロンドン市長候補に左派のケン・リヴィングストンではなく、保健相のドブソンを擁立。3・3ピノチェット元大統領、チリへ帰国。5・4史上初のロンドン市長選挙、無所属で出馬したケン・リヴィングストンが当選。	1・17ブレア首相、ロシアのプーチン次期大統領と会談。6・2ベルリンで欧米諸国など中道左派政権首脳の「中道左派サミット」開幕。ブレア首相、育児休暇のため欠席。9・28デンマーク国民投票でユーロ導入を拒否。12・8ニースのEU首脳会議、EU緊急対応部隊の編成を決定。12・11ニースのEU首脳会議、東欧一二カ国の新規加盟に備え、アムステルダム条約改正で合意。12・12英国、北朝鮮と国交樹立。
二〇〇一	4・2ローレンス事件に関するマクファーソン報告書の提案を受け	2・26ブレア首相、訪米中キャンプデービッドでの

て、警察など公的機関における人種差別を除去することを目指す、人種関係法成立。6・7総選挙、労働党が大勝。6・8第二期ブレア政権発足。ストロー外相、ブランケット内相、クック下院院内総務。ヘイグ保守党党首は辞任を表明。6・20ブレア首相、議会の女王スピーチで公共サービスの改善が第二期労働党政権の中心的課題であり、医療や教育に民間セクターを参入させると表明。7・1IRA武装放棄開始の期限が過ぎても武装放棄が進まないため、北アイルランド第一首相トリンブル辞任。8・6IRA、武器を放棄する手段に関して合意。9・13イアン・ダンカン・スミスが保守党党首に選出。10・1英国の最低賃金が引き上げられる。12・14証拠がなくても外国人のテロ容疑者を拘留するなど、強力な権限を警察や治安当局に付与する反テロリズム法成立。

ブッシュ大統領との会談で、英国が欧州と米国との橋渡しをするうえで決定的な役割を果たすと述べる。NATOと抵触しないとの条件で欧州共通部隊の創設でブッシュ大統領の支持を引き出すことに成功。EU首脳、ニース条約調印。9・11ニューヨークの世界貿易センター・ビルにテロリストがハイジャックした飛行機が激突するなど、同時多発テロが発生。9・12ブッシュ米国大統領、前日のテロを「戦争行為」であると規定。米国へのテロ攻撃は、NATO諸国への攻撃であると看做すとNATOは宣言。9・30労働党党大会でブレア首相は、アフガニスタンのタリバン政権に対して九月一一日の事件に関わっているテロリストの引き渡しを求める。10・1米国はアフガニスタンへの戦争を宣言。10・4下院でブレア首相、オサマ・ビン・ラディンとアルカイダのテロリスト・ネットワークが九月一一日のテロ事件を引き起こした「疑いのない」証拠があると述べる。10・7米国と英国の空軍はアフガニスタンを空爆。11・23ブレア首相、バーミンガムでの演説で、英国のユーロ参加への原則的支持を表明。12・19フーン国防相、英国軍がアフガニスタンでの多国籍軍に参加することを表明。

二〇〇二

7・16IRAは、IRAのテロ攻撃による全ての犠牲者の家族に対する謝罪を表明。9・24イラク問題に関する政府文書で、ブレア首相は、イラクが四五分以内に大量破壊兵器の配備が可能である、と

1・1ユーロ紙幣・硬貨がEU加盟国の内、一二カ国で流通し始める。1・29ブッシュ米国大統領、イラン・イラク・北朝鮮を「悪の枢軸」と呼ぶ。11・

	述べる。	8国連安全保障理事会、イラクに査察官を送り込む、一四四一号決議案を可決。12・7イラクは、大量破壊兵器の存在を否定する報告書を公表。
二〇〇三	2・3政府はイラクの大量破壊兵器に関する二度目の政府文書を公表。2・15イラク侵攻の方針に抗議して、ロンドンで百万人が行進。3・17政府のイラク政策を批判して、クック下院院内総務辞任。3・18下院はイラクへの英国軍の侵攻を容認する決議を可決。5・22BBCラジオは、イラクの大量破壊兵器に関する二〇〇二年九月の政府文書を政府が「誇張している」と主張する匿名の資料を引用して、報じる。7・18イラクの大量破壊兵器の政府文書の問題で、BBCに情報をリークしたとされるケリーが自宅で自殺。8・29イラク問題に関する情報操作への批判のため、主席報道官キャンベル辞任。10・29イアン・ダンカン・スミス保守党党首、党大会で不信任。11・6ハワードを保守党党首に選出。	3・10フランスのシラク大統領、イラクへの武力行使を容認する、国際連合安全保障理事会での「第二決議」に拒否権を行使することを表明。3・20バクダッドへの空爆が開始。12・14イラクのサダム・フセイン大統領、捕捉される。
二〇〇四	1・28ハットン報告書公表。イラク問題に関して首相官邸の情報操作疑惑を否定。BBCの報道を批判。5・14英国法務長官、イラク駐留中にイラク人収容者を暴行した英国軍兵士四名を軍法会議にかけると発表。7・14バトラー報告書公表。イラク問題に関する政府報告書は、意図的でないが、不確かな情報を誇張したものであると結論づける。	4・20ブレア首相、EU憲法条約を国民投票にかけることを約束。5・1旧社会主義諸国など十カ国がEUに加盟。6・20ブレア首相、ダブリンの欧州首脳会談でEU憲法条約に合意。8・19イラクで暫定議会が任命される。10・6国連のイラク調査団、イラクには大量破壊兵器は存在しなかったと報告。10・29ローマでEU憲法条約の調印式。
二〇〇五	5・5総選挙、労働党が議席を減らしながらも過半数を確保、第三期ブレア政権発足。労働党が三期連続で政権を担うのは史上初めて。7・7ロンドンの地下鉄三箇所や二階建てバスで連続して爆弾が爆発。五〇人以上が死亡、七百人以上が負傷。7・22地下鉄などの爆	5・29フランスでEU憲法条約の批准が国民投票で拒否される。6・1オランダでもEU憲法条約の批准が国民投票で六〇%以上の反対で拒否される。7・6～8スコットランドのグレンイーグルズで先

	弾テロへの警察当局の厳重な警備のため、爆弾テロと誤認されたブラジル人が警察官に射殺される。7・29この日までに逮捕されたテロ事件の実行犯四人全員が東アフリカ系やパキスタン系の英国籍保持者であったため、世論に衝撃を与える。11・9下院で反テロ法案、労働党から大量の造反議員が続出したため、否決される。12・6三九歳のデービッド・キャメロン、保守党党首に選出。	進国首脳会議。議長国としてブレア首相は、アフリカなどへの援助額倍増でG8の諸国をまとめる。7・6国際オリンピック委員会（IOC）総会で、二〇一二年夏季オリンピック大会開催地にロンドンが選ばれる。
二〇〇六	2・15二〇〇五年ロンドンの同時多発テロ事件を受けて反テロ法成立。容疑者の起訴拘束を二八日に延長し、テロ行為を「称賛する」ことも違法と規定。7・11ダーリング貿易産業相が原子力発電所の新規建設容認を表明。9・26労働党党大会で、ブレア首相、一年以内の退陣を公式に表明。12・14有力支持者からの秘密融資疑惑でブレア首相が警視庁から事情聴取を受ける。	7・28訪米中のブレア首相、国際的に批判が高まるイスラエル軍のレバノン攻撃問題で、即時停戦を求めない米国のブッシュ大統領に同調。8・10ロンドン発、米国行きの飛行機の爆破を狙ったテロ未遂犯二一名が、反テロ法違反などの容疑で起訴される。
二〇〇七	6・24労働党党大会、ブラウン蔵相を党首に選出。6・27ブレア首相辞任。蔵相であったゴードン・ブラウンが首相就任。6・28**ブラウン政権発足**。ミリバンド外相、ダーリング蔵相。7・31英軍の北アイルランド駐留が終了。	1・1ルーマニアとブルガリアがEUに加盟、EU加盟国が二七カ国となる。8・22米国のリーマン・ブラザーズがサブプライム事業から撤退。欧米各国でサブプライムローン問題が表面化し始める。12・13EU諸国首脳はリスボン条約調印。
二〇〇八	5・2ロンドン市長選挙、保守党のボリス・ジョンソンが当選。7・7英国国教会は女性主教を任命。英国国教会としては史上初。9・17ブラウン政権、資金調達難に陥った中堅銀行ノーザン・ロックの預金保障を発表。10・8ブラウン政権、金融機関に最大五百億ポンドの資本注入の方針発表。	4・17訪米中のブラウン首相、イランの核兵器保有阻止のため、イランへの制裁強化で、ブッシュ大統領と一致。6・12アイルランドは国民投票でリスボン条約の批准を否決。6・18英国はリスボン条約の批准を完了。9・15米国の金融会社リーマン・ブラザーズが破綻、金融危機の始まり。10・8欧米加の中央銀行六行が協調利下げ。
二〇〇九	1・15ミリバンド外相、ガーディアン紙への投稿で「対テロ戦争と	4・2ロンドンで日欧米に中国など二〇カ国・地域

いう表現は誤りであった」と指摘。5・8デイリー・テレグラフ紙の報道で、閣僚や国会議員の経費乱用問題が表面化する。5・11世論の批判が高まる国会議員の経費乱用問題に関し、ブラウン首相は謝罪を表明。5・19国会議員の不当な経費請求問題で、マーティン下院議長が辞任。6・3国会議員の不当な経費請求問題で、ブリアーズ地域・地方政府相とスミス内相が辞任。6・4パーネル雇用・年金相が辞職。同時にブラウン首相の辞任を求めることも表明。6・5ブラウン内閣改造。入閣辞退者が相次ぎ、大半の主要閣僚は留任。内閣の刷新を印象づけることに失敗。地方議会選挙で労働党は大敗。労働党の得票率は、保守党と自由民主党を下回り、第三位に。10・12国会議員の経費不正請求問題に関する第三者機関の中間報告は、ブラウン首相に約一万二〇〇〇ポンド（約一七〇万円）の返還を求める。11・24イラク戦争の正当性を検証する独立調査委員会の証人喚問が始まる。

（G20）の首脳会議（金融サミット）が開幕。10・3アイルランド、二度目の国民投票でリスボン条約の批准可決。6・8欧州議会選挙、各国で社会民主主義系政党が後退して、右派政党が優勢の傾向。英国でも保守党が約二七％の得票で一位。反EUの英国独立党（UKIP）が一七％で二位。労働党は約一六％で三位に。移民排斥を主張する極右の英国国民党（BNP）が初めて議席を獲得。10・4ブラウン首相、下院の演説でアフガニスタンに新たに五〇〇人を派兵する方針を表明。アフガニスタン駐留軍の規模は米軍に次ぐ規模に。12・1リスボン条約発効。

二〇一〇

1・29イラク戦争の正当性を検証する独立調査委員会はブレア元首相を喚問。ブレア元首相はイラク戦争の正当性を主張。3・5イラク戦争に関する独立調査委員会、ブラウン首相等を喚問。3・21サンデー・タイムズ紙や民放テレビ「チャンネル四」は、元閣僚のバイヤーズ下院議員が、一日五〇〇〇ポンド（七〇万円）で政府へのロビー活動を請け負うと発言したことをビデオで隠し撮りして、暴露。4・12下院を解散。4・15英国史上初めて、国政選挙で主要三政党党首のテレビ討論会。世論調査では、第三党自民党のクレッグ党首が一位の支持率。4・28選挙運動中、ブラウン首相が失言。市民との対話後、車内で移民問題を訴えた女性を「偏見だらけの女性」などと非難したブラウン首相の発言が、テレビの音声マイクを通じて

1・12以降ギリシャの財政・経済危機が表面化。連動してスペインやポルトガルの南欧諸国を中心に財政・経済危機がおこる。ユーロ危機が深刻化。5・20キャメロン首相は初の外遊。訪仏してパリでサルコジ仏大統領と会談。5・21訪独して、ベルリンでメルケル独首相と会談。ギリシャの財政問題をきっかけとしたユーロ危機等で意見交換。英国のユーロ不参加は正しい選択であると、キャメロン首相は発言。11・29EU諸国はアイルランドの救済案で合意。12・17チュニジアの若い露天商が役人に商売道具を没収されたことなどに抗議して焼身自殺。録画され

メディアに知られ、報道される。5・6総選挙、保守党が第一党となるが、どの政党も過半数を有しない宙吊り議会（ハングパーラメント）となる。保守党三〇六議席、労働党が二五八議席、自由民主党が五七議席。保守党、労働党ともに第三党の自由民主党との連立交渉の方針。5・11キャメロンが首相に任命される。キャメロン首相は自由民主党党首のクレッグを副首相に任命。5・12第一党の保守党と第三党の自由民主党とが連立した**第一次キャメロン政権が発足**。第二次世界大戦後英国では初の連立政権。保守党からはオズボーン蔵相、ヘイグ外相、フォックス国防相、メイ内相など。自由民主党からはケーブル・ビジネス相、フーン環境相、ロー副蔵相など。5・13初閣議で任期中の五年間は議会を解散しないとの連立合意を確認。5・17オズボーン蔵相は独立した予算責任局（OBR）を創設することを表明。5・24二〇一五年までに財政均衡を達成するため、オズボーン蔵相は歳出を約六二ポンド（約八〇〇〇億円）削減することを発表。5・25施政方針を示すクイーンズ演説。フリー・スクールの導入やアイデンティティ・カードの廃止等の方針を示す。5・29自由民主党のロー副蔵相、議員経費不正問題で辞任。後任には自由民主党のアレクサンダーが任命される。6・15一九七二年北アイルランドでの「血の日曜日事件」真相究明委員会が最終報告書を提出。事件は英軍兵士が最初にカトリック系デモ隊に発砲したもので、正当化できないとの結論。キャメロン首相は議会で謝罪。5・22（消費税に該当する）付加価値税を一七・五％から二〇％に増税。6・6公務員への給与支払を抑制。6・30イアン・ダンカン・スミス労働年金相は社会保障給付の簡素化を表明。9・25労働党党首選挙、エド・ミリバンドが兄のデイヴィド・ミリバンドを破

たその様子がインターネットに投稿され、これ以降チュニジア全土で抗議活動が始まる。チュニジアの「ジャスミン革命」、中東各国で反政府運動が盛り上がった「アラブの春」の始まりとなる。

二〇一一

り、党首に選出。12・9下院で大学授業料の値上げを可能にする法案を可決。採決で自由民主党を中心に連立与党から三〇名以上の議員が造反。ロンドンでは大学授業料値上げに反対する学生のデモが暴徒化。チャールズ皇太子の車も襲われる。

1・20メディア王マードック系列下の大衆紙ニュース・ザ・ワールドによる犯罪犠牲者等への盗聴問題に対する関与の疑惑で、首相官邸報道官コールソンは辞任。1・21イラク戦争の正当性を検証する独立調査委員会はブレア元首相を二回目の喚問。3・26ロンドンでキャメロン政権の歳出削減に反対する大々的な抗議デモ。4・29ウェストミンスター寺院でウィリアム王子とケイト・ミドルとの結婚式。5・5小選挙区制から選好順位指定投票制に変更する、下院の選挙制度改革の是非を問う国民投票は、反対約六八%、賛成約三二%で否決。投票率は約四一%。同日、スコットランド議会選挙でスコットランド国民党（ＳＮＰ）が単独過半数の議席を獲得。サモンド・スコットランド自治首席大臣は、二〇一五年までにスコットランド独立の是非を問う住民投票を実施する方針を表明。5・7全国の地方議会選挙。保守党は微増、自由民主党は大幅に議席を減少。7・10犯罪被害者等への盗聴疑惑で批判されていたニュース・ザ・ワールド紙は廃刊。8・6ロンドン北部トットナム地区で、警官による黒人青年射殺事件をきっかけに、若者が略奪や放火等を行う暴動がおこる。若者の暴動は英国各地の都市に拡大して約一カ月間続く。キャメロン首相は暴動を起こした若者を非難して、厳罰化の方針。他方、ブレア元首相等からは暴動の背景に若者の格差問題があるとの指摘が出される。9・11ロンドンでイスラム過激派団体と反イスラムの極右団体が衝突。9・22英政府、一九七二年北アイルラ

1・14チュニジアで国民の反政府デモが展開される中、ベン＝アリ大統領が国外に亡命、独裁政権が崩壊。1・25ムバラク独裁政権下のエジプトでも反政府デモが発生。1・26アサド政権下のシリアでも反政府デモが発生。2・11エジプトのムバラク政権崩壊。2・15リビアで独裁者カダフィ大佐の退陣を求めて、反政府デモが発生。カダフィ政権は軍事力でデモを弾圧、リビアは内戦状態へ。欧米諸国の世論で批判が高まっていく。2・18キャメロン首相、リビアへの軍事介入の必要性を表明。3・15以降、シリアで反政府デモが全土の主要都市に拡大。アサド政権は軍事力で弾圧。反政府派も武装し、シリアは内戦状態に。3・17国連安全保障理事会はカダフィ政府軍による市民への攻撃を防止するため、リビアに飛行禁止地区の設定と、国際的な介入を承認する決議案を可決。3・19以降、英仏米軍を中心とする多国籍軍のリビア空爆が開始。8・20〜22リビアで反政府派が首都トリポリを制圧、カダフィ政権は崩壊。

ンドでの「血の日曜日事件」の遺族や負傷者に補償金を支払う方針を表明。10・14フォックス国防相辞任。ロビー活動問題に関係していたため。後任の国防相はハモンド。11・30年金制度改革に抗議して、全土で公務員労働組合が大々的にストライキ。

二〇一二

1・11キャメロン政権はスコットランド独立の是非を問う住民投票を行う計画があることを表明。1・25サモンド・スコットランド自治政府首席大臣は、独立の是非を問う住民投票の素案を公表。2・6エリザベス女王在位六〇年。2・16キャメロン首相はサモンド自治政府大臣と会談。スコットランドの英国残留を希望することとスコットランドへの分権化の強化を検討することを表明。3・16英国国教会カンタベリー大主教ローワン・ウィリアムズは年内の辞任を表明。背景に女性聖職者や同性愛婚をめぐる国教会内部の対立の表面化。3・21所得税の最高税率を五〇%から四五%に引き下げ。3・24サンデー・タイムズ紙の覆面取材で、保守党幹部のピーター・クラッグスが、首相への面会や陳情の斡旋で二五万ポンドを要求していたことが発覚。3・25ピーター・クラッグス、保守党幹部を辞任。5・3地方議会選挙で連立与党の保守党と自由民主党は大敗。緊縮財政や閣僚等のスキャンダルが原因。5・25サモンド自治政府大臣はスコットランド独立を目指す署名活動などキャンペーン運動を開始。俳優のショーン＝コネリー等も応援メッセージ。7・10自由民主党が求めていた上院改革の政府案、第二読会で九〇名以上の保守党議員が造反したため、否決されることを恐れたキャメロン政権は撤回。7・24コールソン元首相官邸報道官等、電話盗聴への関与で逮捕。7・27ロンドン・オリンピック開幕。8・6キャメロン政権が上院改革法案を廃棄したことに連動して、自由民主党は

5・16チベットのダライ＝ラマ十四世が訪英、キャメロン首相と会談。中国政府は厳しく反発。5・17エリザベス女王はアイルランドを公式訪問。ダブリンでアイルランド大統領と会談。女王はアイルランド独立闘争の犠牲者を追悼。9・12キャメロン首相、ロシア訪問。メドベージェフ大統領と会談。ロシアとの貿易や経済関係を強化。他方、ロシアの元情報将校リトビネンコがロンドンで毒殺された問題に関して両国間の溝は埋まらず。10・28オーストラリア西部のパースでコモンウェルス首脳会議。男女に関係なく最初に生まれた子どもを王位につけるようにする、英国王位継承法の見直しで合意。

保守党が求めていた選挙区区割り変更への支持を撤回。9・4キャメロン政権は内閣改造。主要閣僚は留任。10・15エディンバラで、キャメロン首相とサモンド自治首席大臣が会談。二〇一四年秋にスコットランド独立の是非を問う住民投票の実施で合意。

二〇一三

1・23キャメロン首相、二〇一五年の総選挙で勝利すれば、EUからの脱退を問う国民投票を二〇一七年までに実施すると表明。2月末南部イーストリーの下院補欠選挙で、EU離脱を主張する英国独立党が保守党と労働党をしのぎ、第二位の得票。3・18メディア王マードック氏系列の大衆紙による盗聴事件への対応として、メディアを対象にした報道監督機関を設置することに主要三政党は合意。報道・出版の自由が阻害されると地方紙団体は表明。3・20法人税を二〇%に引き下げ。3・27労働党のデヴィッド・ミリバンド、議員を辞職。4・8サッチャー元首相死去。4・17ロンドンのセントポール大聖堂でサッチャー元首相の葬儀。エリザベス女王や約一七〇カ国の元首等約二三〇〇名が参列。サッチャー元首相の強いリーダーシップを称賛する声がある反面、他方でサッチャー首相の下で貧困や格差問題が激化したことを批判する抗議活動も各地で行われる。5・2全国で地方議会選挙。連立与党の保守党と自由民主党は大敗。反EUを主張する英国独立党が躍進。得票率二三%で二大政党に次ぐ第三位の得票率。労働党は二九%、保守党は二五%の得票率。8・29下院、シリアへの軍事介入を認める政府案を、二八五票対二七二票で否決。10・17オズボーン蔵相、中国企業が英国の核産業に投資することを許可すると表明。11・20英国国教会の総会議、二〇一四年までに女性司教の叙任を認めることを支持。12月英国は翌年一月以降に入国するEU加盟国の出稼ぎ労働者の失業手当の申

1・30キャメロン首相、アルジェリアを訪問。首都アルジェでセラル首相と会談。イスラム過激派集団による襲撃で英国人六名を含む多数の外国人の人質が犠牲になった事件を踏まえ、英国とアルジェリアによる北アフリカ地域での対テロ対策や安保協力等を進めることで合意。4・12キャメロン首相、メルケル独首相と会談、EU改革について協議。5・14キャメロン首相訪米。ワシントンでのオバマ米大統領との会談で、シリア内戦に関し、アサド政権を退陣させる方針で一致。6・16ロンドンでキャメロン首相とロシアのプーチン大統領が会談。シリア問題をめぐり、アサド政権を支援するロシアと合意できず。米紙のワシントン・ポストは米国家安全保障局（NSA）等が米国の同盟国も含め、各国の情報収集活動を行っていたことを報道。英紙ガーディアンは英国の情報機関も二〇〇九年ロンドンのG20首脳会議で各国の首脳や高官を盗聴していたことを報道。米英の盗聴疑惑に欧州諸国は反発。6・17〜18北アイルランドのロックアーンで主要国首脳会議（G8サミット）。多国籍企業等による国境を越えた税逃れへの対策や自由貿易の推進等を協議。8・29

請を三カ月間禁止する等の措置を決定。東欧のルーマニアやブルガリアの移民流入を防ぐ狙い。12・29英国独立党（ＵＫＩＰ）のファラージ党首はシリア難民を英国が受け入れないよう政府に要求。

英下院、英国のシリアへの軍事介入参加に関する議案を否決。11・29ウクライナのヤヌコビッチ政権はＥＵとの連合協定締結の棚上げを決定。ウクライナのＥＵ接近に反対するロシアに配慮して。以後、ウクライナ国内で親欧州派による抗議活動が活発となる。

二〇一四

1・8スコットランドが独立した場合、スコットランドがこれまでのように英国の通貨を使用する権限は放棄されるであろう、とイングランド銀行総裁が発言。3・19所得税の課税最低限度が四〇％に引き上げられる。4・29イングランドとウェールズで初めて同姓婚が合法化。5・22欧州議会選挙。英国では反ＥＵの英国独立党（ＵＫＩＰ）が二大政党を抑えて最大の得票率で第一党に。7・14キャメロン政権の内閣改造で、ヘイグ外相辞任。7・15ハモンドが後任の外相に任命される。ガブが教育相から院内幹事に移動。モーガンが後任の教育相に任命。7・21グリフィン英国国民党（ＢＮＰ）党首解任される。8・5と8・25スコットランド独立の住民投票をめぐり、独立派のサモンドＳＮＰ党首と独立反対派のダーリング元蔵相とのテレビ討論会。スコットランドでは独立支持の世論が高まる。9・1キャメロン首相、国外でテロ行為に関わった疑いのある英国民の帰国を一時的に禁じる措置等のテロ対策の方針を発表。9・6スコットランドでの世論調査で独立賛成派が五一％、反対派が四九％。初めて独立賛成派が反対派を上回る。9・7オズボーン蔵相、スコットランドが住民投票で英国に残留した場合、スコットランドへの更なる権限移譲を公約。9・10保守党のキャメロン首相、自由民主党のクレッグ副首相、野党・労働党のミリバンド党首がスコッ

1・1ＥＵは東欧のルーマニアとブルガリアの出稼ぎ労働者に対するＥＵ域内での就労規制を撤廃。1・4以降、シリアで反政府派と過激派集団ＩＳ（イスラム国家）との戦闘が激化。シリア内戦はアサド政権、反政府派、ＩＳの三つ巴の様相に。2・27ウクライナで親欧州派の抗議活動により、親ロシア派のヤヌコビッチ政権は崩壊。3・16ヤヌコビッチ政権の崩壊に反発するクリミアでロシアへの編入求める住民投票。3・17ウクライナ情勢やクリミア問題への対応で、米国とＥＵは対ロ制裁を強化。3・20〜21ロシアの下院と上院はクリミアのロシアへの編入を認める条約を批准。ウクライナ政府と欧米諸国は激しく反発。5・22欧州議会選挙。英国独立党やフランスの国民戦線等、各国で移民排斥・反ＥＵを主張する極右政党が躍進。8・8米軍はイラク領内で過激派組織ＩＳ支配領域への空爆を開始。9・13イスラム過激派組織ＩＳは英国人男性の殺害映像をインターネットで公開。9・30英空軍、イラク領内で過激派組織ＩＳ支配領域への空爆を開始。

トランド入りして、住民投票で英国残留に投票するよう訴える。9・18スコットランドで英国からの独立の是非を問う住民投票が始まる。9・19スコットランド独立の是非を問う住民投票。独立反対が約二〇〇万票・約五五％、独立賛成は約一六一万票・約四五％。独立反対が多数を占める。サモンドはスコットランド自治政府主席大臣とSNP党首の辞任を表明。10・1スコットランド国民党（SNP）の党員数が二万五〇〇〇人から七万五〇〇〇人へと三倍になる。9・26下院はイラク領内で過激派組織ISを対象にした空爆に英軍が参加することを承認。キャメロン首相は地上軍の派遣には否定。しかしイラクでの対ISの軍事活動が数年に及ぶ可能性があることを示す。11・17英国国教会、女性司教任命に道を開く決定。11・19スタージョンがスコットランド自治政府主席大臣。

11・7ブリュッセルのEU財務相会議、英国が拒否している約二一億ユーロの分担金の支払いについて、その猶予を認めることで合意。

二〇一五

4・30下院が解散。直前にサンデー・タイムズ紙等の世論調査では保守党と労働党の支持率は伯仲。反EU派の英国独立党（UKIP）やスコットランド国民党（SNP）が支持率を拡大。二大政党が過半数議席を取ることが困難で「宙吊り議会」が続くことも予想される。5・7総選挙。事前の予想に反し、保守党が単特過半数の議席。連立を解消して、キャメロン政権は保守党単独で政権を継続。保守党三三一議席。労働党は二三二議席で議席減。自由民主党は五六議席から八議席に大幅に減少。スコットランド国民党（SNP）は六議席から五六議席と大躍進。スコットランドの選挙区を地盤としていた労働党が敗北した要因となる。支持率が高い英国独立党（UKIP）は二議席から一議席に減少。**5・11第二次キャメロン政権発足**。保守党単独政権。オズボーン蔵相、ハモンド外相、ファロン国防相、メイ内相等、主要閣僚は留任。連立を解消して辞任

1・8フランスのパリで、イスラム教に対する風刺画を掲載したことがある週刊新聞「シュルリー・エブド」社が過激派に襲撃される。新聞社の内外で乱射、多数の死傷者。1・11フランスのパリで起きた連続テロ事件に対して、各地で大規模な反テロ抗議行動。パリではキャメロン首相等、各国の首脳も参加、オランド仏大統領とともに大規模デモ後進。反テロで各国首脳はフランスとの連帯を表明。他方、欧州各国で反移民の極右の支持も上昇する傾向。1・16キャメロン首相訪米。ワシントンでオバマ米大統領と首脳会談。イスラム過激派等によるテロ防止で各国間の協力を進めることを表明。核開発疑惑をめぐるイランへの制裁強化に両者は慎重な姿勢。

した自由民主党のクレッグ副首相に替わり、オズボーン蔵相が副首相を兼任。5・28キャメロン政権は英国のEU離脱か残留かを問う国民投票を二〇一七年末までに行う関連法案を提出。投票権は総選挙と同様、一八歳以上。9・12野党の労働党党首選挙で、急進左翼のジェレミー・コービンが選出される。12・3下院はシリア領内で過激派組織ISを対象にした英空軍の空爆を認める動議を可決。野党労働党のコービン党首は空爆反対を主張。採決では労働党からも「影の内閣」のメンバーも含め、六〇名以上が空爆に賛成投票。

3・12英国外務省、中国が主導するアジア・インフラ投資銀行（AIIB）への英国の参加を表明。5・21中国の習近平国家主席が公式に訪英。英国での原発建設や高速鉄道建設に中国企業が参入することで合意。総額で約四〇〇億ポンド（約七兆円）以上と言われる投資や貿易の協定。5・25ブリュッセルのEU首脳会議で、キャメロン首相はEU改革案を正式に提示。EU諸国から英国への移民を抑制するため、英国での移民の社会保障の受給を入国後四年間は認めない方針等を表明。このEU首脳会議では、内戦中のシリア等、中東やアフリカから急増しているギリシャ等での難民申請者をEU加盟国で分担して受け入れる「割当制」を議論、紛糾する。11・10キャメロン首相は英国がEUに残留するための条件となるEU改革案を示した書簡をEUに提出。EU域内での「人の移動の自由」の濫用防止やEU基本条約が掲げるEUの統合深化から英国を免除すること等を求める。11・17ブリュッセルでEU首脳会議。英国がEUに残留するため、英国で移民への社会保障の制限を認めることを求める英国に対して、ポーランド等、移民送り出し国の中東欧諸国は反発。

二〇一六

1・11ピーター・ロビンソン北アイルランド主席大臣の辞任に伴い、民主ユニオニスト党（DUP）党首A・フォスターが北アイルランド主席大臣に就任。1・18キャメロン首相、配偶者ビザで入国する移民に対して一定期間内で英語取得を義務付ける方針を表明。2・

2・2トゥスクEU首脳会議常任議長、英国と交渉するEU改革草案を公表。2・18～19EU理事会、全会一致で英国のEU残留のため英国に「特別な立場」を認めることで合意。EU加盟国の移民労働者

20ＥＵ離脱か残留かを問う国民投票を六月二三日に実施すること、政府はＥＵ残留を望むことをキャメロン首相は表明。2・21ロンドン市長のボリス・ジョンソン（保守党）はＥＵ離脱支持のキャンペーンを展開すると表明。3・18イアン・ダンカン・スミス労働年金相が辞任（財務省による障害者給付削減問題をめぐり）。4・4いわゆるパナマ文書は、キャメロン首相の父が設立した投資ファンドが英国での収益に税を支払っていないことを暴露。4・18ＥＵを離脱すれば世帯の経済状況は実質的に悪化することになるとの財務省の分析結果をオズボーン財務相が公表。5・5スコットランド議会選挙。スコットランド国民党が第一党を維持するが過半数議席を失う。保守党が伸張、労働党は第三党に後退。ウェールズ議会選挙。労働党は第一党を維持するが過半数議席を割り込む。プライド・カムリが第二党に。英国独立党が初めてウェールズで議席を獲得。北アイルランド議会選挙。ＤＵＰが第一党を維持、引き続きＡ・フォルスターが主席大臣。イングランドも各地で地方議会選挙や補欠選挙。5・7ロンドン市長選挙、労働党下院議員サディク・カーンが当選。初めてのパキスタン系移民のイスラム教徒のロンドン市長。保守党のザック・ゴールドスミス候補（下院議員）はカーンをイスラム教過激派と結びつけるネガティブ・キャンペーンを展開したが、逆効果となった。イングランドの統一地方選挙。英国独立党が議席を伸張。労働党はロンドン市長選では勝利したものの、全体的に苦戦。5・11ジョンソンがバスを使いＥＵ離脱を訴えるキャンペーン活動を開始。バスには「ＥＵから分担金を取り戻し、国民保健サービス（ＮＨＳ）にまわす」とのスローガン。6・9北アイルランドのロンドンデリーの大学でブレア元首相（労働党）とメージャー

の流入が急増した場合、移民労働者への社会保障給付を入国後最大で四年間制限することを英国に認めた。4・22キャメロン首相、訪英中のオバマ米国大統領と会談。オバマ大統領は英国のＥＵ残留への支持と離脱した場合の懸念を表明。英国がＥＵを離脱した場合、米国はＥＵとの貿易協定の締結を優先させ、英国との貿易協定締結は後回しにすると表明。離脱派の指導者はオバマの発言に反発。6・15ベルリンでドイツのシュタインマイヤー外相とフランスのエロー外相が会談、英国がＥＵを離脱することへの懸念を表明。この前後、トゥスクＥＵ首脳会議常任議長等から英国のＥＵ離脱への懸念が表明される。6・17ウィーンで英国独立党の議員も参加して、フランス国民戦線、「ドイツのための選択肢」、イタリアの北部同盟など、ＥＵ諸国の極右政党の集会。6・24英国のＥＵ離脱の国民投票の結果を受け、トゥスクＥＵ首脳会議常任議長は英国と離脱に向けた交渉を開始することを表明。キャメロン首相はオバマ米国大統領と電話会談。両国の経済連携に努めることで一致。6・27メルケル独首相・オランド仏大統領・レンツィ伊首相は首脳会談で、英国政府が離脱交渉の通知をＥＵに出す前に、離脱の事前交渉を英国と行わないことを表明。6・28ブリュッセルでＥＵ首脳会談。キャメロン首相は国民投票の結果を説明。自身は首相を辞任するので、ＥＵへの離脱通

元首相（保守党）がEU残留を訴える演説。6・16リーズ近郊の町パーストルでEU残留を訴えていた労働党のジョー・コックス下院議員が極右の男性に銃で撃たれ死亡。6・23英国のEU離脱か残留かを問う国民投票。6・24国民投票の結果、離脱が五一・九%（約一七四一万票）、残留が四八・一%（約一六一四万票）、無効票が約二万五〇〇〇票で、離脱票が多数となる。キャメロン首相は辞任を表明。三カ月間は首相職に留まることも表明。6・24ファラージュ英国独立党党首はEU離脱によって浮くことになるEUの分担金を国民保健サービス（NHS）等に活用するという自身の主張は誤りであったと表明。他の離脱派の指導者が表明していた離脱による経済的メリットの説明の撤回が相次ぎ、離脱派指導者の「公約反故」ではないかと世論は反発。6・28コービン労働党党首、所属下院議員の信任投票により一七二票対四〇票で不信任となる。6・29スタージョン・スコットランド主席自治政府、スコットランドはEUに残留する決心であると表明。6・30ジョンソン、保守党党首選挙に不出馬。支持陣営のゴーブ司法相が出馬。保守党党首選挙の立候補締め切り。メイ内相など五名が立候補。7・2ロンドンでEU残留を訴える市民が行進。7・4保守党党首選挙でジョンソンがレッドサム候補への支持を表明。ファラージュ英国独立党党首辞任。7・6イラク戦争参戦や戦後のイラク占領政策を検証してきた独立調査委員会（チルコット委員会）が報告書を提出。イラクへの軍事行動は最後の手段ではなかったと断定。当時のブレア政権の決定への疑問や批判が高まる。7・9保守党党首選挙で決選投票に残ったレッドサム候補はタイムズ紙のインタビューで、メイと比較して母親である自分の方が首相に向いていると述べ、世論の批判を浴びる。

知をすぐに行わないと表明。離脱通知は次期首相が行うべきと述べる。トゥスクEU首脳会議常任議長は離脱交渉を早期に開始するよう英国に求める。首脳会談の直前にメルケル独首相は英国に都合の良い「いいとこ取り」でEUを離脱することは許されないと表明。6・29ブリュッセルで英国を除く二七カ国でEU首脳会議。離脱後の英国のEU市場への参入は、EUの「人の移動の自由」の原則を受け入れることが条件とすることでEU諸国は一致。7・19メイ首相はトゥスクEU首脳会議常任議長に電話でEU閣僚理事会議長の辞退を伝える。7・26メイ首相、ロンドンでケニー・アイルランド首相と会談。離脱に伴う、北アイルランドの国境問題を協議。7・27EUはフランスのミッシェル・バルニエを離脱交渉の主席交渉官に任命。7・29クラーク民間企業エネルギー産業戦略相は中国の国有原発企業も参画する英国南西部のヒンクリーポイント原発の新設計画の見直しを表明。9・4メイ首相、中国・杭州の主要二〇カ国・地域（G20）首脳会議に出席。9・5メイ首相、杭州で習近平中国国家主席と会談。英中両国の貿易や投資、経済関係の強化で合意。9・6日本政府は英国のEU離脱決定を受け、英国とEUに離脱に伴う在英日本企業への影響の抑制を求める要望書を公表。9・14仏・ストラスブルクのEU議会での一般教書演説で、ユンケルEU委員長

	7・11保守党党首選挙。決選投票に残ったレッドサム候補が撤退を表明。九月九日の決選投票を待つこともなく、テリーザ・メイを党首に選出、第七六代英国首相に決定。7・13メイ政権発足。ハモンド財務相。離脱派のジョンソン前ロンドン市長を外相に任命。新設のEU離脱担当相にデービス、国際貿易担当相にフォックスなど、離脱派を閣僚に起用。7・15メイ首相、スコットランドを訪問してスタージョン自治政府主席と会談。7・18下院はトラインデント核兵器システム更新を可決。労働党は党議拘束を解除。コービン党首は反対票を投じたが、一四〇名の労働党議員が賛成票を投じた。8・30メイ政権の初閣議。離脱案の具体化の方針は示されず。9・4テレビのインタビューで、メイ首相は二〇二〇年までに総選挙を行わないと表明。9・12キャメロン前首相、下院議員の辞職、政界引退を表明。9・24労働党党首選挙。下院議員から不信任されたコービン党首再選。10・2保守党大会でメイ首相はEUへの離脱通知を二〇一七年三月までに行うと表明。10・20スコットランドのスタージョン主席大臣、スコットランド独立の是非を問う住民投票を行う方針を表明。11・3高等法院、EUとの離脱協議を正式に開始する前に、議会の承認が必要であるとの判断を示す。メイ政権は最高裁判所に上告する方針。	は英国に早期の離脱交渉開始を求める。9・16スロバキアのブラチスラバで英国を除きEU首脳会議。英国離脱後のEUの結束を確認し、テロ対策を協議。9・20メイ首相は訪米先のニューヨークで安倍首相と会談。EU離脱後の両国の経済関係強化や北朝鮮問題で連携することで一致。10・20ブリュッセルでEU首脳会議。メイ首相も出席。EU離脱後も英国はEUと緊密な協力を続けたいと表明。12・6EUのバルニエ離脱主席交渉官はブリュッセルの記者会見で、英国との離脱交渉期間を原則として延長しないと表明。12・15ブリュッセルで英国を除きEU二七カ国首脳開催。英国がEUの単一市場への参加を維持するためには、英国がEU域内で移民の流入も認める「人の移動の自由」を受け入れる必要もあることを確認。英国の「いいとこ取り」を認めない点で各国は一致。

（出所）左記の資料などを基に作成した。

Geoffrey Foote, *A Chronology of Post War British Politics* (Croom Helm, 1988).
David Butler and Dennis Kavanagh, *The British General Election of 1992* (Macmillan, 1992), pp. 6-10.
David Butler and Dennis Kavanagh, *The British General Election of 1997* (Macmillan, 1997), pp. 8-11.
David Butler and Dennis Kavanagh, *The British General Election of 2001* (Macmillan, 2002), pp. 10-13.
David Butler and Dennis Kavanagh, *The British General Election of 2005* (Macmillan, 2005), pp. 4-10.

P. H. Cowley and Dennis Kavanagh, *The British General Election of 2015* (Macmillan,2016) pp. 26-37.

P. Cowley and D. Kavanagh, *The British General Election of 2015*, Mcmillan, 2016, pp. 26-37.

Philip Cowley and Dennis Kavanagh, *The British General Election of 2017*, Palgrave Macmillan, 2018, pp. 537-570.

イギリス現代政治史［第2版］

2010年4月20日　初　版第1刷発行
2012年3月10日　初　版第2刷発行
2016年4月30日　第2版第1刷発行
2020年1月20日　第2版第2刷発行

〈検印省略〉

定価はカバーに
表示しています

編著者　梅　川　正　美
　　　　阪　野　智　一
　　　　力　久　昌　幸
発行者　杉　田　啓　三
印刷者　田　中　雅　博

発行所　株式会社　ミネルヴァ書房
607-8494　京都市山科区日ノ岡堤谷町1
電話代表　(075)581-5191
振替口座　01020-0-8076

創栄図書印刷・清水製本

ISBN978-4-623-07624-6
Printed in Japan

執筆者紹介（＊は編者）

梅津　實（うめづ・みのる）　第１章

現　在　同志社大学名誉教授。
主　著　『新版　比較・選挙政治』（共著，ミネルヴァ書房，2004年）。
『政治腐敗からの再生』（共編著，成文堂，2008年），など。

戸澤健次（とざわ・けんじ）　第２章

現　在　愛媛大学名誉教授，放送大学愛媛学習センター客員教員。
主　著　『イギリス保守主義研究』（成文堂，2016年）。
『サッチャーの遺産』（共著，晃洋書房，2001年）。
「ベンジャミン・ディズレーリとランドルフ・チャーチルのトーリー・デモクラシー」『愛媛法学会雑誌』第35巻第１・２・３・４合併号（2009年），など。

小川浩之（おがわ・ひろゆき）　第３章

現　在　東京大学大学院総合文化研究科准教授。
主　著　『イギリス帝国からヨーロッパ統合へ——戦後イギリス対外政策の転換とEEC加盟申請』（名古屋大学出版会，2008年）。
『英連邦——王冠への忠誠と自由な連合』（中央公論新社，2012年）。
『欧米政治外交史 1871～2012』（共編著，ミネルヴァ書房，2013年），など。

＊力久昌幸（りきひさ・まさゆき）　序章・第４章

現　在　同志社大学法学部教授。
主　著　『イギリスの選択——欧州統合と政党政治』（木鐸社，1996年）。
『ユーロとイギリス——欧州通貨統合をめぐる二大政党の政治制度戦略』（木鐸社，2003年）。
『現代イギリス政治（第２版）』（共編著，成文堂，2014年），など。

成廣　孝（なりひろ・たかし）　第５章

現　在　岡山大学社会文化科学研究科教授。
主　著　『ヨーロッパのデモクラシー（第２版）』（共編著，ナカニシヤ出版，2009年）。
「イギリスの選挙制度改革」『岡山大学法学会雑誌』第57巻１号（2007年）。
「9.11事件と国内政治の変動——アメリカとイギリスの比較」『日本比較政治学会年報第９号　テロは政治をかえたか』（共著，早稲田大学出版部，2007年），など。

＊梅川正美（うめかわ・まさみ）　**第６章**

現　在　愛知学院大学法学部教授。

主　著　『サッチャーと英国政治（全３巻）』（成文堂，1997，2001，2008年）。
『イギリス政治の構造』（成文堂，1998年）。
『ブレアのイラク戦争』（共編著，朝日新聞社，2004年），など。

小堀眞裕（こぼり・まさひろ）　**第７章**

現　在　立命館大学法学部教授。

主　著　『サッチャリズムとブレア政治』（晃洋書房，2005年）。
『ウェストミンスター・モデルの変容――日本政治の「英国化」を問い直す』（法律文化社，2012年）。
『国会改造論――憲法・選挙制度・ねじれ』（文春新書，2013年），など。

＊阪野智一（さかの・ともかず）　**第８章**

現　在　神戸大学大学院国際文化学研究科教授。

主　著　『ブレアのイラク戦争』（共編著，朝日新聞社，2004年）。
『政治的エグゼクティヴの比較研究』（共著，早稲田大学出版部，2008年）。
『現代イギリス政治（第２版）』（共編著，成文堂，2014年），など。

近藤康史（こんどう・やすし）　**第９章**

現　在　名古屋大学大学院法学研究科教授。

主　著　『個人の連帯――「第三の道」以後の社会民主主義』（勁草書房，2008年）。
『社会民主主義は生き残れるか』（勁草書房，2016年）。
『分解するイギリス――民主主義モデルの漂流』（ちくま新書，2017年），など。

池本大輔（いけもと・だいすけ）　**第10章**

現　在　明治学院大学法学部教授。

主　著　*European Monetary Integration* 1970-79*: British and French Experiences* (Palgrave Macmillan, 2011).
『初めての政治学［改訂版］』（共著，風行社，2015年）。
『21世紀デモクラシーの課題――意思決定構造の比較分析』（共著，吉田書店，2015年），など。

大村和正（おおむら・かずまさ）　**年表**

現　在　大和大学政治経済学部准教授。

主　著　『現代政治の理論と動向』（共著，晃洋書房，2016年）。
『英国の教育』（共著，日英教育学会編，東進堂，2017年）。
『「18歳選挙権」時代のシティズンシップ教育――日本と諸外国の経験と模索』（共著，法律文化社，2019年），など。

人名索引

あ 行

か 行

さ 行

た 行

な 行

は 行

ま　行

や行

ら・わ行

事項索引

あ 行

か 行

さ　行

た 行

な 行

は 行

ま　行

や　行

ら　行

わ　行

略　語